목회 감각

(The Sense of Ministry)

"목회하라! 센스 있게!"

양성필 지음

서로사랑

목회 감각

1판1쇄 발행 2013년 11월 5일

지은이 양성필
펴낸이 이상준
펴낸곳 서로사랑(알파코리아 출판 사역기관)
만든이 이정자, 윤종화, 주민순, 장완철
　　　　 이소연, 박미선, 엄지일
이메일 publication@alphakorea.org

등록번호 제21-657-1
등록일자 1994년 10월 31일
주소 서울시 서초구 방배1동 918-3 완원빌딩 5층
전화 02-586-9211~3
팩스 02-586-9215
홈페이지 www.alphakorea.org

ⓒ서로사랑 2013
ISBN 978-89-8471-312-3 03230

차례

추천의 글

「목회 감각」은 저자의 경험에서 나온 책입니다. 훌륭한 이인자의 삶을 살면서 탁월한 목회 리더에게서 배운 원리들을 기록한 책입니다. 이 책은 탁월한 리더를 가까이서 관찰하면서 배운 목회 지혜서입니다. 관찰은 통찰을 낳고, 통찰은 원리를 낳습니다. 이 책에는 섬세한 관찰을 통해 깨닫게 된 저자의 영적 통찰력들이 담겨 있습니다. 저자가 강조하는 목회 감각은 번뜩이는 가벼운 센스라기보다 영혼을 사랑하는 깊은 사랑이요, 영적 민감성을 의미합니다. 그리스도의 사랑 때문에 성도들을 배려하는 성숙한 감각을 의미합니다. 성숙한 사역 감각을 배우기 원하는 신학생, 목회자 그리고 그리스도의 제자들에게 이 책을 추천합니다.

강준민

(L.A. 새생명비전교회 담임)

목회자는 늘 가슴에 흘리는 땀을 안고 섬겨야 합니다. 늘 심장에 예수님의 더운 가슴이 박동해야 합니다. 양성필 목사님의 책에는 목회에 대한 '감각' 만 있는 것이 아니라 '감성과 눈물' 이 있습니다. 가슴으로 쓴 글, 가슴으로 읽어 주시길 기대합니다.

송병주

(West Covina 선한청지기교회 담임)

인사말

늘 저를 믿어 주고, 존중해 주며, 목사로서 자부심을 느끼게 해 준 하나로커뮤니티교회의 성도들과 제일 먼저 출판의 기쁨을 나누고 싶습니다.

좋은 분을 만나면 계속 좋은 분을 만납니다. 최고의 만남은 한국 교회 최초의 4대째 목사님이신 림형석 목사님을 만나면서부터입니다. 림형석 목사님께 목회자의 인격과 열정에 대해서 배웠습니다. 감사를 드리고 싶습니다.

목회 초년병인 저에게 '목회 감각'을 깨워 주시고 친절하게 가르쳐 주신 손인식 목사님께 누구보다 감사드리고 싶습니다. 책을 저술하도록 아이디어와 격려를 아끼지 않은 강준민 목사님과 우상문 전도사님께도 감사를 전합니다. 우리 가정이 힘들고 어려울 때마다 제일 먼저 찾아와서 옆에서 위로해 주시고 격려해 주신 변준호 집사님 가정에 특별한 감사의 인사를 전합니다.

열광적인 팬처럼, 늘 옆에서 한결같은 애인처럼, 동무처럼 응원해 주는 아내는 나의 반쪽이 분명합니다. 사랑하고 감사합니다. 먼저 천국 가신 어머님과 장인어른의 응원이 이때처럼 절실했던 때도 없습니다.

사랑합니다. 존경합니다.

　서로사랑 출판사가 저의 비전을 이해하고 함께 공유하며 출판에 힘써 주신 것을 감사합니다.

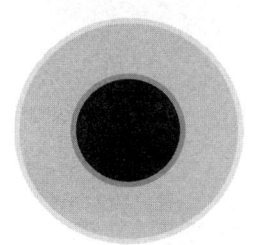

프롤로그

목회 감각은 목회의 디테일을 강조하는 것이다. 감각이란 단어에 오해의 소지가 있을 수 있는데, 목회 감각은 목회자의 센스를 말한다. 말씀을 통해, 상황을 통해 깨닫게 하시는 성령이 주는 느낌이라고도 할 수 있다.

왕중추란 사람이 "100-1=0이다"라는 말을 했다. 사소한 것 하나가 잘못되면 전체를 망칠 수 있다는 말이다. 교회가 꼭 그렇다. 별것 아닌 한마디, 행동 하나에 소자가 실족하고, 넘어지고, 교회가 시험에 든다. 목회는 그래서 디테일을 중요하게 생각해야 한다. 한 사람의 눈길과 손길도 그냥 지나칠 수 없다.

부흥하는 교회는 이유가 있다. 부흥하는 교회의 프로그램을 따라한 다고 해서 부흥하지는 않는다. 그러나 부흥하는 교회의 목회 정신은 반드시 배울 만하다. 원리는 통하는 것이다. 부흥하는 교회의 목회 원리를 배운다면 부흥하지 않을 이유도 없다. 하나님은 동일한 분이시니까. 그런데 부흥하는 교회에 가 봐도 특별한 것을 발견하기 어려울 때가 있다. 그럼에도 자세히 들여다보면 작은 차이가 큰 차이를 만들어 내는 것을 발견한다. 그래서 목회는 대단하고 커다란 일을 하는 것이라기보다는 작은 일 하나, 작은 사람 한 사람도 놓치지 않는 데서 시작된다고 해도 틀리지 않는다.

작은 일에 흥분하는 사람을 보며 "별것도 아닌 일에 왜 흥분하고 그래?"라는 말을 한다. 그런데 별것 아니라는 것은 말하는 사람의 입장이고, 듣는 사람의 입장에서는 별것 아닌 것이 아닐 수가 있다. 말 자체를 놓고 보면, 행동 자체를 놓고 보면 별것 아닐 수가 있지만, 상황에 따라 별것 아닌 게 아니라, 당한 사람에게는 너무 큰일이요, 말한 사람에게는 실수요, 망신이요, 잘못일 수가 있다. "하여간 부모 없는 사람은 상처가 많아서 그런지 다른 사람을 보듬을 줄 몰라." 만약 이런 말을 어려서 부모를 잃은 사람 앞에서 했다면, 비록 그 사실을 모르고 했다 할지라도 큰 결례인 것이다. 이런 말은 어떤 상황에서도, 어느 누구 앞에서도 입에 담을 말은 아니다.

너무 큰 비약이라고 생각하는가? 그럼 다른 예를 들어 보겠다. 어떤 작가가 연례 파티 만찬석에서 이런저런 이야기를 하다가 만찬을 베푼 주인이 톨스토이의 작품이라면서 한참 그 책에 대해서 말하는 것을 들었다. 그 말을 듣고 있던 작가가 "아니요, 그것은 도스토예프스키의 작품입니다"라고 말했다. 그러자 무안해진 주인은 얼굴이 빨개지면서 아니라고 우기기 시작했다. 그러자 작가도 오기가 나서 옆에 있던 문학교수에게 응원을 요청했다. "잘 아시잖아요. 제 말이 맞죠?" 그런데 그 문학교수는 오히려 주인의 말이 맞다며 연회를 개최한 주인의 편을 들어주었다. 크게 창피를 당한 작가가 교수에게 아까 왜 그랬냐고 묻자 큰 깨달음의 답을 주더란다. "별것 아닌 일로 만찬을 연 주인을 많은 사람 앞에서 무안을 줄 필요가 없지 않나요?" 그렇다. 학교에서 배우는 자리였다면 누가 옳은지 논하고 따질 필요가 있을지 모르겠지만, 교제를 나누는 자리에서 누구 말이 옳은지 얼굴 붉히며 따지는 것은 덕이 되는 행동이 아니었던 것이다. 오히려 잘못을 지적하는 것이 결례요, 실례인 것이다. 잘못을 지적한 사람은 별것 아닌 것이라고 생각했지만 집 주인은 무척이나 당황했던 것이다. '별것 아닌 것' 이란 말은 상대적인 것이다. 나에게는 별일 아닌 것이 상대에게는 대단한 일로 느껴질 때도 얼마든지 있다는 사실이다.

목회에서는 '별것 아닌 것' 이란 없다. 관계가 틀어지고 갈등이 생기는 이유 중에는 대단한 이유만 있는 것이 아니다. 때로는 한마디 말 때문에, 때로는 어떤 태도에서 비롯된 오해 때문에 생기는 경우가 적지 않은 것을 보게 된다. 그렇다면 '별것 아닌 것' 이라고 쉽게 생각하고 넘어가는 것을 살펴볼 필요가 있다. 이 책에서는 목회자가, 성도가 쉽게 지나치는 것이지만, 때로는 그것이 너무 중요한 내용들을 다룰 것이다. 신학적이고 학적인 내용을 다루기보다는 현장에서 피부로 다가오는 내용을 다룰 것이다.

신학교를 졸업하자마자 목회 현장에 뛰어들었기에 여러 목사님들에게서 배울 기회가 있었다. 부교역자의 경험이 많았던 것은, 지난 세월을 돌이켜 보니 개인적으로 무척이나 은혜였다. 그야말로 부교역자의 시간은 인턴십 과정인 것인데, 그 인턴십 과정이 결코 담임목회자가 되기 위해서 지나가는 과정이 아님을 깨닫는다. 한 명의 전문의가 인턴, 레지던트 과정을 잘 훈련해야 훌륭한 의사가 되듯이, 그동안 보고 배운 모든 것들이 목회의 모든 것이 되는 것이다. 인턴이라도 잘 보고 배워야 활용하고 실력이 발전하는 것이다.

목회의 모든 것은 전적으로 하나님의 은혜다. 그러나 하나님의 은혜를 은혜롭게 하는 것이 목회이고, 은혜가 은혜 되도록 하는 것이 '목회 감각'이다.

그동안 여러 목사님들께 배운 목회 철학과 가르침을 동료 목회자들에게 이야기했더니 책으로 내라고 성화였다. 그래서 계획했던 것보다 오랜 시간 준비한 끝에 책으로 나오게 되었다. 바라기는 이 책을 통해 당신의 목회와 섬김에 조그만 보탬이 되기를 기대한다.

책의 내용을 굳이 임의적으로 주제별로 순서 정리를 하지는 않았다. 목회자가 알아야 할 목회 감각은 어느 것이 더 중요하다기보다는 모든 목회 감각이 목회자의 머리와 가슴에 녹아져서 종합적이면서 조화로운 목회가 되는 것이 중요하기 때문이다. 괜히 편집에 욕심을 내다가 자연스러움을 잃을까 염려해서였다.

목회자들을 일차 독자로 정한 것은 사실이다. 하지만 목회자의 심정으로 셀, 구역, 공동체를 섬기는 평신도 지도자들은 '작은 목사'다. 목회자만큼이나 그 역할과 기능 면에서 너무 중요하다는 의미에서 '작은 목사'라고 말하고 싶다. 구역장이나 셀 목자를 맡아서 섬기다 보면 목사님의 심정을 이해하게 된다고 한다. 다양한 성격의 구역 식구들과 셀원들을 섬기다 보면 '목사님의 심정이 이렇구나' 하면서 그 심정을 헤아리고 이해하게 된다고 한다. 그런 의미에서 이 책이 목회자와 셀 목자, 구역장에게도 유용하게 사용되기를 바란다.

목회자가 성도를 섬기는 것이 곧 하나님을 섬기는 것이다. 성도들이 목회자를 잘 섬기는 것이 곧 교회를 섬기는 것이다.

목회에는
센스가 필요하다

아빠, 왜 안 챙겨 줬어요?

　딸의 초등학교 입학식 때 일이다. 모든 아이들이 강당에 모여서 선생님의 인사 말씀을 듣고 있었다. 강당이 좁아 부모들은 복도에서 듣고 있었다. 그런데 딸이 선생님 말씀은 듣지 않고 연신 다른 아이들 옷차림새를 하나하나 관찰하는 것이다. '쟤가 왜 저러지?' 궁금해 하고 있는데, 딸이 나를 보면서 자기 발을 가리키고는, 곧 이어 다른 아이들의 발을 가리키는 것이다. 딸의 손가락을 따라서 유심히 다른 아이들을 살펴보니, 다른 아이들은 다 실내화를 준비해서 신고 왔는데, 딸아이만 실내화가 아닌 운동화를 신고 있었던 것이다. 그러니까 딸의 손짓은 '왜 아빠 엄마는 실내화를 준비 안 했어?' 하는 말이었다. 일곱 살 아이의 귀여운 손짓과 눈짓에 그저 웃음을 지었지만, 한 가지 깨달아지는 것이 있었다.

일곱 살 아이도 센스가 있다

　일곱 살 아이도 눈치가 있어서, 누가 가르쳐 주지 않아도 다른 아이들과 똑같이 해야 한다는 생각이 있다는 것이다.

'목회 감각'에서 말하는 '감각'은 '센스'(sense) 혹은 '상식'(common sense)을 말한다. 센스라는 말을 굳이 한국말로 적당한 단어를 찾자면 '눈치' 정도가 되겠는데, 본래의 의미와는 뭔가가 부족함을 느꼈다. '어떤 상황에서 직감적으로 무엇을 해야 하는지를 느끼는 감정'을 표현하고 싶었다. 무슨 일이 있을 때 순발력 있게, 즉각적으로 반응할 줄 아는, 그러면서도 그때의 상황과 사람에게 적절한 대처를 할 줄 아는 능력을 '감각'이라고 말할 수 있다.

거의 본능적으로 무엇을 해야 하는지, 언제 해야 하는지를 알아차리는 사람들을 가리켜 "센스가 있다, 감각이 있다"는 말을 하는 것처럼, 목회에도 그런 감각이 필요하다. 과연 그것이 목회자에게만 필요할까? 구역을 인도하는 구역장 같은 경우에도 구역 모임을 인도할 때 경우에 합당한 적절한 말을 해야 한다. 어떤 때는 구역 식구들을 위로해 주어야 할 때가 있다. 어떤 때는 도전을 주고 열심과 열정을 회복하도록 강력하게 권면해야 한다. 이렇게 성도들을 섬기는 리더들의 말과 행동의 중요성을 생각하면 목회 감각은 소그룹을 인도하는 리더에게도 꼭 필요한 인격적이고도 목양적인 품성이라고 할 수 있다.

아빠에게도 목회 감각이 필요하다

한 가정을 책임지는 가장에게는 이런 감각이 필요 없을까? '아버지 학교'에서 많은 내용을 배우지만, 실제로 아버지가 자녀에게 때와 경우에 맞는 적절한 위로와 가르침을 줄 수 있다면 얼마나 멋진 아빠가 되겠는가. 위로가 필요한 아내에게 많은 말을 하면서 가르치려고 하면 아내는 짜증이 날 것이다. 아내의 심정은 모르고 계속 이것저것 요구만 하는 남편이라면 '센스 빵점인 남편'이 되는 것이다. 그럴 때 '감각적인 남편'이라면 센스가 재빨리 발동되어야 한다. 위로와 격려의 카드를 내밀어야 할 때 충고의 카드를 내미는 아빠와 남편은 정말 센스 빵점이다. 우리 식구들이 어떤 상황인지, 어떤 생각을 하고 있는지, 상황에 따라서 어떤 리더십으로 가정을 인도하고 이끌어야 하는지 센스 있게 반응할 줄 아는 감각이 아버지에게도 필요하다.

그런데 과연 센스라는 것이 공부한다고 배울 수 있는 것일까 반문할 사람이 있을지 모르겠다. 농담으로 하는 말이지만, 솔직히 그렇게 따지는 사람은 정말 센스가 없는 것이다. 배울 수 없는 것은 없다. 학습 효과라는 것은 학교에서만 생기는 능력이 아니다. 센스도 얼마든지 훈련되고 학습되어서 발전할 수 있다.

적절한 비유인지 모르겠지만, "여우 같은 아내와는 살아도 곰 같은 아내와는 못 산다"는 말이 있다. 아내뿐이겠는가? 눈치 없는 사람이라고 해서 못된 사람은 아니다. 그런데 눈치 없는 사람은 옆에 있는 사람을 답답하게 만드는 구석이 있다. 곰 같은 사람은 센스의 필요성을 못 느낄 것이다. 어리석은 사람이 왜 어리석은 줄 아는가? 어리석은 것을 좋아하기 때문이다. 센스 없는 사람은 센스 없는 것을 좋아한다. 멋이 없는 사람은 멋이 없는 것을 멋있다고 믿고 우긴다.

> "너희 어리석은 자들은 어리석음을 좋아하며 거만한 자들은
> 거만을 기뻐하며 미련한 자들은 지식을 미워하니 어느 때까
> 지 하겠느냐"(잠 1:22).

다양한 사람들, 다양한 적용이 필요하다

감각도 발전한다. 그러므로 감각도 배우면 나아지고 향상된다. 무엇보다 먼저 센스의 필요성을 느껴야 하고, 목회 감각을 좋아해야 한다.

가정의 행복이 저절로 만들어진다는 생각은 금물이다. 시기마다 자녀의 필요가 다르다. 아빠가 보호자가 되어야 할 때도 있지만, 친구 역할을 해야 할 때도 있다. 자녀의 성장 시기에 맞추어 행동하고 말하는 아빠가 센스 있는 아빠다. 부모의 센스가 가정의 행복을 지킨다고 해도 틀린 말은 아니다. 또한 배우자의 필요와 감정을 파악하고 적절한 말과 행동으로 서로의 사랑을 확인하고 든든히 할 때 가정은 건강해진다.

수많은 성도가 모이는 교회에서 목회자의 역할은 결코 작다고 할 수 없다. 목회자가 '열심히만 하면 되겠지', '목회야 설교만 잘하면 되는 것이지' 하고 막연하게 목회를 해도 과연 교회는 건강하게 성장할 것인지 심각하게 고민할 필요가 있다. 성도들의 필요가 다르고, 생각이 다르고, 상황이 다 다르다. 그러니 획일적으로 설교를 적용하거나 늘 하던 대로의 심방을 생각한다면, 어떤 프로그램이나 몇 가지 방법으로 교회를 건강하게 이끌 수 있다는 생각은 "아기든 어른이든 분유 하나면 충분하다"고 말하는 것과 같다. 분유를 주어야 할 때도 있지만, 밥을 먹어야 할 때도 있다.

감각적인 말과 행동

가족들이 서로에 대한 배려 없이 함부로 말하고 행동한다면 가정은 온통 상처로 얼룩지고 말 것이다. 소그룹에서 서로에 대한 배려 없이 말하고 행동한다면 서로에게 상처가 되기 쉽다. 그런 차원에서 감각적이고도 센스 있는, 그러면서 은혜로운 말과 행동과 계획과 비전을 가진 목회와 목양에 대해서 하나씩 말해 보고자 한다. 목양에 관계된 내용이 대부분일 것이다.

목회자가 목회를 할 때 성도들을 목양한다고만 생각하지 않는다. 목회자의 머릿속에 성도는 한 피 받아 한 몸을 이룬 가족이어야 한다. 소그룹을 섬기는 구역장, 셀 목자, 가족을 섬기는 가장에게도 필요한 것이 바로 이러한 목회 마인드다. 감정적으로 말하지 말고 감각적으로 말해야 한다. 감정에 치우쳐 말하고 행동하다 보면 가정에서고 교회에서 사이가 멀어지는 것은 불을 보듯 뻔한 결과다.

상황을 먼저 파악해야 한다. 어떤 상황인지에 따라서 말과 뉘앙스와 행동 하나하나가 다 달라야 한다. 사람을 파악해야 한다. 사람에 따라서 웃는 때가 다르고, 말을 받아들이는 이해가 다르다. 농담이 통하지 않는 사람이 있고, 심각한 것은 아예 생각하지 않는 사람도 있다. 절대 웃지 않으려는 사람도 있고, 별것도 아닌 일에 울려고 하는 사람도 있다. 그리고 이 모든 사람들이 모여 있는 곳이 교회다. 한숨이 저절로 나오는가? 감각적인 목회가 반드시 필요하다.

목회의 대상은 내가 도울 사람이다

성도들이 잘하는지 못하는지에 따라, 곧 사람들의 행동과 삶에 따라서 하나님께서 복을 주시는 것은 아니다. 하나님께서 먼저 우리를 사랑하시고 십자가를 지셨다. 그런 의미에서 복음은 철저히 인간의 노력에 대한 대가가 아니라 하나님의 전적인 은혜인 것이다. 아담이 범죄했을 때도 마찬가지다. 먼저 찾아가셔서 가죽 옷까지 지어 입혀 주시는 하나님에게서 자상한 아버지의 모습을 보게 된다.

하나님의 사랑은 '먼저 손을 내미시는 사랑'이다. 배려는 기다리지 않고 내가 먼저 손을 내미는 것이다. 내가 섬겨야 할 사람이 자격이 있어서 섬기는 것은 섬김이 아니다. 그것은 당연한 것이다. 목회도 '먼저 손을 내미는 배려'가 있어야 한다. 섬길 만한 사람들만 섬기는 것은 목회가 아니다.

> 하나님은 먼저 행동하시고, 그 사랑에 대한 반응으로 우리가 복종하며 하나님의 목적에 협력할 것을 요구하신다. 이러한 관점에서 볼 때 하나님의 법은 율법주의적 의미를 다 벗어나 버린 것이다.
>
> 폴 트루니에, 「치유」

선한 사마리아인의 비유는 '누가 내 이웃인가?'가 주제다. 자비를 베푼 사람이 이웃이다. 역으로 말하면, 도움을 필요로 하는 사람이 내 이웃이다. 누가 내 이웃인가를 따지고 생각하기보다는 가서 돕는 것이 먼저다. 누가 내 목회의 대상인가를 생각하기보다는 먼저 가서 돕는 것이 목회자의 자세여야 한다. 목회의 대상은 나를 도울 사람이 아니라, 내가 도울 사람이다.

배려, 대접 받고 있다는 느낌

무척이나 날씨가 더웠던 여름이었다. 본당에 에어컨을 틀었지만 시원해지지 않았다. 약간 더운 느낌이 들었다. 짧은 소매를 입고 예배에 오신 성도들은 그나마 괜찮았다. 그런데 성가대석에 서 있는 성도들은 성가복을 그 위에 입고 있는데다가 천장에서는 뜨거운 조명이 내리쬔다. 수요기도회여서 찬양을 하고는 성가대가 본당 회중석으로 내려왔다. 그렇지만 예배 중이어서 성가복을 벗기는 부산스러워보여서 모든 성가대원들이 더위를 참고 있었다. 이때 목사님이 설교하려고 강단 위로 올라가자마자 "오늘 기도회가 은혜로 뜨거울 테니 저는 윗도리를 벗겠습니다. 성가대도 가운을 벗으세요. 우리 박수치며 힘차게 찬양하겠습니다" 하고 말했다. 혹시 이 말에서 목회 감각을 발견했는가? 성가대원들의 얼굴에 흐르는 땀 한 방울도 놓치지 않고 알아차리는 목사님의 센스, 목회 감각을 배울 수 있다. '그것이 뭐 대단한 일일까?' 하고 생각하는가? 목회자는 성도들을 생각할 때 작은 배려 하나도 놓치지 말아야 한다는 것이다.

배려는 사랑하고 섬기는 것이다. 배려는 결코 대단한 것을 말하는 것이 아니다. 그럼에도 배려를 받는 사람의 입장에서는 결코 작다고 할 수 없는 것이 바로 배려다. 대접 받고 있다는 느낌, 상대방이 나를 배려해 주고 있다는 생각은 기분 좋은 일이다. 칭찬받는 것 이상으로 기분 좋은 것이 배려다.

나를 알아주세요

목사님이 인사를 다정하게 받지 않았다고 오해하고 교회에 나오지 않겠다는 사람을 본 적이 있다. 그 심정을 모르는 바는 아니다. 한 주간 동안 직장생활하면서 피곤한 몸을 이끌고 교회에 왔을 때, 성도들의 마음이 주일만큼은, 목사님께만큼은 대접 받고 싶은 심정일 것이다. 성도들은 목회자가 자신을 알아주기를 바란다.

하루 종일 집안일, 아이 돌보는 일로 시달린 아내는 남편에게 "내 마음을 좀 알아줘, 이해해 줘"라고 직접적으로 말하지는 않는다. 대개가 하루 종일 힘들었다는 푸념을 늘어놓는 것으로 시작한다. 이때 센스 없는 남편은 이렇게 말한다. "그럼 사람을 고용해서 집안일을 시켜. 힘들면 하지 마." 아내의 말은 그게 아니다. 남편에게 해결책을 달라는 것이 아니다. 아내는 힘들다고 말하고 있지만 그 말은 '힘들지 않게 만들어 줘. 당신 만나고 내가 고생하고 있어' 이런 뜻이 아니라, '하루 종일 힘든 나를 좀 알아줘' 하는 뜻인 것이다.

직장에서 하루 종일 거래처 사람들과 씨름하다 들어온 남편, 물건이 납품이 되지 않아서 아무 소득 없이 들어온 남편, 시무룩한 표정으로 아무 말도 하지 않는다. 힘들어하는 남편의 표정은 '내가 얼마나 힘든지 알아줘' 하는 것이다. 센스 없는 아내가 "남자가 뭐 그깟 일로 그래" 하고 말한다면 남편의 마음을 몰라주는 말이다.

목회자는 성도들을 이해해야 한다. 성도들의 마음을 알아줘야 한다. 성도들이 목회자만을 의지하도록 하라는 말이 아니다. 성도들이 목회자를 생각할 때 언제라도 자신의 이야기를 들어 줄 것 같은 포근함이 필요하다.

점심 식사 시간에 교회 식당에서 목회자들이 식사를 하고 있었다. 식탁에 앉아서 식사를 하는데, 몇몇 성도들은 함께 식탁에 앉아서 식사를 하고 있고, 몇몇 성도들은 식사를 받기 위해 줄을 서 있었다. 그런데 담임목사님이 옆에 앉은 부목사님에게 "맨 뒤에 서 계신 장로님을 얼른 제일 앞으로 모셔서 먼저 식사를 받으시게 하세요. 어른이 저렇게 오래서 계시도록 하는 것은 예의가 아닙니다" 하시는 것이다. 언제 보셨을까? 담임목사님은 배려가 필요한 성도들을 놓치지 않는 매의 눈을 가지셨나 보다.

공평은 '똑같이'가 아니다

모든 사람을 똑같이 대하는 것이 평등이요, 공평이라는 생각은 잘못된 생각이다. 성경이 말씀하는 공평이 데나리온의 비유에 잘 나와 있다. 마태복음 20장에 보면 인력시장에서 일용직 일꾼들을 고용한다. 아침 일찍부터 불려온 사람이 있고, 퇴근 한 시간 전에 고용된 사람이 있다. 하루 품삯을 계산하는데 한 시간 일한 사람과 열 시간 일한 사람의 보수가 같다. 당연히 열 시간 일한 사람은 불공평한 처사라고 항의한다. 그러나 주인의 생각은 다르다. 모든 사람에게 처음부터 약속한 한 데나리온을 주었기에 주인이 잘못한 것은 없다. 오히려 주인이 한 시간 일한 사람에게 선을 베푼 것을 나쁘게 보는 것은 지나친 간섭이고 월권이다. 하루 종일 일한 사람이 주인의 권리까지 따질 자격도 없거니와, 주인이 베푼 선을 악하게 보는 것은 잘못된 시선이다. 다른 사람의 복을 축하해 주지 않는 마음은 꼬인 마음이다. 열 시간 일한 사람도 주인이 불러 주지 않았다면 아무런 소득 없이 집에 돌아가야 했다. 열 시간 일한 사람도 주인에게 은혜를 입은 것이요, 한 시간 일하고 한 데나리온을 받은 사람은 더 큰 은혜를 입은 사람이다.

> "주인이 그 중의 한 사람에게 대답하여 이르되 친구여 내가
> 네게 잘못한 것이 없노라 네가 나와 한 데나리온의 약속을 하

지 아니하였느냐 네 것이나 가지고 가라 나중 온 이 사람에게
너와 같이 주는 것이 내 뜻이니라 내 것을 가지고 내 뜻대로
할 것이 아니냐 내가 선하므로 네가 악하게 보느냐 이와 같이
나중 된 자로서 먼저 되고 먼저 된 자로서 나중 되리라"(마
20:13~16).

이 비유는 평등, 불평등을 말하는 비유가 아니다. 일이 없어서 일자
리를 찾는 사람을 향한 주인의 은혜와 배려를 말하는 것이다. 일을 많이
한 사람에게 많은 보수를 주는 것은 당연하다. 그러나 때로는 일할 수
없어서 못하는 사람에게 많은 배려가 필요한 것도 사실이다. 공평이란
'똑같이'가 아니라 '그 사람의 형편과 처지에 맞게'이다.

목회자는 성도들을 공평하게 대해야 한다. 목회자의 공평이란 모든
성도들을 똑같이 심방하고 똑같은 시간을 대화하는 것이 아니다. 힘들
고 어려운 사람들은 더 많이 찾아가 위로하고, 건강하게 신앙생활하는
사람들은 계속 격려해서 더 잘하도록 하는 것이 공평이다. 우리에 잘 들
어온 아흔아홉 마리 양과 길 잃은 양을 똑같이 대우하는 것은 바른 목양
의 자세가 아니다.

담임목회자의 더욱 특별한 돌봄을 필요로 하는 사람이 있다. 환자
들, 위로가 필요한 사람들, 슬픔을 당한 사람들에게는 다른 사람보다
더 많이 찾아가고 위로하는 것이 당연하다. 그것을 가지고 "담임목사가
편애한다"고 말하면 선한 것을 악하게 보는 눈이 되는 것이다. 주일에
담임목사님과 악수하는 사람 중에 몸이 아프거나 힘든 일을 겪고 있는
성도는 아니라 할지라도, 담임목사님과의 대화를 필요로 하는 사람이

얼마든지 있는 것이다.

전화도 천천히 끊으라

성도들과 악수하며 대화할 때 성도들의 얼굴을 충분히 바라보면서 대화하는 것도 목회다. 목회자의 성실성을 보여 주는 또 하나의 설교가 바로 대화하는 태도다. 상담과 심방을 마치고 성도들을 보낼 때에는 작별 인사를 확실하게 해야 한다. 목회자실을 나가는 성도를 배웅하고 충분히 인사할 필요가 있다. "안녕히 가세요" 한마디하고는 문을 닫는다면 잘못한 것은 아닌데 왠지 소홀히 여김 받은 느낌이 들 거라는 생각을 해 보았는가? "다음에 식사라도 하면서 또 대화 나눕시다"라든지, "연락드릴게요. 걱정하지 마세요", "기도하고 있습니다. 그리고 계속 기도할 것입니다. 주님이 함께하세요. 아시지요?" 어떤가? 전혀 다른 인상으로 받아들여진다.

성도들과 전화 통화를 하다가 끊으면서 작별 인사할 때, 그 시간조차도 중요하다. 전화를 끊으면서도 성도와 끊는다는 인사를 확실히 해야 한다. 인사하자마자 바로 끊지 말고, "끊습니다. 그래요. 안녕히 계세요" 하며 몇 번이고 확인하는 것이 필요하다. 목사님들과 통화하면서 성숙한 목사님들은 전화를 천천히 끊고, 먼저 끊는 것을 회피한다는 것을 보았다. 상대가 어리든지 후배든지 간에 먼저 끊을 때까지 기다리는 것을 본다. 상대가 먼저 전화 끊기를 기다리는 몇 초에 목회자의 자세와 인격이 보인다. 전화를 하다 보면 가끔씩 경험하게 되는 일이, 막상 끊으려고 할 때 다시 할 말이 생각나서 전화하는 경우도 있는 것을 본다. 그러니 담임목사님과 긴장하면서 대화하다 보면 정작 할 말을 놓치는 경우가 왜 없겠는가. 그래서 전화를 끊을 때, 수화기를 내려놓으면서도 혹시 잊어버린 이야기를 또 하려는 사람들까지도 배려해서 생긴 습관으로 보인다.

"전화 하나 끊는 일 갖고 무슨 목회를 말합니까?" 하고 말할 수 있을 것이다. 오랜 세월 쌓아 온 신뢰가 무너지는 것은 한순간이다. 전화 한 통화에서조차도 잃어버려지는 것이 신뢰다. 인류 역사에 커다란 오점을 남길 만한 거창한 일 때문에 섭섭한 마음이 생기고 신뢰가 무너지는 것이 아니다. 그야말로 '별것도 아닌 일' 가지고 섭섭해 하고 서운해 한다. 그리고 그 섭섭함이 쌓여 신뢰라는 벽이 무너지게 된다.

양을 배려하지 않는 목자는 너무 차갑고 냉랭하다. 양 한 마리를 잃어버렸을 때 '아흔아홉 마리가 또 있으니까 한 마리쯤이야 잃어버려도 큰 손실이 안 돼' 하고 나가지 않는 목자라면 어떻게 성도의 신앙을 이끌 수 있는 지도자가 되겠는가. 성도들을 향한 배려가 부족한 냉랭한 목회자와 신앙생활하는 성도들은 차가운 얼음장에서 사는 것과 같다.

어느 부인이 무뚝뚝한 남편에게 "사랑해"라는 말을 무척이나 듣고 싶었다. 그래서 남편에게 퀴즈를 냈다. 애교 섞인 콧소리로 "여보, 세상에서 제일 차가운 바다가 뭔지 알아? '썰렁海(해)' 래. 그럼 제일 뜨거운 바다가 뭔지 알아?" 당연히 답은 '사랑해' 다. 그런데 남편이 들은 체도 하지 않자 부인이 계속 답을 재촉한다. "나 보면 생각나는 것 없어? 그거야." 그러자 귀찮아진 남편이 한다는 말이 "당신 보면 생각나는 바다? 열 받아(열바다海)"라고 했단다. '사랑해' 라는 말 한마디도 하기 싫어하는 남편, 남편이 열 받을 일이 아니라 부인이 열 받을 일이다. 따뜻한 말 한마디 성도에게 건네지 못한다면 하나님이 열 받으실 것이다.

목회자에게서도 위로 받지 못하는 성도들이 어디서 위로를 받겠는가. 우리는 사랑받기 위해 태어났다. 그리고 목회자는 사랑하기 위해서 태어났다.

세금으로 정복한 이슬람교

이슬람제국이 이렇게 급속히 영토를 확장할 수 있었던 것은 무슬림의 호전성 때문이 아니라 피정복민에 대한 관대한 정책 덕이었다. 무슬림은 피정복민을 억지로 개종시키지 않았다. 다만 고유의 문화나 관습, 종교 등을 유지하는 대가로 무슬림보다 많은 세금만을 요구했다. 예컨대, 이집트 알렉산드리아를 정복했을 때 남자 60만 명을 포로로 잡았으나 이 포로를 분배하지 않고 그들에게 토지세를 부과했다고 한다. 그러자 시간이 지나면서 피정복민들이 자발적으로 이슬람교로 개종했다고 한다.

이지원 & 박미선, 「스무 살을 위한 교양 세계사 강의」

이슬람이 칼과 무기만으로 이슬람교를 전파하려고 했다면 실패했을 것이다. 그런데 오히려 이슬람교로 개종하지 않는 사람에게 무거운 세금을 부과해서 쉽게 개종을 시켰다는 것이다. 재미있는 역사의 한 스토리다.

그 사람에게 중요한 것이 무엇인지 아는 것, 나는 그것을 '센스'라고 말하고 싶다. 많은 사람들이 경제적인 이유로 타협하기도 하고, 죄를 저지르기도 하고, 시험에 들기도 한다. 그럼 그런 사람들은 돈만 아는 사람들인가? 아니다. 그럼에도 불구하고 사람들이 돈 문제에서 완전히 자유하기는 쉽지 않다. 이슬람 사람들은 그것을 간파했다는 것이다.

"저 사람은 왜 별것도 아닌 것 같고 화를 내?" 내게는 별것 아닌 것이 듣는 사람의 입장에서는 크게 보이고 화를 낼만 한 일이라는 것을 알아야 한다. 센스 없는 사람과 대화를 해 본 경험이 있는가? 농담을 해도 농담인지 진담인지 모르는 사람과의 대화는 생각만 해도 답답함이 몰려온다. 어떤 코미디언이 이런 말을 하는 것을 들었다. "왜 농담을 다큐멘터리로 받아?" 농담을 했는데 농담인 줄 모르고 너무 진지하게 듣는 사람을 두고 하는 말이다. 웃자고 농담을 했는데 농담인 줄 못 알아들을 때, 말하는 사람은 기운이 안 나고 듣는 사람은 재미가 없는 것이다.

어떤 사람이 "집사님, 되게 피곤해 보이세요. 큰 병이 있으신가 봐요. 하하하" 하고 말하더란다. 요즘은 나이 드신 분들 이상으로 젊은 사람들이 스트레스 때문에 얼마나 많은 질병에 시달리는지 모른다. 그런데 중병이 있나 보다는 말을 농담이라고 하면, 그 말에 웃어야 할지 화를 내야 할지 망설여지더란다. 그래서 그 말을 들은 집사님이 이렇게 말했단다. "집사님, 농담은 듣는 사람이 재미있어야 농담이에요."

그렇다. 농담은 듣는 사람이 재미있어야 농담이다. 비단 농담뿐 아니라 어떤 말도 공감되지 않는다면 많은 말이 오고 가도 대화는 아니다. 그래서 목회자가 성도의 말을 못 알아듣는다면 '대화의 단절'이 생기는 것이다. 문제는 대화의 단절이 관계의 단절로 이어질 수 있다는 것이다.

성도들은 목회자의 위로와 권면을 필요로 한다. 그런데 성도들의 상황을 읽지 못하고, 그 마음을 헤아리지 못하고 설교 강단에서 한 주간에 있었던 신문 내용을 정리한다든지 2천 년 전 사람들에게나 해당하는 이야기에 그친다면 설교는 허공에 떠 있는 '뜬 구름' 이 되기 십상이다. 물론 성도들이 목회자에게 다가와서 서운하다고, 말을 못 알아들으셔서 답답하다고 말하지는 않을 것이다. 그러나 속으로는 '목사님은 내 맘을 몰라 주셔' 하며 안타까워하고 서운해 할 것이다. 설교가 성도의 상황에 적중되지 못한 것이다.

장례식에서 실컷 울고는 "그런데 누가 죽었나요?"

그래서 김동호 목사님은 미래의 신붓감을 놓고 이렇게 기도하셨다고 한다. "말이 통하는 사람을 만나게 해 주세요." 정말 공감이 가는 말이 아닐 수 없다. 평생을 함께 살 사람인데 말이 안 통한다는 것은 상상만 해도 보통 답답한 일이 아닐 것이다.

성도들도 말이 통하는 목사님을 만나고 싶어 한다. 그런데 목사님이 땅 위에서 사는 사람이 아니라 마치 하늘에만 있고 땅에는 도무지 내려오지 않으려고 하는 사람이라 한다면 그 목양이 어떻게 성도의 마음을 움직이겠는가. 예수님도 하늘에서 내려와 우리의 목자가 되어 주셨는데, 목회자가 거룩해야 한다면서 성도들과 동떨어진 삶을 산다면, 마치 천사나 되는 듯이 살아야 하는 것으로 생각한다면 그것은 거룩의 의미를 놓친 것이다. 거룩하신 예수님이 이 땅에 오신 것은 거룩함을 포기한 것이 아니라 그 사랑의 위대함을 보여 주신 인류 최고의 사건이다. 거룩함은 하늘에만 있는 것이 아니라 이 땅에서 구별된 삶을 사는 것이다. 거룩하신 하나님이 이 세상에 오셔서 연합된 것처럼, 거룩은 하나님과의 연합이요, 목회자와 성도, 성도와 성도, 성도와 세상이 믿음 안에서 연합하는 것이다. 동시에, 세상의 사랑과는 탁월하게 구별되는 희생적인 사랑이 목회자의 사랑이고, 거룩한 성도의 마땅한 사랑이다. 예수님처럼 철저히 낮아지고, 성도 위에서가 아니라 성도와 함께, 아니 성도보다 더 낮은 자세로 섬길 때 비로소 목회자의 섬김과 희생이 거룩하다고 말할 수 있다.

그래서 설교도 적중이 되어야 한다. 하나님의 말씀이 우리의 삶에 적중되도록 해야 한다. 그것이 설교자의 몫이다. 적용이 없는 설교는 마치 공부하는 학생이 문제의 과정을 배우려고 하지 않고 해답서만 보는 것과 같다. 문제는 풀지 않고 답안지를 읽고 답을 채운다면 배우는 것도 없고 발전도 있을 수가 없다. 적중되는 설교는 성도의 삶이 말해 주는 목소리를 들을 줄 알아야 하는 것이다. 목회 감각은 성도들의 소리를 들을 줄 아는 목회자의 센스다.

장례식 때 실컷 울고는 "근데 누가 죽었나요?" 하는 사람이 있단다. 그동안의 대화의 흐름과는 전혀 다른 말을 하고 있는 사람을 일컫는 말이다. 만약에 목회자의 목양이 이런 모습이라면 곤란하지 않겠는가? 대화하면서, 목회를 하면서 분위기를 파악하는 센스가 있어야 한다. 울어야 할 때인지 웃어야 할 때인지를 모른다면 그것은 흡사 장례식에서 박장대소하는 격이고, 결혼식장에서 대성통곡하는 격이라고 하겠다. 하물며 수많은 사람들을 대하며 성도들의 마음을 읽고 이해하고 쓰다듬어야 하는 목회자가 성도와 교회의 상황을 파악하지 못하여 엉뚱한 말을 하거나 이해할 수 없는 말을 한다면 벌써 끔찍한 결말을 예고하는 것이다.

왜 인사하면서 저를 안 보세요?

비단 대화뿐이겠는가? 목자의 말 한마디, 손짓 하나, 사람을 대하는 태도 하나하나를 성도들이 얼마나 민감하게 받아들이는지 이해한다면 목회에 있어서 '목회의 센스'는 말씀과 기도 생활만큼이나 중요하다고 해도 과장된 표현이 아니다. 성도들은 목회자의 말 한마디, 행동 하나하나에 민감하다.

어떤 목사님이 주일에 잘 나오던 성도가 교회를 나오지 않아서 전화를 했단다. "지난 주일에 어디 가셨어요? 안 보이셔서 전화 드렸습니다." 그때 놀라운 대답이 들려온다. "몇 주일 전 예배 후에 목사님 저하고 악수하셨지요? 그런데 저하고 인사가 다 끝나기도 전에 제 뒤에 오는 분을 보면서 악수하셨지요? 저를 무시하시는 행동 아닌가요?" 하더란다. 예배 후 성도들과 일일이 악수하는 교회였는데, 담임목사님이 성도들 한 사람 한 사람과 악수하다가 다음 성도하고 얼른 악수를 한다고 했는데, 그 성도는 목사님의 그런 모습을 자신에 대한 불성실한 태도로 받아 목회자를 판단한 것이다. 아! 물론 목사님이 다음 성도에게 시선을 돌린 것 때문에 목사를 무관심한 사람으로 말하는 성도도 지나친 면이 없지 않다. 그러나 그냥 보내야 할 때도 있지만, 잠깐이라도 대화가 필요한 성도가 있다는 것을 아는가?

예배가 끝나고 성도들이 나가면서 담임목회자와 인사를 하는 교회가 많다. 예배 후 수많은 성도들과 일일이 인사하는 것도 보통 일이 아니다. 성도들이 줄을 서서 인사를 하는데 성도 한 사람이 담임목회자를 계속 붙잡고 있는 경우도 있다. 이런 때에는 어떻게 해야 할까? 성도와의 대화 내용이 중요하지 않다 할지라도 중대형 교회 성도들은 담임목회자와 이야기를 나눌 시간이 많지 않다. 주일에 만난 담임목회자와 별말은 아니어도 대화를 나누고 싶은 성도들의 마음을 생각하면 뒤에 기다리는 성도들에게는 미안하지만 담임목회자는 그 성도와 대화를 충실히 해야 하는 것이다. 그러나 그 주간에 장례를 치른 가정이 뒤에 기다리고 있다면 또 다른 이야기가 될 것이다. 정중히 "뒤에 이번 주에 가족을 천국으로 보낸 분들이 기다리고 계시네요" 하면서 보내드릴 수 있는 감각이 필요한 것이다. 그런 정도의 일에 무슨 목회 감각까지 말할 필요가 있느냐고, 당연한 것 아니냐고 할지 모르겠다. 이런 센스가 모든 목회자들에게 있다면 다행이다. 이것은 편의상 드는 하나의 예일 뿐이다. 교회에는 훨씬 더 민감하고 복잡한 상황들이 많다.

그래서 목회에는 감각적인 목회가, 센스가 필요하다. 어떤 사람들은 이렇게 생각하는지도 모르겠다. '목회는 오직 기도와 말씀에 전념하면 되는 것 아닌가요?' 맞다. 그 말이 틀렸다는 것이 아니다. 그러나 말씀과 기도에 충실한 목자라면 목회적인 센스에도 민감할 것이 분명하다. 말씀이 주장하는 사람은 한 영혼을 얼마나 귀히 여기는지 모른다. 성경은 예수님께서도 어린아이를 데려오지 말라는 제자들의 말에 화를 냈다고 말씀한다. 아이들이 오는 것을 금하지 말라고 제자들을 오히려 호통하신다. 소자 한 영혼을 실족시키면 맷돌을 목에 걸고 물에 빠지는 것이 낫다고 할 만큼 한 영혼을 귀히 여기셨다. 사람에게 '라가'라고 하는 자, 미련한 놈이라고 하는 자는 지옥 불에 들어가고 공회에 잡힐 것이라고 마치 위협하듯이 말씀하신다.

어떤 교회가 성전을 증축하기로 했다. 그래서 건축헌금을 격려하면서 담임목사가 광고 시간에 "자기가 앉은 한 자리를 책임진다는 자세로 헌금합시다"라고 말했다고 한다. 그랬더니 한 성도가 그 말에 기분이 나빠서 주일에 안 나오더란다. 그 성도는 제일 뒷자리에 앉는 성도였는데, 교회가 그 뒤로 10미터 정도를 더 증축하기로 되어 있는 상황에서 자신이 제일 뒷자리에 앉으니까 자신 들으라고 하는 설교로 들리더라는 것이다. 그래서 기분이 너무 상해서 교회에 안 나오겠다는 것이다. 그 말을 들은 담임목사는 "그럼 증축하지 않는 앞자리에 앉으시면 될 일이지요" 하고 말하며 웃어야 할지 울어야 할지 망설였다는 것이다. 옳고 그름을 논하자는 것이 아니다. 그 성도를 책잡으려고 하는 뜻도 아니다. 그만큼 목회자의 말 한마디에 대해서 성도들은 훨씬 민감하게 반응한다는 사실을 말하고자 하는 것이다. 성도의 상황을, 인격을 누구보다 잘 아는 사람은 담임목회자다. 한 사람, 한 사람에게 각별한 사랑으로 대하고 말하는 것, 그것이 진정한 목회 감각이다.

옳은 말이 아니라 덕이 되는 말을 하라

만화 프로그램인 〈가필드〉에서 주인공 가필드는 눈꺼풀이 거의 반쯤 감겨진 상태로 텔레비전을 시청하는 모습을 보여 준다. 그의 친구가 묻는다. "가필드, 뭘 보고 있니?" "글쎄, 잘 몰라." "누가 주인공이니?" "몰라." "무슨 내용이야?" "이봐, 난 지금 텔레비전을 보고 있단 말이야. 그러니까 나보고 생각하라고 하지 말아 줘. 알았어?"

켄트 휴즈, 「구별하라」

말은 징검돌이다

서울여대 장경철 교수님이 이런 말을 했다. "말은 징검돌입니다. 너무 멀면 건너기 힘들고, 너무 촘촘히 있어도 효과적이지 못한 것입니다." 말도 마찬가지다. 말을 전개하면서 내용이나 논리의 간격이 너무 멀고 띄엄띄엄 말하면 그 내용을 이해하기 어렵고, 너무 촘촘히 말하면 지루한 것이다. 자신만의 언어로 말하거나, 자신이 알고 있는 것을 상대방도 이미 알고 있을 것이라고 짐작하고 상황을 전혀 설명하지 않고 말하면, 자신은 이해하지만 듣는 사람들은 이해하지 못할 수가 있다. 그렇기 때문에 말을 하기에 앞서 상대방이 상황을 어느 정도나 이해할 수 있는지 확인하면서 적절하게 내용을 잘 풀어서 말해야 상대방이 이해할 수 있다. 반대로 그 다음 이야기가 뭔지 뻔히 알 것 같은데 말을 너무 늘려서 길게 설명하면서 말하면 듣는 사람을 지루하게 만든다.

말 한마디를 어떻게 하느냐에 따라 사람의 기분을 들뜨게도 하고 실망하게도 하고 상처 받게도 한다. 그만큼 많은 성도들을 대상으로 목회하는 목회자들에게 있어서 '말에 대한 센스'는 목회를 원활하고 부드럽게 할 수도 있고, 꽉꽉 막히게 할 수도 있다.

마음에 들어야 귀에 들어간다

이것은 비단 목회자에게만 해당되는 것은 아니다. 우리는 커뮤니케이션이 무엇보다 중요한 시대를 살고 있다. 무엇보다 중요한 것이 소통이라고 말하는 시대를 살고 있다. 소통한다는 것은 말을 잘 알아들어야 하고, 또 알아듣게 말을 해야 한다는 의미다.

말을 할 때 무엇보다 중요한 것은 상황에 맞게 말을 하는 것이다. 듣는 사람들이 알아들을 수 있어야 할 뿐 아니라 받아들일 수 있어야 한다. 듣는 사람이 공감(共感)해야 충분히 의사 전달이 된 것이다. 소통이란 나 혼자만 이해하고 말하는 것이 아니라, 상대방도 나의 말을 이해할 뿐 아니라 충분히 공감할 때 이해된 것이고 소통이 이루어진 것이다. 막무가내식의 말이 아니라 말에 설득력이 있어야 한다. 그러려면 말에 논리가 있어야 한다. 그래서 말을 했을 때 그 사람의 반응을 예상할 수 있어야 한다. 웃으라고 한 말인데 상대방 기분이 상한다면 말을 제대로 하고 있는 것이 아니라고 볼 수 있다. 물론 말하는 사람의 예상대로 듣는 사람이 반응하는 것은 아니다. 그러나 웃기라고 한 이야기를 심각하게 받아들인다면 의사소통에 있어서 방향을 수정해야 한다. 나의 말과 뜻이 잘 전달되지 않는다는 의미이니 말이다.

듣는 사람의 마음을 움직이지 않고는 귀에 들어가지 않는다. 귀가 먼저가 아니라 마음이 먼저다. 말하는 입장과 듣는 입장이 다르다는 것을 항상 기억해야 한다.

개나 소나 치는 피아노?

목회자가 자신이 내뱉은 말 한마디가 어떤 반향을 가져올지 예상하지 못한다면 목회 감각에 대한 훈련이 필요한 것이다. 다시 말하지만, 목회자의 말에 대해 성도들은 필요 이상으로 민감하다는 것을 항상 잊지 말아야 한다.

목회자는 쓸데없는 농담이나 거친 말들은 할 필요도 없고, 해서도 안 된다. 욕같이 상스러운 말들은 설교에서 예로 들 필요조차도 없다. 예를 들어, 어떤 사람이 욕을 한 것을 설교 시간에 인용할 때 목회자가 그대로 욕을 하면서까지 보여 줄 필요는 없다는 말이다. "설교와 여자 치마는 짧을수록 좋습니다", "여자가 선악과를 먹어서 가슴이 나온 겁니다" 이런 식의 농담을 설교 시간에 하는 경우가 있는데, 이는 설교자의 입에서 나올 말이 아니다. 만약 설교 시간에 어떤 목회자가 "요 사이 왜 그렇게 성형수술에 관심이 많습니까? 호박에 줄긋는다고 수박 됩니까?" 하고 말했다면 성형수술을 한 사람에 대한 배려가 전혀 없는 말이다. 성형수술을 한 사람 중에는 사고를 통해서 어쩔 수 없이 하는 사람도 있다. 그러므로 말을 할 때는 듣는 사람의 입장을 늘 고려해야 한다.

"2층에 계신 분들은 예배 시간에 늦게 오시는 분들 같은데, 일찍 오셔서 다 1층에 앉으세요. 1층에도 자리가 많습니다." 뭐 그리 큰 문제 될 것 없는 말일 수 있다. 그러나 2층에 늦는 사람만 앉는 것은 아니다. 2층에 온 사람을 모두 늦게 온 사람으로 간주해 버리면 일찍 온 사람들은 억울할 것이고, 목회자의 추측성 발언으로 인해 서운해 할 수도 있다.

피아노를 전공한 사람 앞에서 이런 말하는 것을 들은 적이 있다. "나는 피아노도 못 치고, 우리 가족들에게 별 도움이 안 되는 것 같아. 그런데 내가 이렇게 말했더니 남편이 '개나 소나 다 치는 피아노 그까짓 것 못 치면 어떠니?' 하고 말하더라." 오! 그런 이야기는 남편하고만 이야기하고 끝났어야 한다. 남편은 아내를 격려한다고 말했을 것이다. 그러나 피아노 치는 사람 앞에서는 할 말이 아니다. 아무리 악의 없이 말했다 해도 듣는 사람의 입장을 생각하지 않기에 조심 없이 말하는 것이다. 그런 말을 하는 순간 자신은 개나 소도 하는 것을 못하는 사람이 되고 말았다. 우리는 옳은 말이 아니라 덕이 되는 말을 해야 한다. 그 말이 사실일지라도 덕이 되지 않는다면 해서는 안 된다.

듣는 입장에서 말해야 한다

다른 사람에 대해서 말할 때는 그 사람을 판단하는 말들, 실수나 단점에 대한 말들을 심각하게 고려해서 해야 한다. 아니, 다른 사람에 대한 말은 칭찬이 아니라면 말하지 않는 것이 좋다.

며느리가 전화 통화하는 것이 방 안에 들리는데, "우리 시어머니야 집에서 밥만 축내시지 뭐" 하는 말을 시어머니가 들었다면 기분이 좋을 리가 없다. 비록 시어머니를 흉보기 위한 것이 아니었을지라도, 가볍게

별 뜻 없이 말한 것이라 할지라도 듣는 입장을 전혀 배려하지 않은 말이다. 만약에 시어머니가 며느리에 대해서 "며느리하고 딸은 확실히 달라. 같을 수가 없지. 아무리 나한테 잘해 줘도 정이 안 가" 하고 말했다면, 아무리 그 말을 한 의도가 흉을 보기 위한 것이 아니었다 해도 듣는 입장에서는 서운할 수밖에 없다.

말은 내가 하지만 듣는 것은 상대방이라는 사실이다. 그러므로 "내 입 가지고 내가 말도 못 해?" 하면서 말하는 사람의 입장으로 말해서는 안 된다. 말하는 입은 내 것이지만 듣는 사람은 상대방이다. 자기 방에 침 뱉는 사람도 없는데, 다른 사람 안방에 침을 뱉는다면 몰상식한 것이다. 함부로 말하는 사람이 꼭 이와 같다. 말은 듣는 사람을 생각하고, 배려하고 해야 한다.

한 사람이라도 오해할 말은 하지 말라

"교회의 주인은 누구입니까? 주님이 교회의 주인이십니다. 교회 청소하는 사람이 주인이 아닙니다. 교회 건물을 잘 관리한다고 자신이 주인인 줄 아는 분들이 있는데, 아닙니다." 대략 이런 예를 들은 적이 있다. 그런데 예배를 마치고 성도 몇 분이 "목사님, 너무 속이 후련했습니다. 그 집사님 두고 하신 말씀이시죠? 맞아요. 매일 교회에 출근한다고 자신이 주인인 줄 알아요. 내참" 하는 것이다. 속으로 '큰일 났구나. 나는 결코 그분을 두고 설교한 것이 아닌데, 왜 교인들은 그분이라고 생각했을까?' 몹시 당황스러웠다. 평촌교회 림형석 목사님께서 "나는 설교 원고를 보고서 한 사람이라도 오해할 말은 다 빼 버립니다. 그 한 줄의 말 때문에 오해할 성도가 있다면, 굳이 그 말을 할 필요가 없습니다" 하고 조언해 주셨다. 듣는 사람의 입장을 고려하지 않은 탓이었다. 비록 어떤 사람을 지적하거나 비난하고자 하는 뜻이 아니었다 하더라도 오해의 소지가 있는 말은 하지 말거나 바꾸어야 했던 것이다.

오해의 말은 할 필요가 없다. '나만 아니면 됐지' 라는 생각은 무책임한 생각이다. 하면 안 되는 줄 알면서 기어이 할 필요가 없다. 오해가 쌓이면 미움과 증오로 바뀌는 것이다. 너무 멀리 가면 돌아올 때도 오래 걸리는 것처럼, 멀어진 사이를 다시 돌이키려면 그만큼의 노력이 필요하다.

"말 한마디로 천 냥 빚을 갚는다"는 말이 있다. 천 냥이란 돈은 조선시대에 양반도 살 수 있는 돈이었다고 한다. 이 속담에 대해 말 한마디로 신분이 바뀔 수도 있다는 의미라고 해석하는 것을 들었다. 정확한 해석인지는 몰라도 의미는 통한다고 본다. 말 한마디에 엄청난 빚을 갚을 수도 있고, 말 한마디로 신분이 바뀔 수도 있다.

그리스도인이 고고한 척할 필요는 없지만, 품위를 지키는 것은 필요하다. 품위란 것이 체면치레를 말하는 것은 아니다. 그 안에 흐르는 신앙의 기운 때문에 범접할 수 없는 거룩함이 느껴지는 것을 말한다. 그리스도인의 품위는 말에서부터 시작된다. 해서는 안 될 말은 하지 말아야 한다. 듣는 사람 입장에서 말해야 한다. 자리에 없는 사람을 험담하는 것은 피해야 한다. 다른 사람이 그렇게 자리에 없는 사람을 험담하고 있다면 자리를 피하라. 거룩함을 지키는 것은 그리스도를 나타내는 성도의 마땅한 자세다.

우리는 그리스도인이다. 그리스도 예수의 이름을 달고 사는 사람이다. 그리스도인이 하는 말이 그리스도를 나타낸다고 해도 틀린 말이 아

니다. 불신자가 교회를 보는 것은, 예수를 보는 것은 그리스도인의 삶을
통해서다.

> "너희는 세상의 빛이라 산 위에 있는 동네가 숨겨지지 못할
> 것이요 사람이 등불을 켜서 말 아래에 두지 아니하고 등경 위
> 에 두나니 이러므로 집 안 모든 사람에게 비치느니라 이같이
> 너희 빛이 사람 앞에 비치게 하여 그들로 너희 착한 행실을 보
> 고 하늘에 계신 너희 아버지께 영광을 돌리게 하라" (마
> 5:14~16).

그리스도인의 착한 행실은 불신자로 하여금 하나님의 영광을 노래
하게 만드는 것이다.

'인사(say hello)'가
만사(萬事)다

환자가 의사를 고소하는 경우는 조악한 진료에 상해를 입었을 때가 아니라 거기에 더해 다른 일이 일어났을 때다. 개인적으로 의사에게 받은 대접이다. 의료사고 소송에서 거듭 반복되는 불평은 자기가 짐짝 취급받고 무시당하고 천덕꾸러기 대접을 받았다는 것이다. 고소당한 적이 없는 의사들은 고소 전적이 있는 의사들에 비해 환자 한 명과 함께 있는 시간이 3분 이상 더 길었다. 18.3분 내지 15분. 그들은 "우선 진찰해 보고 나서 함께 문제를 이야기해 봅시다"라거나 "나중에 질문할 시간을 드리겠습니다"라는 식으로 환자를 편안하게 배려하는 설명 방식을 즐겨 사용했다.

말콤 글래드웰, 「블링크」

인사가 많은 것을 좌우한다

"믿는 도끼에 발등 찍힌다"는 말이 있다. 이 말은 평소 사용할 때 문제가 전혀 없는 도끼라서 믿고 있다가, 그래서 긴장하지 않고 일하다가 오히려 도끼의 날이 몸통에서 빠져 발을 다치기가 쉽다는 말이다. 평소

일하다가 문제가 많았던 도끼라면 그 도끼를 사용하는 사람은 주의했을 것이다. 너무 믿다 보니 오히려 큰 화를 당할 수 있다는 말이다.

이 말을 우리 주변의 관계에 적용한다면, 길을 가던 사람이 내게 상처를 입히는 경우는 없다. 적어도 내가 늘 조심하고 거리를 두었던 사람에게 상처 입는 경우는 많지 않다. 물론 그런 사람에게서라도 험한 말을 들으면 기분은 상할 것이다. 그러나 내가 무척이나 신뢰하던 가족 혹은 가족같이 여겼던 구역 식구들, 셀 목자, 목회자에게 전혀 뜻밖의 말을 듣거나 나의 심장을 찌르는 것 같은 상처 주는 말을 들을 때의 그 충격은 말로 할 수 없을 정도다. 이런 일을 당할 때 우리는 흔히 "기가 막힌다"는 말을 한다. 말문이 막히는 상황이다. 그러니 남이 나에게 그런 상처를 줄 수 있다면 역으로 내가 다른 사람에게 그런 상처를 줄 수 있음도 고려해야 하는 것이 마땅하다. 특히나 다른 사람을 책임지는 사람들은 더욱이 말과 행동 하나하나에 조심 또 조심해야 하는 이유가 여기 있다.

목회는 사람과의 관계, 즉 인사(人事)가 중요하다. 하나님과의 관계는 하나님을 철저히 의지하기만 하면 된다. 하나님이 우리에게 삐치실까 봐 걱정할 필요는 없다. 변덕을 부리실까 봐 걱정할 필요도 없다. '이렇게 말하면 어떻게 생각하실까? 어떻게 기도를 멋지고 품위 있게 해야 할까?' 염려할 필요 없다. 하나님께는 솔직하면 된다. 경외하는 마음을 가지고 기도하면 된다. 그러나 사람은 그렇지 않다. 삐칠 일도 아닌데 삐친다. 서운할 일이 아닌데 서운해 한다. 내 말이 그대로 전달되기가 쉽지 않다. 그래서 수많은 오해를 낳는다. 사람과의 관계는 결코 쉽지 않다. 목회를 하다 보면 일이 힘들어서 목회가 힘든 경우는 많지 않다. 거의 대부분 사람과의 관계에서 힘들어 한다. 그만큼 관계가 중요하다.

잘해야 한다. 조심해야 한다. 신경 써야 한다. 인간관계에서 제일 중요하다고 할 수 있는데 놓치기 쉬운 것 중의 하나가 바로 '인사하는 것'(say hello)이다.

"인사(人事)가 만사(萬事)다"라는 말은 관계가 모든 것을 좌우한다는 말이다. 그런데 동시에 만났을 때 하는 '인사'가 얼마나 중요한지 모른다. 목회의 첫인상이 바로 만날 때마다 하는 인사에서 결정된다. 그 사람을 판단하는 제일 중요한 기준 중에 하나가 인사하는 태도와 말투다. 더군다나 우리 한국 사회에서 인사하는 것은 상대방에 대한 존경과 존중의 표현이다. 그러니 목회자가 인사를 얼마나 예의 바르게 하는가는 목회의 기본이요, 시작이다. 그런데 그렇게 중요한 원칙이 지나치기 쉬운 것 중의 하나인 것도 사실이다. 많은 사람들이 인사가 얼마나 중요한지 모르고 쉽게 지나친다. 배우지 못해서 그렇다.

신학교 동기인 이정재 목사님에게 들은 이야기다. 이 목사님의 장인 어른이 장로님이 되시면서 여러 장로님들과 이야기를 나누는 중에 목사님들에 대한 이야기를 듣고 오셔서는 그러시더란다. "인사 잘하시오, 이 목사. 장로님들이 제일 중요하게 생각하는 것이 보니까 인사입니다."

상대방의 입장에서 인사하기

실제로 목회하면서 교인들이 서운해 하는 것 중의 하나가 "목사님께 인사했는데 그냥 무심히 가시더라, 인사 제대로 안 받으시더라" 하는 말이다. '목사님들이 성도들에게 인사를 잘하고 잘 받으실 텐데 왜 그런 말이 나오지? 정말 목사님들이 인사를 잘 안 하고 안 받으시나?' 그때부터 유심히 관찰해 보았다. 그리고 나 자신을 살펴보았다. 목사님들이 인사를 하기는 한다. 그런데 자기 식대로 하는 경우가 많다. 본인은 인사를 하는데, 받는 사람 입장에서 보면 인사를 한 것인지 안 한 것인지 분명하지가 않다. 어떤 사람은 눈으로 인사한다. 얼굴 봤으면 인사한 것으로 생각한다. 상대방의 얼굴을 보고 미소 지었으면 꽤 괜찮은 인사였다고 생각하는 사람도 있다. 그러나 상대편에서는 '왜 얼굴만 빤히 보고 인사를 안 하지?' 하고 생각하기도 한다는 사실이다. 못 봤으면 몰라도 봤는데 멀뚱히 쳐다보기만 한다고 오해하기 십상이다.

인사를 하기는 한다. 그런데 고개만 살짝 숙이는 사람들도 많았다. 본인은 꽤 머리를 숙여서 나름대로 인사한다고 한 것이다. 그러나 고개를 숙여서 인사하는 것이 한국적인 인사다. 아무리 말로 인사를 했어도 고개를 숙이지 않으면 어른에 대한 예의가 아니다. 그런데 많은 사람들이 고개를 살짝 숙여서 인사하고는 분명히 인사했는데 왜 그런지 모르겠다고 오히려 이상해 한다. 그러나 옆에서 지켜보면 고개만 '까닥' 했지 고개를 숙여서 인사했다고 보기는 어려운 경우가 많다.

인사하는 것도 훈련받아야 된다

목회자가 인사를 할 때 인사를 받는 사람의 입장에서가 아니라 자신만의 방식대로 인사를 하니까 성도들로부터 오해를 받는다. "처음에는 인사를 안 하셔서 권위적인 분으로 오해를 했어요." 성도들로부터 이런 반응을 듣게 되면 적지 않게 당황한다. '나는 인사를 했는데 왜 그런 말을 하지?' 목회자 자신은 인사를 잘한다고, 자신은 권위를 내세우는 사람이 아니라고 생각하기 때문이다. 나 자신도 이런 반응을 한두 번 듣다 보니 나 스스로를 돌아보지 않을 수 없었다. 그리고 깨달았다. 상대방의 얼굴을 보기만 하고는 인사했다고 생각해 왔었다는 사실을 말이다. 고개만 살짝 숙이고는 인사라고 생각했던 것이다.

내가 인사하는 것을 보고 어떤 목사님께서 사랑하는 마음으로 충고를 해 주셨다. "양 목사님, 목사님은 대통령처럼 인사를 하네요." 처음에는 무슨 뜻인지 몰랐다. 말씀인 즉, 대통령이 장관들의 인사를 받을 때 가만히 서서 손을 내밀면 장관들이 와서 악수만 하고 지나가는 장면을 말씀하시는 것이었다. 내가 그렇게 인사를 하더라는 것이다. 그래서 아예 고개를 숙이는 각도까지 자세히 말씀해 주셨다. 머리를 90도는 아니어도 45도 이상은 숙이라고 말씀해 주시는 것이다. 그 뒤에는 정말 그렇게 인사했다. 그 후부터는 "인사를 안 하더라"는 말은 더 이상 듣지 않게 되었다. 오히려 인사를 잘해서 좋다는 말까지 듣게 되었다. 그제야 나는 잘못된 인사법이 성도들에게 오해를 사기 쉽다는 것을 깨닫게 되었다. 분명 나는 한다고 했다. 그러나 상대편에서는 인사하지 않는다고 오해를 할 만한 자세였던 것이다.

우리가 사람을 대할 때 첫인상이 중요하다고 하는데, 인사하는 모습은 그 사람의 첫인상이다. 첫인상이 좋지 못하면 그 인상을 회복하는 데 오랜 시간이 필요하고, 불필요한 오해를 안고 목회를 시작하게 된다. 그러므로 자신의 인사하는 자세가 사랑과 존경을 갖고 있는지 생각하고 연습해야 한다. 목회자 수양회 같은 시간에 인사하는 법에 대해서 모든 목회자들에게 강조하면서 두 사람씩 마주 보고 인사하는 연습을 하는 것도 꼭 필요하다. 그 정도까지 할 필요가 있을까 생각할 수도 있겠지만, 인사만 잘해도 목회가 순탄하게 된다고 확신한다.

인사를 할 때는 어느 정도나 고개를 숙여야 하는지, 얼마나 밝게 웃으면서 인사해야 하는지도 생각해야 한다. 목회자들은 주로 악수를 하기 때문에, 성도를 보면 먼저 다가가서 두 손을 정답게 마주 잡으면서 인사하는 것까지 자세히 훈련할 필요가 있다. '뭐 이런 것까지 배워야 하는가?' 라고 생각한다면 아직 성도들의 마음을 읽지 못한 것이다. 성도들은 주일날 목회자의 손 한 번 잡고 따뜻한 위로의 말 한마디 들을 것을 기대한다는 것을 모르고 하는 생각이다.

목회자만 할 것이 아니라 교회 리더들이 모두 배우면 좋겠다는 담임목사님의 생각에 아예 예절 교육을 받은 스튜어디스를 초빙하여 '예절 교육 세미나' 를 열었다. 모든 목회진과 리더들이 바른 인사법을 연습하면서 배웠다. 인도자가 재미나게 인도하여 분위기도 무척이나 좋았다.

인사는 그 사람의 인격이다

왜 그렇게 인사가 중요할까? 인사는 그 사람의 태도와 관심으로 보이기 때문이다. 인사를 잘하지 않는 사람은 무뚝뚝한 사람으로 단정해 버린다. 권위적인 사람으로 오해받기 십상이다. 특히 한국 남자 하면 '무뚝뚝한 사람' 의 대명사다. '남자는 무게가 있어야 한다' 는 것을 무심하고 무뚝뚝한 것으로 오해를 한다. 사람이 너무 가벼워도 안 되겠지만, '무게가 있다' 는 것이 '불친절하다' 는 의미는 분명 아닐 것이다. '사람이 가볍다' 는 것이 '다정해서는 안 된다' 는 의미는 아닐 것이다. 이제 다정하면서도 진중한 목회자의 모습의 의미에 대해서 다시 한 번 생각해 보기 바란다.

동서고금을 막론하고 '웃지 않는 얼굴' 은 '화난 얼굴' 로 보인다는 사실을 아는가? 무표정한 얼굴은 평안한 얼굴이 아니다. 하루 종일 입

다물고 아무 말하지 말아 보라. 당장에 주위 사람들이 "무슨 일 있으세요?" 하고 걱정스레 물어 올 것이다. 그만큼 표정 없는 얼굴은 주위 사람을 신경 쓰게 만든다. 접근하기 어렵게 생각한다.

두 번째로, 왜 그렇게 인사가 중요한지에 대한 이유는 인사하는 모습에서 그 사람의 겸손을 보기 때문이다. 예수님은 인사를 잘하셨을까? 사마리아 수가 성 여인을 보시고 예수님께서는 굳이 아는 체를 하셨다. 여인에게 말을 거셨다. 나무 위에 올라간 삭게오를 그냥 지나치지 않으셨다. 세금계산대에 앉아 있는 세리 마태를 그냥 지나치지 않으셨다. 고기잡이에 실패한 베드로에게 "고기를 많이 잡았느냐?" 물으셨다. 예수님은 참 다정한 분이셨다. 어린아이를 축복해 달라는 부모들의 부탁을 거절하지 않으셨다. 한마디로 예수님은 다가오는 모든 사람을 다 받아주셨다. 한마디라도 하셨다. 어루만지시고, 안아 주시고, 고치시고, 축복하셨다.

예수님께서는 모든 사람이 접근할 수 있도록 허락하셨다. 철저히 겸손한 분이셨다. 누구나 다가갈 수 있을 만큼 다정한 분이셨다. 한 사람도 그냥 지나치는 법이 없으셨다는 말이다. 어린아이들도 예수님을 어려워하지 않았다. 부모들도 자신의 아이들을 축복해 달라고 다가왔다. 예수님은 모든 사람들이 다가가기 편한 친절한 주님이셨다.

어떤 중소기업 '남 사장님'이 대기업에 새로운 아이템을 거래하기 원해서 비서실에서 기다리고 있었다. 여기저기 다른 중소기업에서도 같은 이유로 많은 사람들이 찾아와 기다리고 있었다. 모두들 대기업 회장님을 기다리다 결국 비서에게 제안서만 맡기고 돌아갔다. 제일 마지막까지 남았던 이 남 사장님 또한 비서에게 "잘 부탁합니다"는 인사를 거듭하며 제안서를 맡기고 나갔다. 며칠이 지난 후 대기업 회장님으로부터 남 사장님에게 계약을 맺자는 연락이 왔다. 계약을 맺으러 가서, "어떻게 저희 회사와 계약을 맺으시게 되었는지요" 이유를 물어보았더니, 대기업 회장님이 뜻밖의 말을 하더란다. "사장님의 제안서와 다른 회사의 제안서는 비슷한 제안이었고, 기획도 그렇게 특별할 것은 없었습니다. 다만, 비서에게 누가 제일 인사를 잘하시더냐고 물었더니 남 사장님이 제일 인사를 잘하셨다고 해서 계약을 맺는 것입니다." 인사를 어떻게 하는가만 보아도 그 사람을 알 수 있다는 생각이다. 인사하는 것을 보면 그 사람의 태도와 인격을 미루어 짐작할 수 있다.

한 사람도 그냥 지나가지 말라

부목사님과 한 성도가 심각하게 이야기를 나누고 있었다. 그때 담임목사님이 저 멀리 뒤로 지나가고 계셨다. 그냥 지나치시나 했는데 다시 찾아와 그 성도와 굳이 인사를 하고 가셨다. 부목사님과 심각하게 이야기를 나누고 있었기 때문에 오히려 방해가 된다고 생각하고 그냥 지나치시려다 다시 다가와 인사하신 것이다. 그러나 그때 부목사님과 대화를 나누던 성도의 말을 통해 왜 담임목사님이 굳이 다시 찾아와 인사하셨는지를 깨달았다고 한다. 그 성도가 "그냥 지나쳐 가실 줄 알았는데 인사하시고 가시네요" 하면서 좋아한 것이다. 만약 담임목사님이 '두 분이 이야기를 나누고 있으니 조용히 가야겠다' 하고 그냥 지나가셨다면 그 성도는 담임목사님을 무심한 사람이라고 생각했을지도 모른다. 너무 예민하게 받아들인다고 생각하는가? 너무 지나친 생각이라고 여기는가? 아니다. 주일에 한 번이라도 담임목회자와 인사하고 이야기를 나누고 싶어 하는 성도들의 마음을 몰라서 하는 생각이다.

마주쳤다면 한 사람도 인사하지 않고 지나치는 법이 없어야 한다. 물론 목회자가 모든 성도들을 붙잡고 인사하고 대화를 나눌 수는 없다. 그래서도 안 된다. 때로는 인사하는 것조차도 놓칠 수 있다. 그러나 할 수만 있으면, 얼굴을 봤으면 꼭 인사 정도는 하고 가는 성실한 자세가 필요하다는 말이다.

담임목회자라면 특히 아기를 안고 있는 엄마는 그냥 지나치지 말아야 한다. 부모들이 얼마나 자기 아기들에 대해서 말해 주기를 바라는지 아는가? 예수님께 자기 자녀들을 데리고 축복해 달라고 온 부모들의 마음이 꼭 그 마음이다. "아기가 참 예쁘네요. 똑똑하네. 뭔가 하겠어요." 인사해 보라. 싫다는 사람 한 사람도 없을 것이다.

아이들이 지나갈 때 인사해 주라. 내 자녀처럼 아는 체를 해 주라. 자녀들과 청년들이 교회를 떠나는 이 시대에 아이들과 청년들이 얼마나 귀한가! 더군다나, 아이들과 청년들은 담임목회자와 만날 일이 많지 않다. 요즘 같은 세상에 젊은 사람들이 교회 나오기 얼마나 어려운가. 그 많은 유혹과 친구들의 손길과 전화를 뿌리치고 나온 아이들이요, 청년들이다.

새 가족 한 가정이 몇 주째 어떤 대형교회를 다니고 있었다. 새 가족 등록은 했지만 실은 이 교회 저 교회를 다니면서 어느 교회를 다닐지 고민하는 중에 있었다. 그런 고민을 하고 있던 즈음 주차장에서 우연치 않게 담임목사님을 만났다. 그때 목사님께서 "얘 이름이 철수지요? 그놈 참 의지가 대단해 보입니다" 하고 말했다. 새 가족 소개 때 딱 한 번 이름만 말했을 뿐인데, 거의 한 달이 다 되어 가는데…. '큰 교회 담임목사님께서 내 아들의 이름을 아직도 기억하시다니?' 그 가족이 그 교회를 계속 다닐까, 아니면 다른 교회를 다닐까? 당연히 열심히 출석한다. 밤낮으로 예배란 예배는 다 참석하고, 봉사 부탁하면 거절하는 법이 없는 일꾼 중의 일꾼이 되었단다. 이름을 외워 준다는 것은 '큰 관심'으로 여겨진다. 김춘수의 〈꽃〉이라는 시에도 그런 말이 나온다. '누가 내 이름을 불러 주었을 때 나는 진정 하나의 의미가 되었다' 이름을 불러 주라. 그 성도에게 목회자는 특별한 사람이 되는 순간이다. 잘 보이려 애쓰라는 것이 아니다. 목회자의 관심과 사랑은 목회의 시작이요, 마지막이다.

일곱 번만 이름을 외우면 기억한다

라디오 방송국에서 선교 기금 마련을 하고 있었다. 큰 교회 담임목사님들을 모시고 인터뷰를 하면서 기금 마련에 대한 격려 말씀도 부탁드리고, 방송국으로 전화가 올 때마다 성도들과 인사를 하는 시간이었다. 목소리만 듣고도 누구인지 알아맞히는 담임목사님들의 기억력에 성도들은 눈물이 날 정도로 기뻐한다.

교회를 방황하던 한 남자 성도가 방송국에 전화를 했다. "목사님은 저를 모르실 거예요. 어느 동네에서 몇 달 전에 길에서 만난 적이 있는 사람입니다. 제 아이들이 목사님 교회를 출석하는데요, 한 3분 정도 대화를 나누었나요?" 그러자 목사님은 "아 왜 기억을 못해요. 가족들이 천주교회 다니다가 오셨다고 하셨지요?" 그 성도는 너무 놀라고 감격해서는 "목사님, 이제부터 목사님 교회에 가겠습니다" 했단다.

머리가 좋아서 이름을 잘 외우는 것일까? 그럴 수도 있지만, 과연 머리 좋은 것만으로 그 많은 성도의 이름을 다 외우기란 쉬운 일이 아니다. 관심 없는 정보가 머리에 기억되지는 않는다. 한 영혼에 대한 관심이 그 많은 성도들의 이름을 외우게 하는 것이다.

이름을 잘 외우는 방법이 있다. 사진을 놓고 외우는 것도 좋지만, 만날 때마다 속으로 그 사람의 이름을 일곱 번 외치는 것이다. 사람의 이름을 기억하는 좋은 방법 중 하나다.

인간관계, 인사(人事)는 정중하고 바른 인사(say hello)에서 시작한다.

말콤 글래드웰의 「블링크」라는 책에 보면, 고소를 당하지 않은 의사를 보면 고소를 당한 의사보다 15분을 더 환자와 이야기를 나누었을 뿐인데, 그 15분의 대화가 환자와 의사 간에 신뢰감이라는 것을 준다는 것이다. 그 15분의 대화 때문에 환자가 의사와의 관계를 인격적인 관계로 이해하게 만든다는 것이다. 대화는 이야기를 나누는 것이 아니라 인격을 나누는 것이다. 그러므로 한마디의 따뜻한 인사를 결코 가볍게 볼 것이 아니다.

활짝 웃으면서 반가워하는 인사는 목회의 시작이요, 중심이요, 핵심이다. 영혼을 섬기는 일, 알아주는 일에서부터다. 예수님께서 수가 성여인을 아는 척해 주시고 다가갔을 때 이미 치유가 시작되었다. 나무 위에 올라간 삭게오를 향하여서 세리의 집에 가겠다는 예수님, 이미 삭게오의 심령은 치유되기 시작했다.

예수님의 목회는 사람을 만날 때마다 반가워해 주시는 인사에서부터 시작되었다. 알아주고 위로해 주고 고쳐 주시는 격려가 예수님의 목회의 전부라고 해도 틀린 말은 아니다. 다시 한 번 강조하지만, 인사(say hello)가 만사(萬事)다.

표정도 설교다

강단에만 계시든지, 올라가지 마시든지

목회자의 달란트는 무엇일까? 목회자만이 갖고 있어야 하는 은사는 무엇일까? 보통은 인격이나 설교, 교수 능력을 이야기한다. 물론 중요한 것이다. 그런데 이 모든 것이 제대로 전달되기 위해서는 목회자에게서 풍기는 분위기가 중요하다고 말하는 것을 들어 본 적이 있는가?

밝은 표정으로 대화하면 대화가 훨씬 부드러워지는 것은 당연하다. 협상을 할 때 굳은 표정으로 협상을 하면 더 거래가 잘 이뤄질 것 같지만, 전문가의 말에 의하면 밝은 얼굴로 협상할 때 훨씬 거래에 성공할 확률이 높다고 한다. 우리말에도 "웃는 얼굴에 침 못 뱉는다"는 말이 있듯이, 웃는 얼굴로 협상을 하는데 거절하기가 쉽지 않다는 말이다. 하물며 하나님의 말씀을 전달하는 목회자의 얼굴 표정은 설교의 시작인 것이다. "삶으로 설교한다"는 말이 있다. 설교를 듣는 성도들에게 폭발적인 반응을 이끄는 매력적인 언어, 달변의 설교자가 아니라 하더라도, 목회자의 영적인 삶과 다른 사람에게 귀감과 본이 되는 삶 자체가 그분이 하는 설교 자체라는 말일 것이다. 목회자의 인격이 또 하나의 설교인 셈이다.

어떤 사모님이 목사님이 설교할 때는 너무 좋은 얼굴인데, 집에 오면 온갖 시름을 다 안고 있는 표정이라고 투정 아닌 투정을 하시더란다. 그래서 남편 목사님께 그러셨단다. "목사님, 아예 강단에만 계속 계시든지, 올라가지 마시든지 하세요. 어느 분이 진짜예요?" 그 말에 목사님도 자신을 되돌아보고 반성하는 시간을 가지셨다고 한다.

목회자는 분명 강단에서, 그리고 삶으로 설교하는 설교자인 것은 분명하다. 세상에서 가장 기쁜 소식인 복음에 대해서 말하고 전하는 것이 목회라고 한다면, 기쁜 소식을 전하는 목회자의 얼굴은 슬픈 표정일 수 없다. 목회자가 자주 짜증나는 얼굴을 한다면 그것은 복된 소식을 전하는 메신저의 얼굴이 아니다. 그것은 모순이다. 그런 의미에서 목회자의 표정은 또 하나의 설교라고 말하는 것이다. "목회는 얼굴로 하는 것이다"라고 말해도 틀린 말이 아니다.

곽선희 목사님께서 한번은 신학교에서 "목회는 노동직일까? 사무직일까? 서비스직일까?" 물으셨다. 그러면서 하시는 말씀이 "목회는 인기직이다"라고 하셨다. 성도들에게 인기 있는 목사가 되어야 한다는 말이 아니라, 목사의 인격과 말과 행동이 성도에게 본이 되어야 하고, 닮고 싶어 하는 목사가 되어야 한다는 말씀이셨다.

거친 풍랑에도 믿음을 지휘하다

젊은 담임목사로 청빙되어서 설교를 무척이나 잘하고 찬양에도 깊은 조예가 있는 목사님이 계셨다. 주일 예배 때에는 찬양을 인도하면서도 지휘를 하듯이 온몸으로 찬양을 하셨단다. 그런데 리더십과의 갈등으로 교회에 큰 폭풍우가 몰아친 적이 있었다. 교회를 분열시키려는 사람들과 분위기 때문에 젊은 담임목사님도 개인적으로 무척이나 힘드셨단다. 그런데 어떤 목사님이 휴가를 오셨다가, '교회가 이렇게 큰 폭풍우 속에 있는데 어떻게 설교하실까?' 궁금해서 주일에 그 교회에 가셨더니, 여전히 힘차게 지휘를 하면서 찬양하고, 밝게 웃으면서 설교하더란다. 그 모습에 '이분이 보통 분이 아니구나' 감탄을 하셨다고 한다. 목사님의 얼굴 표정이 또 하나의 설교였던 셈이다. "거친 풍랑에도 주님의 은혜 때문에 나는 끄떡없습니다." 실제로 그렇게 말씀하시지는 않으셨지만, 여전히 아무 일 없다는 듯한 당당한 얼굴 표정에서 사람들은 그런 메시지를 충분히 읽을 수 있었다고 한다.

슬프면 우는 것이 당연하다. 고생하면 힘든 표정이 나타나는 것이 당연하다. 그러나 고난 속에서도 웃을 수 있는 이유, 평상시처럼 여전할 수 있는 이유가 있다면 그것은 믿음 때문이다. 믿음이 무엇인가? 주님의 십자가 앞에서 도망쳤던 제자들이 오순절 성령 강림 이후에는 오히려 "주님을 위해서 내가 매를 맞다니" 하면서 기뻐했던 모습이 믿음을 가진 사람의 당당한 자세다. 그때 제자들의 표정이 어떠했을까? 기뻐한다면서 울고 있었을까? 복음을 전하는데 어떻게 이런 일이 있을 수 있느냐면서 억울해 하고 있었을까? 그들은 즐거워했다고 성경은 말한다. 제자들은 핍박과 박해 속에서 즐거운 얼굴 표정으로 또 하나의 설교를 했던 것이다.

> "사도들은 그 이름을 위하여 능욕 받는 일에 합당한 자로 여기심을 기뻐하면서 공회 앞을 떠나니라" (행 5:41).

죽음의 위협이 사도들의 얼굴 표정 하나도 바꿀 수 없을 만큼 복음의 확신이 사도들의 마음과 믿음에 충만하였다는 말이다. 복음 때문에 핍박 속에서도 얼굴만큼은 환하게 웃을 수 있었다는 것이다. 복된 소식을 갖고 있기에, 부활의 소망이 있기에 웃을 수 있다.

십자가의 고통 속에서도 홀로 계실 어머니 마리아를 생각하시는 그 모습에서, 주님은 고통에 흔들리는 것이 아니라 아버지께로부터 오는 마음의 여유를 갖고 계셨다는 것을 알 수 있다. "다 이루었다" 하시면서 만족하셨을 때 주님은 분명 즐거워하셨다. 몸은 찢어지지만 인류 구원의 완성이라는 대업을 이루셨을 때, 십자가의 극심한 고통과 고난 속에서 기뻐하셨을 것이 분명하다.

신데렐라 신드롬

신데렐라 신드롬이란 말이 있다고 한다. '여자가 착하게 고운 마음을 가지고 살면 멋진 왕자 만나서 행복하게 살게 된다' 는 말인 듯하다. 지금은 시대에 뒤떨어진 말이지만 우리나라 말에도 "여자 팔자는 뒤웅박 팔자다" 라고 해서, 여자는 남자를 잘 만나야 한다는 말이 있다. 남편만 잘 만나야 하는가? 남자들도 아내를 잘 만나야 한다. 좋은 사람을 만나는 만남의 축복은 축복 중에서 가장 귀한 축복이다. 좋은 가족을 만나고, 좋은 친구를 만나고, 좋은 스승을 만나야 한다. 좋은 교회를 만나고 좋은 목회자를 만나야 한다. 그런데 어떤 책에서 신데렐라 신드롬이란 말에 어떤 사람이 이의를 제기했다. 신데렐라가 아무 노력 없이 얼굴 예쁘고 착해서 인생 횡재한 것이 아니라는 말이다. '신데렐라' 의 뜻은 '먼지투성이' 이다. 그야말로 '청소하는 사람' 이란 의미와 같다. 신데렐라는 어려서부터 온 집안일이란 집안일은 혼자 다했다. 게다가 계모와 언니들의 학대와 시달림을 꿋꿋이 이겨 냈다. 만약에 신데렐라가 자기 인생을 한탄하고 식구들을 미워했다면, 아무리 멋진 옷과 호박마차에 유리 구두를 신었다 한들 왕자의 마음을 끌 수 없었다는 것이다. 고난과 어려움 속에서도 그 마음만큼은 천국을 유지했기에 신데렐라의 얼굴이 환하게 빛이 났다는 말이다. 이것이 신데렐라의 교훈이라는 것이다. '고난 속에서도 빛나는 얼굴'이 신데렐라의 주제라는 것이다. 너무 멋진 이야기 아닌가?

소설 「바람과 함께 사라지다」에서 주인공 스칼렛이 어려움 속에서 가정과 식구들을 이끌다 보니 억척스러워졌다. 그때 마을의 한 노파가 스칼렛에게 충고를 한다. "너의 역경이 너의 여성성을 빼앗아 가지 않도록 조심해라." 무슨 말인가? 어려움 때문에 심령을 해치는 일은 없어야 한다는 말이다.

얼굴은 얼의 꼴이다

사람의 마음은 얼굴에 그대로 드러난다. '얼굴'의 뜻이 '얼꼴'에서 나왔다. '얼꼴'이란 말은 '얼의 꼴', 즉 영의 모양이라는 뜻이다. 다시 말하면, 그 사람의 정신(spirit)의 상태가 얼굴이다.

미움이 가득한 사람의 얼굴을 아는가? 분노가 가득한 사람의 얼굴을 보면 누구라도 알 수 있다. '나 건드려만 봐라. 가만있지 않겠다'는 마음이 그대로 얼굴에 드러난다. 그런 사람들은 본인은 아무 생각 없이 가만히 있다고 하지만, 다른 사람이 볼 때는 영락없이 화난 얼굴이다.

젊어서 유명 배우처럼 멋지고 잘생긴 한 남자가 있었다. 젊었을 때의 사진을 보면, 지금으로 말하면 그야말로 '얼짱'이다. 보통 미남이 아니다. 그런데 가정에서 부인과 40년이 넘도록 갈등하고 불화를 겪으면서 그 얼굴이 변하여서 지금은 광대뼈가 툭 튀어나오고, 눈썹 양쪽 끝이 위로 뻗쳐 있다. 잇몸은 다 드러나고, 이와 이 사이가 다 벌어져서 도대체 젊어서의 모습을 찾을 수가 없었다. '정말 얼굴은 '얼꼴'이 맞구나' 생각했다.

무표정은 화난 표정이다

표정은 설교의 시작이다. 다시 말하지만, 무표정은 화난 표정이다. 웃고 있지 않으면 화내고 있는 것이다. 항상 소리 내서 웃으라는 게 아니라, 늘 미소를 담은 얼굴이 웃는 얼굴이라는 것이다. 밝은 표정이다.

사랑에 푹 빠져서 늘 사랑하는 사람을 생각하고 있는 연인들의 얼굴을 아는가? 그런 사람들을 보면 주변에서는 당장 "뭐가 그리 좋아" 하고 물어본다. 갓 태어난 아기를 보고 있는 아빠의 표정을 아는가? 싱글벙글이란 말은 그럴 때 쓰는 말이다. 늘 주님을 생각하는 그리스도인의 표정을, 목사의 표정을 아는가? 연인을 보러 가는, 아기를 생각하는 아빠 이상의 표정이어야 마땅하지 않겠는가? 목회를 한참 배울 때, 표정에 대한 가르침은 정말 일생일대의 교훈이다. 나는 나 자신을 부드러운 사람으로 생각하고 살았다. 다른 사람들이 나를 편한 사람으로 생각한다고 여겼다. 그런데 결혼하면서 아내가 노골적으로 이야기해 주었다. "당신은 절대 편한 표정도 아니고, 쉽게 다가갈 수 있는 사람도 아니야." 몇몇 성도들도 내가 편하게만 느껴지지는 않는다는 진심 어린 조언을 해 주었다. 실은 이런 조언들이 너무 감사했다. 그때부터 무표정과의 전쟁을 시작했고, 지금도 여전히 진행 중이다.

인사가 얼마나 중요한지 이야기했다. 표정도 인사와 같은 맥락이다. 인사를 하는데 밝은 표정이 아니라면 그것은 인사가 아니다.

표정은 설교의 예고편이다

UN에서 일하려면 능력 면에서 인정을 받을 수 있어야 한다. 외국어 실력은 기본이고, 사회에서 두드러진 이력과 화려한 경력이 필요하다. 얼마 전 UN의 정식 직원이 된 장한나라는 자매가 있다. 다른 UN 직원에 비해서는 내세울 만한 것이 많지 않다. 그런데 6개월 동안 인턴을 했는데, 면접관이 불러서 다른 것은 묻지도 않고 합격을 시켰다고 한다. 이유를 물었더니, 6개월 동안 언제나 웃는 얼굴 때문이었다고 한다. 그러면서 하는 말이 "UN에서 필요한 사람은 대단한 실력가가 아니라 엘리베이터 안에 갇혔을 때 마음이 편해지는 사람"이라고 하더란다.

목회자라면 만나는 성도들마다 반갑게 인사해 주라. 반갑게 손을 흔들며 인사를 분명하게 하라. 밝은 얼굴로 웃어 주라. 누가 봐도 목회자가 만나는 사람들을 얼마나 좋아하는지, 반갑게 맞아 주는지 알 수 있을 정도로 말이다.

이미 성도들은 목회자의 설교 전에 은혜를 받는다. 그 밝은 표정 속에서, 그리고 만날 때마다 반갑게 인사해 주는 모습 속에서 설교의 예고편을 이미 들은 것이다. 목회자의 밝은 표정은 설교의 예고편일 뿐 아니라, 교회의 전체.분위기를 말해 주는 것이다. 목회자의 얼굴 표정이 교회의 분위기를 대표하는 것이다.

"항상 기뻐하라. 쉬지 말고 기도하라. 범사에 감사하라." 아무리 강조해도 밝은 표정이 뒷받침되지 않는다면 그것은 겉과 속이 다른 이중적인 메시지로 오해받기 십상이다. "우리 교회, 문제없어요. 은혜롭게 흘러가고 있어요." 신문 광고를 낼 필요가 없다. 이미 목회자의 얼굴이 교회의 상황인 것이고, 교회의 분위기를 말해 주는 것이다.

교회에, 삶에 문제가 없으면 웃을 수 있고, 문제가 있으면 웃을 수 없는 것일까? 문제없는 인생, 문제없는 교회는 없다. "가지 많은 나무에 바람 잘 날이 없는 법"이다. 자식 키우는 부모는 하루라도 마음 편할 날이 없다. 마찬가지로 그 많은 성도들을 섬기는 목회자의 삶에 긴장을 늦출 수 있는 날은 그야말로 하루도 없다. 교회 안에는 성도들의 슬픔과 고통과 아픔의 문제가 산적해 있다. 그러나 그런 문제 하나하나에 목자가 이리저리 우왕좌왕한다면 교인들이 의지하고 바라볼 푯대가 흔들리는 것과 같다.

기쁘지 않은데 어떻게 기쁜 척하는가? 웃는 척하라는 말이 아니다. 기쁜 척하라는 말이 아니다. 아무 때나 웃고 있으라는 말은 더더욱 아니다. 성도들의 삶에, 그리고 목회자 자신의 삶에서 기쁨을 주고 기뻐하는 목회가 되어야 한다는 말이다. 복음이 담겨 있는 사람의 얼굴을 해야 한다는 말이다. 성도들은 지치고 힘든 일주일을 견뎌 내고 주일에 교회에 와서 쉼을 얻고 싶어 한다. 위로를 받고 싶어 한다. 세상 사람들은 몰라도 목회자만큼은 나를 알아주고 안아 주고 위로해 주기를 바라는 것이다. 친정아버지처럼, 때로는 어머니의 품처럼 포근하기를 바라는 것이다. 모처럼 친정집에 온 딸을 우울한 얼굴로 맞이하는 부모가 되어서야 되겠는가? 마찬가지다. 언제라도 성도들을 향해서 반갑게 맞아 주는 목회자가 되어야 하지 않겠는가? 마음속으로만 반가우면 알 길이 없기에 반가움을 표현하라는 말이다. 사랑은 표현되지 않으면 사랑이 아니다. 복음은 말씀에서 꽃을 피우듯이, 목회자의 설교는 밝은 표정에서 꽃 피어 난다는 사실을 잊지 말기 바란다.

좋은 설교는 쉬운 설교다

> 우리를 참으로 검증해 보는 방법은 하나님의 웃는 얼굴을 간 절히 보고 싶어 하는 마음이 있는지, 하나님이 우리를 굽어 살 피신다는 사실과 우리가 그의 눈길을 받으며 살고 있고 움직 이고 있다는 사실을 간절히 알고 싶어 하는 마음이 있는지 자 문해 보는 것입니다. 이것은 설교자를 검증해 보는 방법이기 도 합니다. 단순히 인간적인 이해력과 에너지를 가지고 설교 하는 것과 하나님의 웃는 얼굴을 의식하면서 설교하는 것 사 이에는 천양지차가 있습니다.
>
> 마틴 로이드 존스, 「부흥」

설교가 전부다

불과 얼마 전만 해도 공부 잘하는 사람이 성공했다. 지금도 물론 다 르지 않지만, 요 사이는 '말 잘하는 사람'이 성공한다. 많은 것을 배웠 는데 가르치는 것을 못한다면 그 효과는 반 이상으로 감소된다.

복음은 아주 쉽고, 이해하기 쉽다. 그러나 이해하기 쉽게 말씀을 전 하는 것은 목회자의 몫이다. 많이 심플해서 주일학교를 경험하지 않은 사람이라도 얼마든지 이해할 수 있는 내용과 전개로 설교할 수 있어야 한다. 예화도 주변에서 일어나는, 삶에서 직접 겪은 이야기들이기에 생 뚱맞거나 생소하지 않고, 누구든지 공감할 수 있는 내용이면 좋다. 그렇게 말씀을 전달한다면 모든 사람에게 적용되는 설교이고, 적용이 적중하는 설교다.

설교 준비만큼이나 전달에 있어서 아나운서 수준의 매끄러운 설교의 전개가 필요하다. 그러면서도 설교 전체의 논리는 단순하면서도 깊은 묵상이 느껴지는 설교가 환영받는다. 사람들이 환영해서가 아니라 그만큼 성도들의 수준이 높다는 것이다.

목회는 설교가 전부가 아니다. 설교 잘한다고 해서 목회를 잘하는 것은 아니다. 그러나 설교는 목회의 전부라 해도 틀린 말이 아니다. 설교자가 전하는 말씀에서 은혜 받지 못하는데 교회가 부흥하기는 쉽지 않기 때문이다.

스펄전의 명언 중에 "기도할 때는 하나님밖에 도와줄 분이 없는 것처럼 기도하라. 그러나 일할 때는 하나님도 도와주지 않을 것처럼 일하라"는 말이 있다. 언뜻 생각하면 모순되는 말 같지만, 실은 두 가지가 함께 병행되어야 한다. 기도한다고 일을 게을리 하는 것은 기도자의 자세가 아니라는 것이다. 기도할 때도, 일할 때도 우리는 하나님 앞에서 하는 것이다. 기도할 때는 기도에 목숨을 걸고 해야 한다. 일할 때는 일에 목숨을 걸고 해야 한다. 그것이 그리스도인의 진정한 신앙다움이다.

설교할 때는 설교가 전부인 것처럼 설교해야 한다. 심방하고, 회의를 주관하고, 다른 사역을 할 때는 또 마치 그 사역이 전부인 것처럼 사역하는 것이 목회자의 바른 자세인 것이다. 그럼에도 설교의 중요성은 아무리 강조해도 지나치지 않다.

부흥하는 교회의 설교는 '쉬운 설교' 다. 철저히 논리적이고, 많은 준비가 설교에 녹아져 있음을 알 수 있지만, 그럼에도 너무 쉽게 설교를 전개한다. 실은 '쉬운 설교'가 '어려운 설교'보다 훨씬 많은 준비가 필요하다.

교수들 사이에 이런 말이 있다고 한다. "삼십 대 교수는 어렵게 가르친다. 사십 대 교수는 중요한 것만 가르친다. 오십 대 교수는 아는 것만 가르친다. 육십 대 교수는 기억나는 것만 가르친다." 교수들이 연령대별로 가르치는 스타일과 내용이 다르다는 말이다.

'쉬운 설교'라는 것은 다듬어진 설교를 말한다. 말의 토씨 하나까지도 듣기 편안한, 너무 자연스러운 단어와 전개가 느껴지는 형태의 설교를 말한다. 설교의 전개에 있어서도 논리적인 부분이 철저히 계산되고, 준비되고, 앞뒤 문맥이 자연스럽게 진행되는 설교가 '쉬운 설교'다. 이러한 편집 과정과 논리 전개 부분이 제대로 준비되지 않은 설교는 아무리 내용이 좋아도 '어려운 설교'다. 내용만큼이나 중요한 것이 '설교의 내용을 어떻게 회중에게 잘 전달하느냐' 하는 것이다.

'어려운 설교'는 아무리 좋은 내용과 예화와 해석이 있다 해도 회중에게 전달되지 않는 설교를 말한다. '어려운 설교'는 수준 있는 설교가 아니라, 한마디로 말해서 준비가 부족한 설교다. 설교자가 달변이 아니라 해도 준비된 설교는 그 진심과 내용이 전달된다. 그래서 은혜가 된다. 그런데 '어려운 설교'는 설교자조차도 완전히 소화하지 않은 내용을 전달하다 보니 듣는 회중은 더욱이나 이해하기가 어려운 것이다. 사실 어려운 말이란 것은 없다. 말을 어렵게 하는 설교자가 있을 뿐이다.

설교에 대가(大家)는 없다

준비된 설교, 쉬운 설교는 본인이 철저히 소화하고 곱씹은 내용을 전달하고 나누기 때문에 쉬울 수밖에 없다. 원고를 볼 필요도 없다. 이미 완전히 소화되었기 때문이다. 원고 없는 설교가 좋은 설교는 아니다. 그러나 설교할 때 성도들과 눈을 마주치면서 설교할 정도가 되어야 한다고 믿는다. 그동안 읽은 많은 책들과 심방을 통한 경험들이 녹아져 철저하리만큼 내용이 잘 편집되어 있어서 간단한 한 장짜리 요약 내용만 갖고 강단에서 강력하게 선포할 수 있어야 한다.

설교자는 하나님께서 주신 언어 구사 능력이라는 특별한 은사가 있다. 그러나 그에 못지않은 철저한 준비가 뒷받침되지 않으면 수천의 성도들에게 은혜를 끼칠 수가 없는 것 또한 사실이다. 매 주일 집에서 거울을 보면서 연습할 만큼의 성실함이 은혜로운 설교의 원동력이다. 설교자들은 다 공감하는 말이지만, 아무리 설교해도 설교는 계속 발전한다. 설교에 고수는 없다. 대가(大家)도 없다. 자랑스럽게 이야기할 만큼 설교자의 성실함을 강조한다. 매 주일의 말씀을 준비하면서 마치 설교자의 생애에 마지막인 것처럼 설교해야 한다.

아무리 설교자로 부름 받았다고 해도 처음부터 자연스러운 설교를 할 수 있는 것은 아니다. 또한 많은 청중 앞에서 담대하게 말씀을 전하는 능력이 저절로 생겨나는 것도 아니다. 수많은 설교의 경험이 설교자를 단련시키고 말씀의 종으로 훈련시킨다.

베드로가 성령을 받았기 때문에 베드로의 첫 설교에 3천 명이 한꺼번에 회심할 정도의 설교자의 자질을 소유하게 된 것이라고 생각하는 것은 무리가 있다. 베드로는 이미 예수님께서 두 명씩 전도자로 파송했을 때 많은 훈련을 받았다.

자연스러운 설교가 좋은 설교다

설교에 있어서 내용과 전달만큼이나 중요한 것이 사실은 자연스러운 톤(tone)이다. 사실 이것은 아주 중요한 주제다. 설교에 관련된 많은 책들이 톤에 대해서 말하지 않는 것은 아니지만, 사실 톤 자체를 많이 강조하지도 않는다. 사람들은 저마다 자신만의 목소리 톤이 있고, 억양이 있다. 정형화된 설교의 톤이 있는 것은 아니지만, 분명 모범적인 설교의 톤이 있다. 자신도 모르는 부자연스러운 톤이나 듣기에 심히 어색한 억양이나 습관을 가지고 있는 설교자도 있다.

유명한 설교자 중에도 고치지 못한 억양 습관 때문에 좋은 내용임에도 설교의 내용이 효과적으로 전달되지 않아서 아쉬움을 자아내는 경우가 있다. 그만큼 목소리의 톤이나 억양은 설교의 내용을 전달하는 데 있어서 중요하다.

목소리 자체의 '피치'(pitch)가 높은 설교자가 있다. 그런 설교를 계속 듣고 있으면 고주파를 계속 듣는 느낌과 비슷해서 듣는 사람에게 스트레스를 주게 된다. 자신의 피치가 높은 것을 자각한다면 의도적으로 피치를 낮게 하려고 노력해야 한다.

톤 자체가 굵은 설교자가 힘을 주어 저음으로 말하게 되면 듣는 사람에게 졸음을 선물하기 십상이다. 굵은 톤의 저음은 듣는 사람을 졸리게 하고, 전체 내용은 대략 전달되지만 단어 하나하나의 뜻이 잘 전달되지 않는다. 그래서 굵은 톤의 설교자는 의도적으로 중고음으로 말하려고 노력하는 것이 필요하다.

많은 설교자들이 사회자 톤으로 설교하는 경우가 많다. 평상시 말할 때는 자연스러운데 강단에만 올라가면 시상식 사회를 진행하는 사람처럼, 청와대 대변인의 공식 발표처럼 딱딱한 톤으로 말하는 설교자가 의외로 많다. 자연스러운 것보다 좋은 것은 없다. 평소에 말하듯이 설교하려고 노력해야 한다.

습관적으로 말끝을 올리는 설교자도 있다. 이런 사람들의 특징은 말을 늘려서 한다. '그래서'라고 하면 될 것을 '그래서어'하고 말한다. 한두 번은 그럴 수 있다. 그런데 말끝마다 끝을 올리고 늘려서 말을 하게 되면 회중들은 설교의 내용보다는 설교자의 습관에 집중되어 메시지의 내용을 놓치게 된다. 이렇게 말끝을 올리는 습관을 가진 사람들은 언제나 말끝을 내리는 것을 의식하면서 설교하는 것이 좋다. 의문문도 아닌데 말끝을 올리면 '형식적인 말투' 혹은 '가벼운 말투'처럼 생각하기 쉽지만, 말끝을 내리게 되면 진중하면서도 점잖은 말투가 된다. 말에 민감한 사람들이 많다. 3, 40분의 설교에서 말끝마다 끝을 올리며 말을 한다면 스트레스를 받게 되는 것은 당연하다.

단어 사용에 있어서도 습관을 가진 사람들이 있다. 말끝마다 "그랬던 것입니다"를 연발하는 설교자가 있다면, 마치 1930년대 무성영화의 변사(辯士)로 생각될 수 있다. 그럼 설교를 듣는 것인지 무성영화의 변사의 해설을 듣는 것인지 성도들이 헷갈리지 않겠는가?

이렇게 설교자의 말이나 톤의 습관이 독특할 경우 설교의 진중한 내용보다는 말투에 집중하게 되는 것은 어떻게 보면 자연스러운 결과다. 설교자가 습관적으로 어떤 단어나 톤으로 말하는 것을 잘못이라고 말할 수는 없지만, 말끝마다 그렇게 마무리한다면, 그리고 듣는 성도들에게 설교의 내용에 집중하지 못하게 한다는 점에서는 신중하게 고려해 볼 일이다. "하면 됩니다. 그랬습니다. 할 것입니다. 해야 합니다. 하십시다." 이렇게 다른 어조와 말로 얼마든지 말의 어미(語尾)를 바꿀 수 있다.

이처럼 설교자들마다 독특한 습관들이 있을 수 있다. 그렇지만 설교자의 설교에 대해서, 습관과 톤에 대해서 솔직하게 직언할 수 있는 성도들이 몇이나 되겠는가? 때문에 설교자는 자신의 설교를 객관적으로 들을 줄 아는 능력이 있어야 한다. 자기 자신에 대해서 객관적이기는 정말 쉽지 않다. 자신의 설교를 다시 듣는 습관을 가져야 한다. 자신의 설교에 대해서 객관적으로 듣는 습관은 이렇게 '단점 위주로 듣는 것'이다. 다시 말해서, 고칠 부분에 집중하는 것이다. 장점은 강화하고 단점을 수정할 때 분명 설교는 점점 향상될 것이다.

설교의 속도

설교에 있어서 톤과 함께 생각할 것이 '말의 속도'다.

> 보통 사람들은 1분에 180개의 단어를 말하거나 300~500개의 단어를 들을 수 있다. 따라서 화자의 말하는 속도는 듣는 사람의 속도를 따라가지 못한다. 이러한 차이 때문에 듣는 사람은 정신을 팔게 된다.
>
> 존 맥스웰, 「위대한 영향력」

사정이 이렇다 보니 말의 속도를 생각하지 않을 수 없다. 개인적인 생각으로는 약간 빠른 속도의 설교가 좋다고 생각한다. 듣는 속도가 워낙 빠르기 때문에 말의 끝, 접미사 같은 경우는 듣지 않아도 이미 알고 있다. 바꿔 말하면, 한 문장의 뒷부분은 이미 무슨 말을 할지 알기에 집중을 놓치기가 쉽다. 물론 너무 빨라서 이해하지 못할 정도의 속도는 바람직하지 않다.

전체적으로 말이 빠른 설교자는 속도의 완급을 조절해야 한다. 이와 함께 단어 자체를 빠르게 말하는 것도 생각해야 한다. 문장 전체를 빠르게 말하는 것은 어느 정도의 조절로 효과적인 전달 효과를 기대할 수 있지만, 단어 하나하나를 너무 빠르게 말하는 것은 바람직하지 않다. 단어를 빠르게 말하는 사람의 특징은 받침을 끝까지 발음하지 않고 그 다음 단어를 말하는 경우가 많다. 그러면 앞의 단어와 뒤의 단어가 뒤엉켜 청중들이 무슨 말을 한 것인지 놓치고 만다. 그러므로 말의 속도는 일정 속도를 유지하되, 단어 하나하나는 전문 아나운서처럼 끝까지 발음하려고 노력해야 한다.

약간 빠른 듯한 속도가 좋다고 했지만, 설교에도 간격의 미학이 있다. 천천히 설교하면서도 무게감 있는 말씀 전파가 얼마든지 가능하다. 그러나 여기에는 절제된 단어와 압축된 내용이 필수다. 회중의 수준에 비추어 너무 쉽고 너무 기본적인 내용을 설교하는데 속도까지 느리다면 답답할 수밖에 없다. 설교의 내용에 있어서도 성도들이 이미 이해했는데, 앞에서 이미 설교한 내용을 단어만 바꾸어서 자주 반복할 필요가 없다. 반대로, 회중은 그 내용을 이해하지 못했는데 말의 속도까지 너무 빠르면 도무지 이해할 수 없는 설교가 선포된 것이다. 회중의 이해를 너무 높게 생각하면 이해하지 못하는 사람들이 있을 수 있고, 너무 낮게 생각하면 내용이 고루해져 지루하게 느껴질 수 있다. 그래서 보통 설교는 중학생이 이해할 정도의 수준을 생각하면 된다고 한다. 중학생 이상이 이해할 수 있는 단어로 전개하는 것이 좋다고 한다. 그것은 청중을 무시해서가 아니라, 강단에서 선포되어지는 말씀은 개인적으로 만나서 하는 대화와는 다르게 일방적인 선포이기 때문에 쉬운 단어와 문장으로 전개해야 하는 것이다. 더군다나 40분 가까이 쉬지 않고 말씀을 선포하는데 어려운 단어를 자주 사용하게 되면 그 뜻을 몰라서 메시지의 내용 전달에 있어서 난항(亂杭), 곧 어려운 항해가 예상되는 것이다.

설교는 능력이 아니라 성실함이다

설교는 자연스러운 대화체가 좋다. 딱딱한 문어체로 설교하면 집중하기가 어렵다. 글은 다시 읽을 수 있지만, 설교는 그 시간을 놓치면 다시 이해할 기회가 주어지지 않기 때문이다. 그래서 강조하는 내용은 다른 논리와 전개로 적절하게 반복해 주어야 하는 것이다.

"무슨 설교에 대해서 편집이니 억양이니 그런 것을 신경 씁니까? 자기 스타일대로 하면 되지?" 맞다. 결국 자기 스타일이라는 것이 있다. 그러나 충실하게 준비된 설교라면 성도들에게 더욱더 큰 은혜를 끼칠 수 있고, 더 영향력 있고 분명하게 전달할 수 있는데도 설교자의 노력 부족으로 그런 향상과 발전과 은혜를 크게 끼칠 수 있는 기회를 놓친다면 그런 설교자는 불성실하다는 평가에서 벗어날 수 없다. 회중들은 설교를 들을 때 이미 설교자가 얼마나 준비했는지, 얼마나 성경을 읽고 연구했는지 파악하고 있다. 성경을 얼마나 읽었는지가, 독서를 얼마나 했는지가 설교에 다 녹아져 있기 때문이다.

성실한 설교자는, 준비하는 설교자는 단어 선택 하나에도 신경을 쓴다. 문장 하나하나를 어떻게 전개할 것인지도 고민한다. 교회에서, 사역에서 실력보다 훨씬 중요한 것이 성실성이다. 못하는 것은 도와줄 수 있다. 그렇지만 안 하는 것은 도와줄 수가 없다. 설교자의 성실함은 진실함과도 일맥상통한다. 진실한데 성실하지 않을 리가 없고, 성실한데 진실하지 않을 수 없다.

해돈 로빈슨은 설교 준비에 성실성을 강조하기 위해서 헝가리 금메달리스트 카롤리 타칵스의 이야기를 한다.

> 1948년 올림픽 마지막 날 헝가리는 금메달을 따야 했다. 유일한 희망은 카롤리 타칵스라는 젊은 권총사격 선수였다. 그는 그의 동료들을 실망시키지 않고 10개의 금메달을 따서 조국에 유일한 금메달을 안겨 주었다. 카롤리 타칵스가 귀국했을 때 온 국민이 화려한 환영 퍼레이드를 하며 맞이했다. 챔피언십을 우승한 후 불행히도 제2차 세계대전 동안 오른손을 잃고 말았다. 그러나 카롤리 타칵스는 포기하지 않았다. 어느 날 그는 셔츠 밑에 뭔가를 넣고 자기 집 뒷문으로 나갔다. 그의 부인은 몰래 남편을 따라갔다. 그녀는 남편이 권총을 한쪽 다리와 나무 사이에 끼고 왼손으로 장전하는 것을 보았다. 한 발씩 왼손으로 총을 쏘았다. 몇 달 동안 매일 연습을 하면서 왼손도 익숙하게 되었다. 기적적으로 1962년에는 16개의 금메달을 획득해 자신과 조국에게 영광을 안겨 주었다.
>
> 해돈 로빈슨, 「성경적인 설교 준비와 전달」

하나님이 설교자를 세우셨다. 설교의 사명에 대한 설교자의 자세는 '성실'이다. 설교의 능력을 말하기 전에 설교의 자세와 준비를 생각해야 한다. 충분히 준비된 설교는 쉽다. 준비된 설교는 힘이 있다. 그래서 준비된 설교는 은혜를 끼친다. 하나님의 은혜는 설교자의 성실함을 통해서 역사한다. 왜냐하면 하나님은 신실하신 분이시기 때문이다.

설교자는 신이 아니다, 그러나 설교는 신의 소리다

> 어떤 사람이 마틴 루터에게 와서 성경의 안쪽 백지에 서명을 해 달라고 부탁했다. 마틴 루터는 단지 서명을 하는 대신에 "그들이(유대인들이) 말하되 네가 누구냐 예수께서 이르시되 나는 처음부터 너희에게 말하여 온 자니라"(요 8:25)를 적고 다음에 이런 메시지를 남겼다. "유대인들은 말씀에는 관심이 없고, 단지 그분이 누구이신지를 알기 원했다. 그러나 예수님은 그들이 먼저 그분의 말씀에 귀를 기울일 것을 원하셨다. 왜냐하면 그렇게 할 때 그들은 그분이 누구이신지를 알게 될 것이기 때문이다."
>
> 제임스 패커 외 다수, 「기독교 교양」

설교자는 은혜를 전달하는 사람이다. 그러자면 설교자가 먼저 은혜 받아야 한다. 설교의 내용에 있어서는 설교자가 체험한 깊은 은혜가 있어야 한다. 설교자가 먼저 하나님께 받은 말씀의 은혜가 있어야 성도들이 은혜 받는 것이다. 꿀을 맛보지 않은 사람이 꿀을 설명하는 것은 의미가 없다. 아무리 잘 설명하고 길게 이야기해도 의미가 전달되기란 어렵다. 마찬가지로 은혜를 체험하지 않은 사람이 은혜를 말하는 것은 모순이다.

"예수께서 그들에게 이르시되 항아리에 물을 채우라 하신즉
아귀까지 채우니 이제는 떠서 연회장에게 갖다 주라 하시매
갖다 주었더니 연회장은 물로 된 포도주를 맛보고도 어디서
났는지 알지 못하되 물 떠온 하인들은 알더라 연회장이 신랑
을 불러 말하되 사람마다 먼저 좋은 포도주를 내고 취한 후에
낮은 것을 내거늘 그대는 지금까지 좋은 포도주를 두었도다
하니라"(요 2:7~10).

물 떠온 하인들은 물이 포도주로 변한 것을 안다. 연회장은 하인들
이 본 것을 보지 못했다. 하인들은 주님의 역사를 보았지만, 연회장은
보지 못했다. 연회장은 포도주의 맛에는 감동을 했지만, 예수님의 은혜
는 맛보지 못했다. 하인들은 비록 포도주는 맛보지 못했지만, 하늘의 신
령한 은혜를 체험했다.

신학교에서 설교학 시간에 배운 것 중에 기억나는 문장이 하나 떠오
른다. "설교는 전달(delivery)이다." 설교는 하나님의 메시지를 전달하는
것이지, 설교자의 이야기를 하는 것이 아니다. 간혹 설교자의 고민 중
하나는 '나 같은 사람이 설교할 자격이 있는가?' 하는 것이다. 설교자
의 자격을 말할 때는 오히려 무슨 자격이 있어야만 설교자가 될 수 있다
는 교만을 조심해야 한다. 그럼에도 전혀 '설교자의 자격'이 없다고 말
할 수도 없다. 수많은 은사 중에 설교의 은사를 받은 사람이 있기 때문
이다. 설교의 은사는 은혜를 잘 전달하는 것이다.

설교를 '전달'이라고 한다면, 은혜를 전달하는 설교자 역시 메시지
의 주체이신 하나님의 말씀 앞에 서 있는 것이다. 설교자는 전달하는 사

람이지만, 말씀 앞에 서 있다는 사실에서 같은 회중이요, 청중인 것이다. 다만 설교자와 회중이 다른 것은 설교자가 먼저 듣는다는 사실이다. 먼저 들은 자가, 먼저 말씀 앞에 서 있었던 설교자가 회중에게 전달하는 것이다.

마더 테레사가 미국 라디오 방송국에 출연한 적이 있다. "수녀님은 주로 어떤 기도를 드리시나요?" 테레사 수녀가 한참을 생각하더니, "저는 (하나님께) 기도할 때 듣습니다"라고 말했다. 그러자 사회자가 다시 물었다. "그러면 하나님은 뭐라고 하시나요?" 또 테레사 수녀가 한참을 생각하더니만, "하나님도 듣습니다" 그러더란다. 하나님께 들어야 들은 것을 전달할 수 있다. 설교자가 먼저 들어야 한다.

설교는 가르치는 것이 아니다

설교는 분명히 신학 훈련을 받은 사람이 해야 한다. 그것은 신학교를 졸업한 사람에게만 특별한 능력이 주어져서라기보다는 교회의 질서를 바르게 하기 위함이다. 훈련받지 않은 사람을 강단에 함부로 세우는 것은 혼란을 초래한다. 간혹 기도를 하는 사람들 중에 기도를 하는 것인지 설교를 하는 것인지 헷갈릴 정도로 간구가 아닌 훈계를 하는 사람들이 있다. 기도는 하나님께 드리는 간구이지, 누구를 가르치기 위함이 아니다.

실은 설교도 하나님의 메시지를 전달하는 시간이지, 성도를 가르치는 시간이 아니다. 수영로교회의 은퇴 목사님이신 정필도 목사님이 그런 말씀을 해 주셨다. "설교를 가르치는 것으로 생각하니까 훈계조로 호통을 치게 되고, 그런 훈계의 말씀을 듣는 사람들이 설교자와 갈등을 일으키는 것입니다. 설교는 가르치는 것이 아닙니다. 그저 하나님의 말씀을 선포하는 것입니다." 설교에 대한 탁월한 정의다. 설교는 전달이며 선포다. 하나님께서 말하라고 하시는 것만을 전달하고 선포하면 된다. 맘에 들면 선포하고 맘에 들지 않는 본문은 전하지 않을 수 없다. 선포의 내용은 철저히 말씀에 기초하는 것이다. 말씀에 없는 것을 설교할 수 없다. 그런 의미에서 설교자는 말씀 선포의 내용을 선택할 권한이 없다.

선포의 대상을 선택하는 것도 설교자의 권한 밖의 일이다. 요나는 선지자다. 그런데 민족의 원수인 니느웨 사람들에게 선포하라는 하나님의 명령을 요나는 거역했다. 메시지의 수신자를, 회중을 임의대로 선택하거나 거절하려는 것은 선지자의 바른 자세가 아니다. 설교자 또한 회중을 선택하거나 거절할 수 있는 것이 아니다. 맘에 드는 사람에게만 선포하는 것은 설교자의 바른 자세가 아니다. 때로는 원수에게도 선포해야 한다. 그것이 설교자의 의무다. 청중이 설교자의 맘에 드는 사람들이든지 그렇지 않든지 간에 회중을 대하는 설교자의 태도는 동일해야 한다.

열심히 듣는 사람을 보고 설교하라

곽선희 목사님께서 회중을 대하는 설교자의 자세에 대해서 말씀하신 적이 있다. "설교할 때는 열심히 듣는 사람을 보고 설교하십시오." 설교할 때 설교는 듣지 않고 엉뚱한 행동을 하거나 주보를 보고 있는 사람, 졸고 있는 사람을 보고 설교하면 꾸짖는 설교를 하게 된다. 열심히 듣는 사람들이 대다수인데 몇몇 주의가 산만한 사람들에게 집중하다 보면 '내 설교가 부족한가?' 실망하게 되고, '설교 시간에 어떻게 저런 행동을 하지?' 하고 서운한 마음이 들면 자신도 모르게 회중을 향하여 지적하고 꾸짖는 말투가 되고 꾸짖는 설교가 된다.

목회자가 실수하는 것 중의 하나가 열심히 하는 사람에 대한 칭찬은 인색하고, 열심이 없는 사람에 대한 책망에는 열을 올리는 것이다. 열심히 참여한 사람들에게 불참한 사람들에 대한 서운한 마음을 하소연하는 실수를 한다. 그렇게 하면 공연히 열심히 참석한 사람들이 결석한 사람들의 꾸중을 듣는 격이 된다. 잘하는 사람을 격려하면 못하는 사람도 잘하게 된다는 것이 훌륭한 목회를 하신 분들의 한결같은 결론이다. 설교도 마찬가지다. 잘하는 사람들을 보고 설교하면 회중이 더 큰 은혜를 받게 되는 것은 당연하다.

설교 한 번으로 인생을 바꿀 수 있다는 기대를 버려야 한다. 설교 한 편에 사람이 바뀌는 역사는 분명 있다. 그러나 언제나 그렇지는 않다는 사실이다. 모든 사람이 그렇게 설교 한 편에 인생이 뒤바뀌는 것은 아니라는 사실이다. 설교 한 편에 인생이 바뀐다면 매 주일 설교할 필요도 없다. 동일한 말을 한 선배 목사님이 재미있게 표현했다. "설교 한 편에 사람이 바뀔까요? 당신은 그랬습니까?" 그렇다. 설교자 자신도 귀한 은혜를 매 주일마다 받지만 여전히 실수투성이고 부족한 것투성이다. 그야말로 콩나물에 매일 물을 주지만, 물이 그저 다 빠져나가는 듯이 보여도 한 달이 지나면 콩나물시루에 다 자란 콩나물이 가득하게 되는 것처럼, 설교를 듣고는 다 잊어버리고 아무런 변화도 없는 듯 보이지만, 열심히 말씀을 선포하다 보면 성도들도 서서히 은혜의 사람으로 변하는 것이다.

물을 포도주로 바꾸신 분은 예수님이시다. 그것을 전달하는 사람은 하인들이다. 하인은 물을 포도주로 바꾸려고 할 필요가 없다. 포도주로 바뀐 물을 연회까지 전달해 주면 되는 것이다. 마찬가지로 설교자는 사람을 바꿀 수 없다. 사람을 바꿀 수 있는 은혜를 전달하는 것이 설교자의 역할이다. 포도주로 바뀐 물을 전달하는 것이 하인들의 역할인 것처럼, 설교자의 역할은 죄인을 의인으로 바꾸시는 말씀을 전달하고 선포하는 것으로 충분하다.

설교자는 우편배달부처럼 하나님 나라의 배달부다. 아무리 귀한 메시지를 전한다고 해도 설교자에게 상급이 있다면 배달에 대한 상급이지, 메시지에 대한 모든 영광은 오직 하나님께만 돌리는 것이 맞다. 헤롯이 연설을 했는데 사람들이 신의 소리라고 칭찬했을 때 자기에게 영광을 돌렸다가 죽임을 당했다는 말이 괜히 성경에 기록된 것이 아니다. 하나님의 영광을 가로채는 일이 설교자에게는 없어야 한다.

성경은 하나님의 말씀이다. 설교도 하나님의 말씀을 전하는 것임과 동시에 하나님의 말씀이다. 그래서 '신의 소리'라고 할 수 있다. 그러나 설교자가 착각하지 말아야 할 것은, 설교자는 하나님이 아니라는 것이다. 누가 그 사실을 모르겠는가? 그런데 설교자가 하나님의 말씀을 전하는 자가 아니라 하나님의 자리에 서려고 하는 죄를 범하기 쉬운 것도 사실이다.

어느 목사님이 설교를 마치고 성도들과 인사를 하는데, 한 여 성도가 입에 침이 마르도록 목사님께 칭찬과 감사를 하는 것이다. 뒤에 목사님과 인사하기를 기다리는 사람들이 있는데도 이 여 성도가 설교에 대한 칭찬을 그칠 줄을 모른다. 민망해진 목사님이 "제가 한 설교인가요? 설교야 하나님이 하게 하셨지요. 다 하나님이 하신 것입니다"라고 말씀하셨다. 그러자 갑자기 입에 침이 마르도록 칭찬하던 분이 정색을 하면서 "그 정도로 좋지는 않았어요" 하더니 쌩하고 가시더란다. 그저 좋았다는 말이지, 하나님의 역사가 느껴질 정도는 아니었다는 말이다. 언젠가 예화집에서 읽은 글이지만 많은 생각을 하게 한다.

모든 설교자가 찰스 스펄전은 아니다

설교자는 설교에 있어서 자신의 설교가 최고라는 교만과 착각에서 벗어나야 한다. 이런 생각이 설교를 더욱 발전시킬 수 있는 여지를 축소한다. 모든 설교자가 빌리 그레이엄은 아니다. 모든 설교자가 무디나 존 버니언은 아니다. 사실 찰스 스펄전 같은 설교자는 많지 않다.

신학생 시절, 많은 학생들이 '나는 세상이 주목하는 설교자가 될 거야'라는 다짐을 한다. 자신은 분명히 빌리 그레이엄 이상으로 뛰어난 설교자가 될 줄 믿는다. 부교역자 시절까지 자신의 역량을 파악하지 못하는 사람들도 많다. 그 꿈이 세상적이라고 말하는 것이 아니다. 최고의 설교자가 되겠다는 의지는 긍정적으로 평가한다. 그러나 그에 걸맞은 노력과 말씀에 대한 열정이 있어야 한다.

부모들이 자녀들에 대한 착각에서 벗어나기 어렵다고 한다. 처음 태어났을 때는 천재가 났다고 한단다. 초등학교를 들어갈 때까지도 서울의 명문대학에 반드시 들어갈 것이라고 믿는다. 중학교에 들어갈 때쯤 되면 서울에 있는 대학은 들어갈 줄 믿는다. 그러나 고등학교에 들어가면 대학만 들어가도 좋겠다고 한단다. '할 줄 아는 것'과 실제로 '할 수 있는 것'은 전혀 다른 이야기다.

미국 사람이 한국 청년을 만나서 묻는다. "Do you speak English?" 영어 할 줄 아느냐고 물었다. 그러자 그 청년은 선뜻 "Yes, I do" 하는 것이다. 미국 사람이 너무 반가워서 "Where is the Bus-stop?" 버스 정류장이 어디냐고 물었다. 그러자 이 청년이 "Yes, I do" 하더란다. 버스 정류장이 어디냐고 묻는데 "예, 할 줄 압니다"만 연신 대답하는 것이다. 실은 영어를 못하는 것이었다. '할 줄 아는 것'과 '할 수 있다고 생각하는 것'은 다르다. 자신의 위치와 실력을 최대한 객관적으로 바라보고 평가할 수 있어야 한다.

부교역자 시절을 보내는 많은 목회자들이 대형 교회에서 많은 회중들 앞에서 설교할 것을 꿈꾼다. 하나님이 하시면 얼마든지 그렇게 할 수 있다. 그러나 착각해서는 안 된다. 하나님이 하게 하시는 것이지, 내가 하는 것이 아니다. 그래서 겸손을 늘 마음에 품지 않으면 설교도 목회도 발전이 없다. 자신에 대해서는 철저히 엄격해야 한다. 최고의 설교자가 될 때까지 말씀을 깊이 있게 끊임없이 연구해야 한다.

상황에 적중하는 설교

설교는 분명 선포이고 전달이다. 그렇다고 그 안에 가르침이 없는 것은 아니다. 예수님의 산상수훈은 설교 중의 명 설교다. 너무 쉬운 설교이면서도 동시에 깊은 진리와 묵상이 느껴진다. 단어 선택 하나하나에 진심과 사랑이 느껴진다. 예수님께서 바리새인에게 불같은 말씀을 뿜어내실 때 바리새인들을 저주하기만 하신 것은 아니다. 회개의 선포를 잊지 않으셨다. 바리새인들에게 선포하신 것은 그들을 회개로, 구원으로 초청하신 것이다.

경우에 합당한 말은 아로새긴 은쟁반에 구슬처럼 아름다운 것이다. 설교도 때에 따라, 상황에 따라 달라져야 한다. 앞서 장례식에서의 설교와 예배에 대해서 말한 것처럼, 설교에는 선포와 가르침이 동시에 있다. 위로와 격려가 있다. 구원에 대한 축하와 잔치가 설교와 예배에 있다. 설교의 의미를 개인적인 신학이나 취향에 따라서 축소할 필요가 없다.

메시지의 선포는 상황과 환경에 맞아야 한다. 설교도 적당히 길게 해야 할 때가 있고 짧게 해야 할 때가 있다. 많은 순서가 있는 임직예배 같은 경우 설교는 최대한 짧게 해야 한다. 순서만 그대로 해도 한 시간이 넘는데 설교를 40분 넘게 한다면 참석한 사람들은 예식에 두 시간 이상을 참여해야 한다. 임직예배 설교는 5분에서 10분이면 충분하다.

축사도 마찬가지다. 축사를 하면서 설교하는 사람이 있다. 축사도 5분이면 충분하다. 아마도 임직예배에서 축사를 5분 내에 끝내는 사람들은 엄청난 환호를 받을 것이다. 5분이란 위임 받는 임직들에 대해서 충분한 칭찬과 깊은 사랑의 당부를 하기에 충분한 시간이다. 5분이란 짧은 시간은 웃음과 함께 감동도 줄 수 있는 시간이다.

위임예배 같은 경우에는 무척이나 순서가 많아 많은 시간이 걸린다. 축사와 답사 설교와 격려사, 축가, 성가대 등, 그래서 위임식에 참석한 사람들은 예배 시간에 대해서 대단한 각오를 해야 한다. 이럴 때 시간을 적당하게 지킬 줄 아는 센스 있는 목회자는 성도들의 마음을 시원하게 단비처럼 적셔 준다. "역시 우리 목사님이야. 시간도 잘 지키면서 깔끔하게 하실 말씀만 하신다니까?"

설교 준비의 흐름

설교에 있어서 시간에 대한 철저함을 훈련해야 한다. 현대 교회의 예배는, 특히 대형 교회의 예배는 시간을 지키지 않으면 바로 이어지는 다음 예배 시간과 주차장의 상황 때문에 혼선을 빚게 된다. 그러므로 정해진 시간에 효과적인 전달에 대해서도 생각하지 않을 수 없다. 성령이 임하는 데 꼭 많은 시간이 필요한 것은 아니다. 다시 말해서, 얼마든지 짧은 시간 안에서 조직적이고도 논리적인 설교를 할 수 있다.

심방을 가서 여러 명이 설교할 때는 1분씩 설교할 수도 있다. 5분 설교를 해야 할 때도 있다. 선교지 출발을 앞두고 비행장에서, 이사 가는 가정을 위해서 이삿짐을 싸는 상황에서도 5분이면 충분하다. 준비만 철저히 한다면 말이다.

새벽에는 길게 설교하는 것이 효과적이지 않을 때도 있다. 기도를 많이 해야 할 때는 15분 정도 설교할 수도 있다. 주어진 시간에 맞는 전개와 내용을 준비해야 한다. 설교의 상황이 다양한 것처럼 설교의 시간 사용도 다양하다. 모든 설교 시간을 획일화 할 필요는 없다. 때와 상황에 맞게 시간도 알맞게 배분하는 것이 목회자의 센스다. 교인들 환갑잔치에 가서 40분 동안 설교하는 것을 본 적이 있다. 생신을 맞이하신 분이나 참석한 사람들이 당황하는 것을 본 적이 있다.

설교가 길어야 성실한 설교라고 생각할 필요는 없다. 다만 생일이나 개업, 결혼식 설교는 주일 설교와 분위기나 환경이 같을 수가 없다. 축하하는 메시지와 함께 도전과 감동을 주는 설교로 준비해야 한다. 이런 경우에도 성경에서 한 가지 분명한 깨달음이 있어야지, 그냥 성경, 찬송 가지고 가서 그 자리에서 준비하는 불성실을 조심해야 할 것이다.

설교 전체의 시간 안배도 늘 생각해야 한다. 서론만 10분 설교하는 사람들도 있다. 그러면 본론은 반도 못하고 끝나는 것이다. 서론은 서론으로 끝내야 한다. 본론은 그에 맞는 분명한 핵심 메시지가 전달되어야 한다. 서론, 본론, 결론에 동일한 무게를 두는 것은 바람직하지 않다. 이 책은 설교학 개론이 아니므로 이 정도만 하겠다.

생각하는 설교자가 되어야 한다. 고민하는 설교자가 되어야 한다. 늘 준비하는 설교자가 되어야 한다. 독서하는 설교자가 되어야 한다. 무엇보다 성경을 많이 읽는 설교자가 되어야 한다. 설교하는 사람이 성경을 안 읽을 수 있을까? 사실 많이 있다. 설교하는 사람은 말하는 것에 전문가지만, 청중들은 듣는 일에 전문가다. 설교자가 성경을 읽는지, 책을 읽는지 들으면 알 수 있다. 왜 안 그렇겠는가? 수십 년 동안 설교만 들었는데 당연하다.

설교자는 항상 설교를 생각하고 있어야 한다. 보고 듣는 모든 것이 설교를 준비하는 것이 되어야 한다. 이것이 설교자의 자세다. 설교에 대한 아이디어나 예화가 생각날 때마다 메모하고 잘 보관하라. 설교에 귀중한 자료가 된다. 일기를 쓰든지 묵상 노트를 매일 기록하라. 새벽 예배 끝나고 아침 시간은 말씀 묵상과 설교 준비로 시간을 보내는 것이 바람직하다. 한국 교회 설교자는 수만 번의 설교를 한다. 주일 예배와 새벽 예배와 수요 예배, 금요 기도회, 오후 예배 등 일주일에만 심방하면서 하는 설교를 제외하고도 열 번 이상을 설교하게 된다. 우물이 마르면 물을 얻을 수 없다. 말씀이 목회자의 삶과 머릿속에서 떠나지 않아야 한다. 계속 설교 준비의 흐름이 독서와 말씀 묵상을 통해서 흘러가도록 해야 한다.

'카리스마' 와
'칼 있으마'

칭기즈 칸은 1218년 중앙아시아의 호라즘 왕국을 정복하고,
1224년까지 페르시아, 남 러시아, 볼가 강 유역을 차례로 차
지하였다. 칭기즈 칸이 20년이라는 짧은 기간에 거대한 제국
을 건설할 수 있었던 원동력은 기동력이 첫 손가락에 꼽힌다.
여기에 특유의 정보 수집 능력도 한 몫을 차지했다. 칭기즈 칸
은 "가장 낮은 데를 보는 자가 가장 넓은 데를 어루만질 수 있
다"며 일반 병사들과 같은 몽골의 이동식 집인 '게르'에서 자
고 똑같은 음식을 먹었다고 한다. 그러니 듣고 보지 못하는 것
이 없었을 터이다.

이지원 & 박미선, 「스무 살을 위한 교양 세계사 강의」

가장 낮은 곳을 보는 목회

칭기즈 칸이 대제국을 건설할 수 있었던 것은 기동력과 정보력 때문
이라고 한다. 그런데 무시하지 못할 요인으로 꼽는 것은 칭기즈 칸이 일
반 병사들과 똑같이 살고 먹었다는 것이다. 거기서 칭기즈 칸의 리더십
이 보이는 것이다. '내가 왕인데, 리더인데 편하게 왕궁에 있다고 누가

뭐라 할 것인가?' 왕으로서의 권위만을 내세운 것이 아니라, 함께 생명을 걸고 싸우는 전우로서 살았다. 거기에 칭기즈 칸의 위대한 리더십이 있었다.

목회자의 표정에 대해서 말하다 보니 몸가짐, 자세에 대해서 말하지 않을 수 없다. 겸손에 대해서 많은 말들을 하지만 겸손한 사람의 자세에 대해서 생각하는 사람은 많지 않다. 벼가 익을수록 고개를 숙이듯이, 사람이 겸손할수록 고개를 숙인다고 하지 않는가? 그만큼 겸손은 자세로 나타난다는 말이다. 겸손한데 뻣뻣한 사람은 없다. 겸손한데 다른 사람을 무시하는 태도를 가진다는 것은 모순이다.

서울여대 김창옥 교수님의 강의를 듣던 중에 재미난 말을 들었다. "여자들은 같은 조건이면 남자의 목소리가 좋을 때 매력을 느낍니다. 고음인 남자를 좋아할까요, 중저음인 남자를 좋아할까요? 여자들은 남자의 목소리가 중저음일 때 안정감을 느끼고 매력을 느낀답니다. 반면, 남자들은 여자의 목소리가 고음일 때 좋아할까요, 저음일 때 좋아할까요? 조사해 봤는데, 예쁜 여자를 좋아하는 걸로 밝혀졌습니다. 남자들은 여자들의 목소리는 별로 생각하지 않습니다."

그럼 성도들은 뻣뻣한 목사를 좋아할까, 겸손하고 부드러운 목사를 좋아할까? 성도들의 인기에 연연할 필요는 없다. 그러나 하나님은 교만한 사람을 사용하시지 않는다. 하나님은 사울을 사도로 세울 수 없으셨다. 그래서 바울로 만드셨다.

담임목회자의 겸손한 자세만 봐도 성도들은 숙연해지고 눈물이 날 정도다. 그 겸손한 자세에 감동을 받기 때문이다. 그런데 그와 동시에 그 겸손한 자세에서 목회자의 권위를 느낀다.

권위와 권위주의

권위와 권위주의를 헷갈리는 사람들이 많다. 무표정하고 굳은 얼굴로 있다고 해서 권위가 있는 것은 아니다. 잘 웃지 않는다고 무게 있는 사람으로 권위가 서는 것은 아니다. 사람이 진중한 것과 어렵게 느껴지는 것은 다르다. 신중한 것과 무섭게 보이는 것은 다르다. 진중해도 얼마든지 편한 사람일 수 있다. 솔직한 사람일수록 더욱 진중하고 신중한 법이다.

예수님께서는 어린아이들을 안아 주시고, 세리와 창기를 반갑게 맞아 주셨다. 그렇다고 예수님께서 가볍게 여겨지지는 않으셨다. 나무 위에 올라가 있는 삭개오까지 그냥 지나치지 않고 챙겨 주고 안아 주셨다고 해서 그 권위가 손상되지는 않았다. 늘 그 시선과 마음이 가장 낮은 곳을 향하시는 예수님의 모습에서 무한한 권위를 느낀다. 예수님께 우리는 '카리스마'를 느낀다.

겸손을 가장하고 일부러 사람들이 많은 곳에서 기도하는, 그렇게 해서 다른 사람에게 대접받으려고 하는 바리새인에게서는 빈껍데기뿐인 권위주의를 느낀다. 바리새인들 같은 사람에게서는 '칼 있으마'를 느낀다.

권위는 목숨 다해 하나님을 사랑하는 마음에서 나오는 것이다. 생명 다해 하나님을 사랑하는 사람들은 예수님처럼 가장 낮은 곳을 오히려 찾아다니는 사람들이다. 그런 사랑은 없으면서 사람에게 높임을 받으려고 하는 것이 바로 권위주의다. 상대방에 대해서는 무심하면서 대접받으려고 하는 것이 대표적인 권위주의다.

사실 권위는 배려에서 나온다. 상대방을 먼저 생각하고 배려하는 사람에게서 무한할 정도의 권위를 느낀다. 성경은 자신보다 다른 사람을 낮게 여기는 그 마음이 그리스도 예수의 마음이라고 말씀한다. 그러니 나보다 남을 낮게 여기는 사람에게서 존경과 사랑과 함께 권위를 느끼는 것은 어찌 보면 당연한 결과다.

> "아무 일에든지 다툼이나 허영으로 하지 말고 오직 겸손한 마음으로 각각 자기보다 남을 낫게 여기고 각각 자기 일을 돌볼 뿐더러 또한 각각 다른 사람들의 일을 돌보아 나의 기쁨을 충만하게 하라 너희 안에 이 마음을 품으라 곧 그리스도 예수의 마음이니" (빌 2:3~5).

예수님은 제자들이 주님을 배반하고 갈릴리로 가셨을 때조차도 먼저 찾아가셔서 떡과 물고기를 구워서 제자들을 먹이셨다. 부활 후에도 제자들을 찾아가시는 예수님에게서 권위가 없게 느껴지는가? 아니다. 오히려 제자들은 그 겸손하고도 무한한 사랑 앞에서 송구하고 죄송해서 할 말을 잃어버렸다. 그 사랑의 권위 앞에 고개가 저절로 숙여지는 것이다.

의도적이지는 않겠지만, 자세나 태도가 뻣뻣하고 굳어 있는 목회자가 있다. 그리고 의도적으로 그런 자세에서 권위가 있다고 느끼는 사람도 있는 듯하다. 그러나 오히려 그 반대다. 그렇다고 늘 구부정하게 다니라는 말은 아니다. 그러나 밝은 표정으로 기쁘게 인사하는 목회자의 모습에서 오히려 겸손과 사랑, 그리고 예수님의 제자 된 모습 속에서 하나님이 세우신 권위를 발견한다는 사실을 잊지 말아야 한다.

덜 하려고 하지 말고, 더 하려고 해야 한다

목회자가 성도들을 만나면 인사하러 올 때까지 기다려야 할까, 먼저 다가가야 할까? 부모하고 자녀하고 싸우면 자녀가 이긴다. 왜일까? 항상 더 사랑하는 사람이 지기 때문이다. "자식 이기는 부모 없다"는 말은 부모가 자녀를 사랑하는 마음이 자녀가 부모를 사랑하는 마음보다 훨씬 더 크기 때문이다. 자녀가 잘못해서 혼을 내고도 부모가 먼저 다가간다. 더 사랑하기 때문이다. 그래서 더 사랑하는 사람이 늘 손해 보는 것이다. 목회자가 손해 보는 것이 덕이 되겠는가, 성도들이 손해 보는 것이 덕이 되겠는가? 목회자가 더 많이 사랑하고 더 손해 보아야 한다.

예수님께서는 누가 오른 뺨을 치거든 왼편도 돌려 대고, 5리를 가자고 하거든 10리라도 동행하라고 하셨다. 물론 이 말씀은 원수 갚는 것에 대한 말씀에 대해서 오히려 사랑으로 갚으라는 말씀이다. 로마 군인들이 행군을 하다가 피 정복민에게 군장 지우는 것을 억지로 시키니까 여기저기서 로마 군인에 대한 불평이 나오기 시작했다. 그래서 법을 만들어서 5리까지만 로마 군인들의 군장을 지어 주도록 했다. 그러나 주님은 10리까지라도 대신 져 주라고 하신다. 원수에게조차도 그렇게 하는데, 사랑하는 사람에게 못할 이유가 어디 있는가? 원수에게도 10리를 져 주는데, 사랑하는 사람을 위해 20리를 못 져 줄 이유란 없다. 요점은, 더 하라는 말이다. 더 하려고 하는 자세를 말한다.

왜 가정에, 회사에, 교회에 분란이 일어나는가? 서로 덜 하려고 하기 때문이다. '내가 이 정도 했으면 당신도 최소한 이 정도는 해야지' 하면서 조금도 손해 보려고 하지 않는다. 같이 하면 억울하지 않지만, 나만 하면 억울해 한다.

성공한 사업가들이 한결같이 하는 말이 있다. '성공한 사람의 공통점은 더 하려고 하는 사람' 이라는 것이다. 고용주의 입장에서 보면 월급 받은 만큼 일하는 사람도 많지 않다고 한다. 월급 받은 만큼 일하는 사람이 전체의 20~30퍼센트 미만이라고 한다. 월급만큼도 일을 하지 않는 사람이 40퍼센트 이상이란다. 실은 태반이 그렇다고 한다. 월급 이상 일하는 사람은 많아야 5~10퍼센트라고 한다. 그런데 성공하는 사람들, 결국 회사에서 인정받게 되는 사람들은 더 하려고 하는 그 5퍼센트 중에서 나온다고 한다. 어디 가도 탁월한 빛을 발하는 사람은 '더 하려고 하는 사람' 이지, '덜 하려고 하는 사람' 이 아니다. '덜 하려고 하는 사람' 은 어느 누구에게도 영향력을 줄 수 없고, 감동을 줄 수도 없을 뿐 아니라 환영받지 못한다. 직장에서도 이렇게 말하는데, 헤아릴 수 없는 주님의 사랑을 받은 그리스도인이, 목회자가 교회에서 어떻게 하든지 덜 하려고 한다면 그것을 헌신이라고 할 수 있을까?

마르다의 서운함

마르다는 주님께 음식 해 드리는 것이 싫지 않았다. 아니, 주님을 초대한 사람이 마르다다. 그러나 마리아가 도와주지 않는 것에 화가 났다. 마리아가 자신보다 덜 헌신한다고 느꼈다. 마리아는 말씀을 듣고 마르다 자신은 음식을 하느라 부엌에 있는 것이 손해 보는 것처럼 느껴졌다. 마리아에 대한 서운함이 예수님에 대한 서운함으로 이어졌다. '왜 주님은 마리아에게 나를 돕도록 말씀하지 않으실까?' 이런 생각이 마르다의 머리에 꽉 차 있다 보니 결국 마르다는 예수님에게 역정까지 낸다. 그때 주님께서는 마르다에게 귀한 교훈을 주신다. "마리아는 이 좋은 편을 택하였으니 빼앗기지 아니하리라." 이 말씀은 마르다도 말씀을 들으라는 뜻이 아니다. 말씀 듣는 것은 선하고, 대접하기 위해 부엌에서 봉사하는 것은 말씀을 듣는 것보다 중요하지 않다는 말씀이 아니다. 마르다에게도 좋은 선택을 하라는 말씀이다. 처음 마음, 주님을 기쁜 마음으로 대접하겠다는 본심(本心)을 회복하라는 말씀이다. 모든 일에서 주님의 마음, 즉 모양까지도 선한 모습을 찾으라는 것이다.

> "범사에 헤아려 좋은 것을 취하고 악은 어떤 모양이라도 버리라" (살전 5:21~22).

언제든지 덜 하려고 하면 불평이 나온다. 자신은 열심히 하는데 열심히 하지 않는 사람을 보면 서운하고 화가 난다. 그런데 서운한 마음을 가지고 하는 봉사를 헌신이라고 할 수 있을까? 헌신은 억지로 하는 것이 아니다. 기꺼이 즐거운 마음으로 하는 것을 헌신이라고 한다. 헌신은 누가 하든지 말든지 상관하지 않는다. 헌신은 주님을 생각하고 하는 것이다.

권위주의가 무엇인가? 대접받으려는 마음이다. 덜 하려는 마음이다. '목사가 어떻게 이런 것을 해? 장로가 이런 것까지 해야 해?' 이것이 권위주의다. 예수님께서 바리새인들을 저주하신 이유가 이것이다. 대접만 받으려고 하는 교만 때문이다. 다른 사람에 대해서는 "이것 해라, 저것 해라" 하면서 자신들은 손가락 하나 까딱하지 않는다. 이것이 권위주의다.

"서기관들과 바리새인들이 모세의 자리에 앉았으니 그러므로 무엇이든지 그들이 말하는 바는 행하고 지키되 그들이 하는 행위는 본받지 말라 그들은 말만 하고 행하지 아니하며 또 무거운 짐을 묶어 사람의 어깨에 지우되 자기는 이것을 한 손가락으로도 움직이려 하지 아니하며 그들의 모든 행위를 사람에게 보이고자 하나니 곧 그 경문 띠를 넓게 하며 옷술을 길게 하고 잔치의 윗자리와 회당의 높은 자리와 시장에서 문안 받는 것과 사람에게 랍비라 칭함을 받는 것을 좋아하느니라" (마 23:2~7).

'목사인 내가 이 정도 했으면 성도들은 최소한 내가 한 만큼은 해야지.' 이런 생각은 헌신한 사람에게 서운한 마음이 들게 한다. 교회에 분란을 일으키고 다툼을 일으키는 것은 자신을 높이고자 하는 마음 때문이다. 억울한 마음은, 손해 보았다는 생각은 다툼을 일으킨다. 그래서 불평은 미워하는 마음으로 이어지게 하고, 결국 소명의 불을 식어지게 하여 꺼지게 만든다.

무슨 일이든지 처음부터 더 하려고 해 보라. 혼자서 다 하려고 했던 일인데 누가 도와주면 더 감사하다. 누가 도와주지 않아도 문제없다. 처음부터 누가 도와줄 것을 기대한 것이 아니라, 혼자서라도 더 하려고 했으니 말이다. 주님께서 주실 상급을 기대하고 헌신하면, 주님의 사랑 때문에 하는 일이라면 억울할 것도, 불평할 것도 없다. 섬길 때는 그 결과가 어떻게 되도 좋다. 누가 인정하지 않아도 문제없다. 주님만을 생각하고 드리는 헌신이기 때문이다.

주님을 기쁘시게 하는 사람은 '더 하려고 하는 사람'이다. 목사는 손해 보려고 작정한 사람이다. 그런데 손해 보지 않으려고 하면 억울한 마음이 생긴다. 다른 사람보다 높아지려고 할 때 서운한 마음이 생긴다. 그런 목회자에게서는 설교 시간에 기쁜 소식이 아니라 불평 섞인 메시지가 나온다. 비난하는 메시지가 나온다. 부정적인 예화가 더 많이 나오게 된다. 그런 설교를 들으면 아무리 메시지가 좋아도 성도들은 꾸중 듣고 나가는 기분이 든다. 일주일 동안 생활 전선에서 전투와 같은 삶을 보내고 힘들게 지낸 성도들에게 위로를 주지는 못할망정 목사의 서운함까지 어깨에 지워 주는 목자가 되어서는 안 된다.

순종하는 주의 종에게는 카리스마가 있다

담임목회자는 주일에 은혜 받으러 오는 성도들을 빈손으로, 빈 마음으로 보낼 수는 없다. 20년 이상 목회해 온 설교의 대가이신 분들도 매주일 거울을 보고 몇 번이고 연습한다고 들었다. 빌 하이벨스 목사님도 주일 예배 시간 사이에, 다음 예배를 준비하는 그 짧은 시간에도 인사하러 담임목회자 방을 두드리고 들어오는 성도들을 거절하지 못한다는 글을 본 적이 있다. 권위를 내세우지 않는 분들에게서 오히려 큰 권위가 느껴졌다. 높아지려는 마음을 누를수록 더욱 높아지는 것을 보게 된다.

솔로몬이 왕이 되었을 때의 나이가 20세 정도였을 것으로 본다. 아무리 왕이라도 스무 살 왕을 존중하고 받들기란 쉽지 않다. 그러나 아무도 솔로몬 왕을 무시하지 못한다. 왜냐하면 솔로몬의 기도 때문이다. 솔로몬이 구한 기도는 '지혜' 였다. 그 지혜인 '호크마' 는 하나님께 순종할 수 있는 지혜다. 하나님께 순종하는 사람에게는 범접할 수 없는 권위가 있다. 솔로몬이 말한 것은 다 맞도록 지혜를 주셨기 때문이다.

사무엘의 말에 모든 이스라엘 사람들이 순종하는 것은, 사무엘의 말은 땅에 떨어지는 법이 없었기 때문이다. 하나님께서 사무엘을 통해서 말씀하시기 때문이다. 사무엘이 철저히 하나님의 말씀에 순종했기 때문이다. 순종하는 사람에게는 권위가 있다. 하나님의 종에게는 그래서 카리스마가 있다.

'카리스마'와 '칼 있으마'는 다른 것이다. '카리스마'는 하나님께서 하나님의 일꾼들에게 부여하신 권위다. 카리스마가 있는 사람은 자기 스스로 내세우는 권위가 아니라 하나님께서 함께하고 계심을 느끼게 하는 권위가 있다. 외모에서 흘러나오는 것도 아니요, 환경적인 조건 때문에 느껴지는 것도 아니다. 하나님께서 함께하시기에 자연히 '카리스마'가 느껴지는 것이다. 사람 때문이 아니라 함께하시는 하나님 때문에 카리스마가 느껴진다. 반면에 '칼 있으마'는 스스로 내세우는 권위를 말한다. 속에 칼을 품고 있는 사람에게서 느껴지는, 가까이 가기 힘든 어려움을 말한다. 하나님께서 주시는 권위 때문이 아니라 '나한테 함부로 하면 가만있지 않겠어' 하는 위협이 느껴지는 것이다. 목회자에게는 '카리스마'가 필요하지, '칼 있으마'는 필요 없다. 카리스마는 스스로 만드는 것이 아니다. 주님 앞에 철저히 무릎 꿇을 때, 그 겸손 때문에 하나님께서 주의 종에게 주시는 권위다.

'칼 있으마'는 절대 목회자가 품어서는 안 되는 마인드다. 겟세마네에서 예수님께서는 베드로에게 "네 칼을 도로 칼집에 꽂으라 칼을 가지는 자는 다 칼로 망하느니라"는 경고의 말씀을 하셨다. 목회자는 칼이 아니라 십자가를 마음에 품어야 한다. 목회자는 '칼 있으마'로 목회해서는 안 된다. 다시 말해서, 자신의 성품이나 인위적인 권위로 성도들을 흔들고 교회를 좌지우지할 수 있다고 생각해서는 안 된다. 언제라도 십자가를 질 준비를 하여야 하는 것이다. 언제라도 죽을 준비가 되어 있는 사람이 목회자다. 죽음을 각오한 목회자, 아니 이미 한 알의 밀알로 죽어 있는 그 겸손에서 카리스마, 주님이 함께하시는 목회가 시작되는 것이다.

사역은 도구적 관계다

우리가 그리스도인이 되고자 할 때, 우리는 누군가를 섬기는 것으로부터 면제된 인생을 살게 되는 것이 아니다. 우리는 다만 우리의 주인을 바꾼 것일 뿐이다.

> "이와 같이 너희도 명령 받은 것을 다 행한 후에 이르기를 우리는 무익한 종이라 우리가 하여야 할 일을 한 것뿐이라 할지니라"(눅 17:10).

누가복음 17장의 '무익한 종'에 대한 말씀은 종 된 그리스도인의 자세를 말한다. 할 것을 다한 후에도 "우리는 당연히 할 것을 했을 뿐입니다. 주인님께 유익을 드린 것이 무엇이 있습니까? 그저 저를 종으로 불러 주셔서 감사할 따름입니다"라고 고백할 수 있는 자세, 나를 사용해 주신 것만으로도 그저 감사하는 자세, 그것이 사역자의 자세이고 종 된 목회자의 자세다. 그러나 이것은 자기가 맡은 일에 대해서 최선을 다한 종이 할 수 있는 말이다. 당연히 해야 할 것도 하지 않은 종이 "저는 무익한 종입니다" 한다면 그 말은 겸손이 아니라 자신의 불성실을 그저 인정하는 말일 뿐이다. 종이 불성실하면 매 맞을 일이요, 혼날 일이다.

사도 바울이 "죄인 중에 내가 괴수니라"는 고백을 했다. 이 고백은 "사도 바울도 죄인 중에 괴수라는데 내가 열심히 해서 달라질 게 뭐가 있을까? 열심히 해도 죄인 중의 괴수라는데, 나는 하고 싶은 대로 해야지" 하는 식으로 자신의 게으름을 변명할 때 사용될 말이 아니다. 사도 바울은 세계를 다니면서 복음을 전하고, 죽음까지 각오하면서 영혼 구원에 최선을 다한 사람이다. 때문에 사도 바울이 복음 전파에 최선을 다한 후에 "나는 죄인 중의 괴수입니다"라고 말하는 것은 자신의 불성실에 대한 회개가 아니라, 아무리 최선을 다해 섬겨도 하나님의 은혜를 갚을 길이 없는 여전히 빚진 자라는 뜻이다. 결코 아무것도 하지 않은 게으른 종이 자신의 죄성(罪性)을 핑계로 "나는 죄인 중의 괴수입니다"라고 말하는 것과는 전혀 다르다.

어떤 신학생이 공부를 하나도 하지 않고 시험을 봤단다. 아는 것이 하나도 없어서 시험지 맨 위에 '하나님은 다 아십니다'라고 적고 나왔단다. 얼마 후 시험 결과가 나왔는데 그 학생의 성적표 위에는 '하나님은 백점, 너는 빵점'이라고 쓰여 있었단다. 하나님의 전능하심과 은혜를 나의 불성실에 대한 핑계로 삼아서는 상급이 없다는 재미있으면서 의미 있는 예화다.

다시 말해서, 주님께 유익한 종이 되어야지, 무익해서는 안 된다. 소금이 그 맛을 잃으면 쓸데없어 버려지듯이, 목회자는 주님께 사용되어야 한다. 그것도 아주 유용하게 사용되어야 한다. 그러나 모든 것을 행한 후에도 "내가 주의 종이야" 하고 자만해서는 안 된다. "주님의 은혜에 비하면 아무것도 한 것이 없습니다. 이렇게 할 수 있음도 주님의 은혜입니다." 언제나 겸손한 자세와 마음을 유지해야 옳다.

구원에 있어서는 은혜적 관계, 사역에 있어서는 도구적 관계

그리스도인들이 착각하는 것이 있다. '하나님의 전적인 은혜로 구원 받았으니 내가 할 것은 없는 것이 아닌가?' 맞다. 구원은 철저히 하나님 편에서 주신 선물이요, 사람에게는 구원을 받을 자격도 없고, 구원을 받을 만한 대가를 치른 적도 없다. 그래서 어느 누구도 구원받은 것에 대해서는 자랑할 것이 없다.

> "너희는 그 은혜에 의하여 믿음으로 말미암아 구원을 받았으
> 니 이것은 너희에게서 난 것이 아니요 하나님의 선물이라 행
> 위에서 난 것이 아니니 이는 누구든지 자랑하지 못하게 함이
> 라"(엡 2:8~9).

강준민 목사님이 목회자 세미나에서 이런 말씀을 하셨다. "구원에 있어서 하나님과 성도와의 관계는 '은혜적 관계'입니다. 그러나 주님 께서 맡기신 사역에 있어서는 철저히 '도구적 관계'입니다." 목회자는 주님의 도구로 사용되는 것이다. 주님께 유용한 도구여야 한다. 사역을 하면서 '내가 부족해도 하나님이 은혜로 채워 주시겠지?' 하며 하나님 의 은혜를 기대하고 구경만 해서는 안 된다. 사역도 철저히 하나님의 은 혜로 되는 것이다. 하나님의 은혜는 불성실을 통해서 임하지 않는다. 그 러므로 목회에서 게으름을 피울 수가 없는 것이다.

어느 목사님이 사역이 너무 힘들어서 아버님 앞에서 하소연을 했단

다. "아버지, 목회가 왜 이리 힘들어요? 아무리 해도 끝이 없어요. 칭찬 한번 제대로 해 주는 사람도 없어요." 그때 그 목사님의 아버님께서 명언을 하셨다고 한다. "너, 매달 사례비 받지 않니? 사례비에 그런 어려움이 다 포함된 거다. 어려움을 이기는 것도 사례비에 포함된 거야." 사례비에 목회활동비만 있는 것이 아니라, 목회하면서 겪어야 할 고난, 고심, 외로움에 대한 것도 다 포함된 거라는 위트 있으면서도 새겨들을 말씀이었다. 물론 사례비가 목회에 대한 보상의 대가라는 식의 계산적인 의미로 말하는 예화는 아니다.

목회하면서 어찌 좋은 일만 있겠는가? 어려움과 외로움, 시기와 질투, 심지어는 거짓된 소문과 누명까지도 감당해야 하는 것이 목회다. 목회에는 이 모든 것이 다 포함된 것이다. 목회는 설교만 하는 것이 아니다. 설교는 목회에서 분명 아주 큰 비중을 차지한다. 그러나 설교가 목회의 전부는 아니다. 선교, 성경공부, 사역은 목회의 한 부분이다. 목회에는 성도의 고민과 아픔을 끌어안아야 하는 일평생의 사명이 포함되어 있다. 목회에는 목회자만이 감당할 수밖에 없는 고뇌와 슬픔이 포함되어 있다.

목회는 "에휴"와 "그래?"를 반복한다. 힘든 일이 있으면 "에휴" 한다. 성도들에게 좋은 소식이 들리면 반가움에 "그래?" 하고 반가워서 기쁨이 차고 넘친다. 일평생의 목회에 수많은 "에휴"와 "그래?"가 반복된다. 이렇게 수많은 "에휴"와 "그래?"를 반복하려면 목사의 심장은 강철 심장이 되어야 한다.

고난이 없으면 좋은 인생인가? 어려움이 없는 목회가 훌륭한 목회인가? 인생도 목회도 고난과 어려움은 선택과목이 아니라 필수과목이다.

그리고 어려움과 고난은 목회의 장애물이 아니라 목회에 이미 다 포함된 것이다.

목회자뿐 아니라 모든 그리스도인은 철저히 주님의 도구다. 사역에 있어서는 부교역자도 철저히 담임목회자와 도구적 관계다. 담임목회자와 부교역자 사이에 인격적 관계를 무시하거나 배제한다는 뜻이 아니다. 담임목회자와 부교역자의 관계가 일적으로만 만나는 상명하복의 관계라는 말도 아니다. 그러나 부교역자가 담임목회자를 섬기는 자세는 철저히 도구적인 자세를 유지해야 한다. 부교역자는 분명 담임목회자가 다 할 수 없는 사역을 돕기 위해 협력하려고 있는 것이다. 그러므로 부교역자는 스스로 자신이 맡은 일에 있어서는 철저하고 엄격해야 한다.

대개 담임목회자가 부교역자에게 사무적으로 대하지는 않는다. 인격적인 관계이기 때문이다. 그렇다고 맡은 사역에 있어서 '해야 할 일만 해야지' 하는 자세는 목회자의 자세가 아니다. '덜 하려고 하는 자세'는 목회의 망조(亡兆)다. '더 하려고 하는 자세' 야말로 목회의 흥조(興兆)다. 무엇이든지 맡겨진 것 이상의 일을 하려고 하는 사람이 잘하는 사람이고 잘되는 사람이다. 목사로서의 분명한 사명과 은사를 가진 사람의 태도와 자세는 더 하려고 하는 자세다.

성공한 사람들의 공통점은 다른 것 없다. 월급 받은 만큼만 일하는 사람은 결코 성공할 수 없다. 그런 사람을 어느 고용주가 좋아하고 인정해 주겠는가? 목회도 다르지 않다. 9시에 출근해서 6시면 정확히 집으로 퇴근하는 목회자, 그리고 퇴근 후에는 시간 외 수당이 있어야 일하는 목회자라면 누가 그 사람을 목회자로 인정하고 존경할 수 있겠는가? 목회자에게는 출근도 퇴근도 없다. 물론 출퇴근 시간이야 정해져 있지만, 회사 다니듯이 목회를 하려 한다면 아예 일찌감치 다른 일을 찾아보는 것이 좋다. "그럼 언제 가정을 돌보고 언제 자녀들과 시간을 보냅니까?" 목회에 최선을 다하고 그 외의 시간에 가정을 돌보는 것이다. 결국 목회를 잘할 때 가정도 잘되는 법이다. 목회자의 자녀들은 바쁜 아버지와 많은 시간을 함께 보낼 수는 없다. 그러나 결국에는 목회에서 존경받는 목회자가 가정에서도 존경받는다는 사실이다.

직감했다면
사이렌을 울려라

웃사는 자기 목숨을 희생시켜 내게 하나님에 대한 값진 교훈을 주었다. 하나님이 결코 안전하지 않다는 것이다. 하나님은 우리의 통제와 관리를 받는 수호신이 아니다. 우리가 하나님의 안전을 지켜 줄 수 있는 것이 아니라는 점이다.

마크 부캐넌, 「열렬함」

조심할 수 없다면 멈춰라

과유불급이란 말이 있다. '지나치다면 모자란 것이 낫다' 는 뜻이다. 목회 감각 중에서 원칙 중의 원칙이다. 아무리 좋은 것이라도 과한 것은, 지나친 것은 반드시 문제를 일으키기 마련이라는 교훈이요, 경험이다. 목회하면서 이유를 알 순 없지만 어떤 사람에게서, 교회에서 어떤 일을 준비하다가 위험 신호가 감지되면 머릿속에서 사이렌이 울린다. 눈 깜짝할 사이에, 그야말로 순간적으로 이 일을 하는 것이 옳은 것인지, 눈앞에 있는 사람이 어떤 사람인지 분명한 이유를 설명할 수는 없어도 직감적으로 알 수 있는 경우가 적지 않게 있다. 유명한 CEO들을 보면 직감에 대한 이야기를 많이 한다. 그것은 그동안의 경험과 지식이 종합적으로 순간순간 기치를 발휘하는 순간일 것이다.

목회자라면 평상시에는 한없이 너그럽고 인자한 것이 보통이다. 그런데 불법적인 것에 대해서는 매섭도록 선을 그어 놓는 것도 필요하다. 아닌 것에 대해서는 확실한 거절을 해야 한다. 세상에 어려운 것이 다른 사람의 부탁을 거절하는 것이다. 그러나 이 거절을 제대로 못했다가는 평생 후회하는 일이 많다는 것도 잊지 말아야 한다.

어떨 때는 '우리 목사님은 두 얼굴의 사나이이신가?' 하는 착각이 들 정도로 선한 일에 대해서는 한없이 너그러워도 된다. 그러나 불법적인 일에 있어서는 용납하지 않는 확고한 모습을 보여 주어야 한다. 그만큼 원칙에 대한 기준이 분명해야 한다. 목회자가 불법에 손을 들어 줄 이유가 없다. 그것은 교회와 성도들에게 시험이 된다.

목회자부터가 교회에서 장사하려는 목적으로 접근하는 사람에 대해서는 사이렌을 울려야 한다. 그런 사람이 교회의 리더가 되었다가는 교회에 큰 물의를 일으키게 된다. 교회의 재정을 함부로 사용하는 것에 대해서도 목회자가 훈련과 교육을 통해 사이렌을 울려야 한다. 존 맥스웰이 이런 말을 했다. "동기는 사람을 움직이지만, 원칙은 사람을 계속 성장하게 한다."

가정의 평화를 깨뜨리는 죄악과 세력에 대해서는 목회자가 강력하게 사이렌을 울려야 한다. 손인식 목사님은 1년에 한두 번씩은 가정의 평화를 지키기 위해서 용납하지 말아야 할 죄들, 성적인 죄에 대해서까지 설교하신다. 같이 사역하는 목회자에게 '자동차 운전석 옆에는 인형도 앉히지 말라'고 하시고, 성도들에게도 그 이상으로 부부 사이에 오해할 여지를 아예 차단하라고 하신다. 사실 배우자가 모르는 일정이 있을 필요가 없다. 배우자가 모르는 은행 계좌를 갖고 있을 필요가 없다. 이렇게까지 이야기하는 것은 사탄이 얼마나 교회와 성도들의 가정을 위협하는지를 확실히 느끼는 세대를 우리가 살고 있기 때문이다. 옛날이나 지금이나 사람들의 죄악은 여전하지만, 갈수록 죄를 저지르기 쉬운 시대가 되고 있기 때문이다.

이단이 교회에 침투하지 못하도록 장년, 청년, 유년교회의 각 부서 목회자들과 리더들에게 교육과 훈련을 통해 정기적으로 경고 사이렌을 울려야 한다.

지나친 것은 모자란 것만 못하다

재정, 이성 문제, 이단 관련 문제에 대해서 철저히 경계하고 조심하지만, 이 모든 것의 원칙은 '과유불급'이다. 경계하고 경고하고 교육해야 하지만, 그렇다고 해서 공연한 일로 다른 사람을 정죄하지도 말아야 한다. '나는 그렇지 않으니까 당신은 나보다 못해'라는 식의 비난을 일삼는다면 그것은 지나친 것이다. 지나치면 반드시 문제가 생긴다. 아무리 좋은 의도로 이야기하고 일을 추진한다 하더라도 균형을 잃어버리면 좋은 결과를 가져올 수 없다.

나의 주장이 백 번 옳은 것이라 해도 주변 사람들을 정죄하고 무시한다면, 그 주장이 아무리 옳은 일이었다고 해도 주변의 이해나 도움을 기대할 수 없다. 목적도 중요하지만 방법도 목적 못지않게 중요하다. 아무리 좋은 목적이라고 해도 좋지 않은 방법, 바람직하지 않은 방법을 사용한다면 좋은 목적을 훼손하게 된다. 홍길동이 아무리 가난한 사람을 돕는다는 선한 목적을 가지고 있어도 도둑질을 해서 돕는다면 선한 일이라고 할 수 없는 것과 마찬가지다. 열심당원들이 이스라엘의 독립을 위해서 일한다는 목적은 나쁘지 않다. 그러나 사람을 죽여서라도 이루겠다는 유혈혁명을 옳다고 지지할 수는 없다.

동물 보호주의에 지나친 열심을 가진 사람들 중에 동물을 학대하는 사람들을 혐오하는 정도가 아니라 증오하고 신체적인 위협까지 가하는 경우를 본다. 그것은 지나친 것이다. 동물이 아무리 중요하다고 한들 그 이유 때문에 사람을 함부로 해하려고 한다면 그것은 이미 도를 벗어난 일이다.

'나만 옳다'는 주장은 '지나친 것'이다

교회사를 보면 마틴 루터의 종교개혁으로 개신교가 시작된다. 개신교의 가장 중요한 모토는 '오직 성경으로'다. 얼마나 좋은 취지인가? 오직 성경으로 교리를 세우고, 교회를 세우고, 교인들을 양육하자는 것이다. 그런데 '오직 성경으로'에 대한 해석이 사람마다 제각각인 것이 문제다. 성만찬에 대한 해석이 다양하다. 세례에 대한 해석이 분분하다. '물세례가 맞다', '침례만이 성경적이다', '유아세례가 성경적이다', '유아세례 받은 사람은 정식 세례가 아니다. 다시 받아야 한다' 등 수없는 신학적인 주장 때문에 결국 각각의 주장만큼이나 새로운 교단과 교회를 세워서 결국 갈라지고 분열되었다. 더욱 안타까운 것은, 자신들만이 정통이라고 주장하면서 다른 사람들에 대해서는 정죄하는 것이다. 자신의 주장만이 성경적이고 바른 원칙이라는 논리를 내세운다. 원칙을 내세우고 서로 양보할 생각을 하지 않는다면 서로 간에 협력과 이해라는 것은 어려워지게 마련이다. 자신의 주장만을 원칙이라고 고집하면 다른 사람에 대해서는 더욱 비판적이 되고 정죄하게 된다. 그러면 결국 서로 갈라지고 나누어지는 일만 남게 된다. 지금도 교회 안에 분열이 계속되고 있는 것은 자신의 주장만을 관철시키려 할 뿐, 다른 사람의 입장을 이해하려는 넓은 마음이 부족하기 때문이다.

신앙에는 분명 원칙이란 것이 있다. 양보할 수 없는 신학이 있다. 예수만이 그리스도요, 구세주라는 것은 절대 양보할 수 없는 신학이다. 그러나 나만의 신학이 절대적으로 옳다는 것은 지나친 것이다. 성만찬에 대해서 영적 임재설만이, 공재설만이, 기념설만이 절대 옳다는 것은 지나친 것이다. 가볍게 다루어서도 안 되겠지만, 독선에 빠지는 것을 경계해야 한다. '세례는 물세례만이 성경적이다. 다른 세례 방법은 이단이다. 침례만이 성경적이고 다른 세례는 이단이다' 라고 주장하면 그것은 '과한 것' 이다. 초대 교회의 사도전승을 봐도 침례를 할 수 있다면 침례를 하고, 침례를 줄 수 없는 경우라면 물을 뿌리는 세례도 얼마든지 가능하다는 가르침이 있다. 오히려 모든 문제에 대해서 초대 교회가 훨씬 관용을 베풀었고 여유가 있었다.

교회는 원칙을 지켜야 한다. 목사가 불법을 행하는 것은 인정할 수 없는 일이다. 아무리 교회의 리더십에서 허락하고 용납한다 할지라도 말이다. 그러나 양보할 수 있는 부분에 있어서는 관용의 자세를 가져야 한다. 교회는 리차드 백스터의 말을 기억하고 되새길 필요가 있다. "필요한 일에는 통일을, 의심스러운 일에는 자유를, 모든 일에는 자비를."

불평 많은 사람은 허물 많은 사람이다

교리적인 차원만이 아니다. 교회 안에서 많은 사람이 일을 하다 보면 자신이 맡고 있는 일에 대한 열심이 지나친 나머지, 다른 사람의 협조와 이해를 구하지 않고 막무가내로 일하려는 사람들이 간혹 있다. "선교가 제일 중요해", "구제하지 않는 교회는 교회도 아니야", "그런 사람이 무슨 장로야", "그런 사람은 가만 두면 안 돼. 버릇을 고쳐 줘야지", "1년에 성경 일독도 않는 사람은 그리스도인도 아니야" 이런 모든 말들은 벌써 듣기만 해도 지나치고 과한 말들이다.

비판적인 말을 많이 하는 사람은 과한 사람들이다. 사실 비판적인 말을 많이 하는 사람일수록 자신 안에 죄의식이 많은 사람이다. 불평이 많은 사람일수록 허물이 큰 사람이라는 글을 어디선가 본 적이 있다. 자신의 허물을 감추기 위해서 변명거리를 만들어 놓는다는 것이다. 그래서 "나는 환경이 안 좋아서 이렇게 된 거야"라는 말을 하기 위해서 좋은 환경에서 공부한 사람들, 나보다 가진 것이 많은 사람에 대해서는 비판을 일삼는 것이다.

비난하는 설교를 많이 하는 목회자는 스스로를 경계해야 한다. 다른 사람을 정죄하는 것은 내 안에 같은 죄가 있다는 것을 오히려 반증하는 것이기 때문이다. 자신이 경험하지 않은, 잘 모르는 죄에 대해서는 사람들이 흥분하지 않기 때문이다. 오히려 자기가 알고 있고 경험한 죄일수록 정죄를 많이 하는 경향이 있다.

무비판적인 신앙을 가져야 한다는 것이 아니다. 지금의 세대는 어느 시대보다도 양과 염소를 구별하기 어려운 시대다. 이리 가운데 있는 양과 같은 형편이 오늘날 교회의 상황이다. 그러므로 교회에서조차도 철저히 경계하고 조심해야 한다. 그러나 경계한다는 것은 비난한다는 것과 다른 것이다. 오히려 교회에서는 성도들이 비난을 일삼고 정죄를 일삼는 것에 대해서 더욱더 경계해야 한다. 지나친 것이기 때문이다.

하루 종일 대형 교회 목사님들의 설교를 모니터하는 사람이 있었다. 대형 교회 목사님들의 설교를 인터넷으로 다 다운로드한 다음 그날 설교에서 이단적인 말을 하지 않았는지 살펴본다는 것이다. 한 가지 걱정이 있었다. 은혜 받겠다는 마음이 아니고 잘못된 말을 하는지 살피기 위해서 말씀을 들을 때 과연 그 사람이 은혜를 받을 수 있을까 하는 것이다. 이단에 대해서 경계하고 조심해야 한다. 그러나 이단을 색출하는 것에 365일, 24시간을 보내는 것은 과한 일이다. 지나친 것이다. 은혜 받는 일보다 이단을 색출하는 일이 더 중요한가? 아니다. 은혜 받는 것보다 중요한 것은 없다. 가라지를 골라내는 일은 결국 마지막 날 이루어진다.

> "주인이 이르되 가만 두라 가라지를 뽑다가 곡식까지 뽑을까 염려하노라"(마 13:29).

주님께서 가라지 골라내는 것을 사명으로 삼으라고 명령하신 적은 없다. 성도의 사명은 무엇보다 열심히 신앙생활하고, 성도 간에 서로 사랑하고, 목회자를 존경하는 것이다. 허다한 죄를 들춰내는 일에 열심을 낼 것이 아니라, 허다한 죄를 예수의 보혈로 덮는 일에 최선을 다해야 한다. 그것이 성도의 사명이기 때문이다. 허다한 죄를 덮는 것은 정죄가 아니라 사랑인 것을 잊지 말아야 한다.

> "무엇보다도 뜨겁게 서로 사랑할지니 사랑은 허다한 죄를 덮 느니라"(벧전 4:8).

이단을 색출하고 교회에 경고하는 일은 전문적인 신학 훈련을 받은 사람들과 목회 기관, 신학교에서 할 일이다.

조심할 자신 없으면 다물어야 한다

친절도 과하면 조심해야 한다. 그런 사람이 많지는 않겠지만 아무 때나 다른 사람 집에 가서 설거지를 도와주겠다는 것은 지나친 것이다. 열심도 방향이 잘못되면 경계해야 한다. "앞으로 목사님의 와이셔츠는 평생 내가 다림질을 할 거야"하는 성도가 있다면 지나친 것이다. 그것은 사모님이 알아서 하실 일이다. "교회 강단은 나만 만질 수 있어. 내 허락 없이는 옮길 수 없으니 손대지 마"라고 말한다면 그것은 지나친 것이다. '교회 청소는 내가 다 했어. 그러니 교회의 진정한 주인은 나야. 교회 청소 안 해 본 사람은 교인도 아니야.' 이런 생각을 갖고 있는 사람이 있다면 그것은 과한 것이다. '이 교회는 왜 새 가족한테 관심이 없지? 이 교회 담임목사는 새 가족에 대해서는 관심 없는 사람이 분명해.' 너무 쉽게 단정 지어 버리는 것도 분명 지나친 것이다. 과한 말이다. 교회와 목회자가 실제로 새 가족에게 관심이 부족하다 해도 그런 식의 말과 정죄는 분명 과한 것이다.

한국 교회사를 보면 말 때문에 분란이나 문제를 일으킨 사람에 대해서는 '함구령'이라는 치리를 내렸다고 한다. "당신은 교회에서 잘못된 말 때문에 물의를 일으켰으니 앞으로 한 달간 함구하시오" 하며 교회 리더십에서 결정했다고 한다. 그런 치리를 받은 사람은 한 달 동안 교회에서는 아예 말을 하지 못하도록 하는 것이다. 그런 치리를 받고도 교회를 옮기지 않고 리더십에 순종했다는 것을 보면 한국 초대 교회가 얼마나 순수했는지 짐작이 가고도 남는다. 만약 요즘 같은 때에 교인에게 '함구령'이라는 것으로 치리를 한다면 "교회 옮기겠다", "이상한 교회다" 하면서 교회에서 소란을 일으킬지도 모른다. 그만큼 교회에서 조심 없이 말하는 것이 많은 문제를 일으켰다는 것은 역사를 통해서도 증명이 되는 것이다.

예수님의 균형 감각

목회 감각에 있어서도 과하지 말아야 한다. 이 책에서도 수없이 이야기했지만, '이 책의 말이 맞고 다른 것은 다 틀려'라고 한다면 이것은 과한 것이다. '이 책의 말은 다 틀려'라고 하는 것도 과한 것이다. 좋은 것은 받아들이고, 받아들일 수 없는 것은 걸러서 들으면 된다. 수많은 이야기를 했지만 동의하지 못하는 부분이 반드시 있을 것이라고 생각한다. 그런 부분은 스스로 보완하면 된다. 교회에 맞게, 상황에 맞게 해야 하는 부분도 있다.

설교에 있어서도 과한 것을 경계해야 한다. '이 본문은 나의 이 해석만이 유일한 해석이야. 다른 해석을 하는 사람은 신학을 모르는 사람이야'라고 생각한다면 벌써 지나친 것이다. 지난 2천 년의 역사 속에서 같은 본문을 가지고 수백만의 설교자가 수천만 번의 설교를 했지만 모두가 동일한 해석을 한 것은 아니다. 다만 성경적인, 복음적인 해석을 했을 뿐이다. 말씀이 얼마나 깊은지, 수천만 번의 설교가 같은 본문에서 얼마든지 나올 수 있다. 그러니 하나의 해석만이 바른 해석이고 유일한 해석이라는 것은 지나친 것이다. 본문은 상황 속에서, 문맥 속에서 다양한 해석이 얼마든지 가능하다. 그러니 설교를 듣는 성도들도 '우리 목사님은 이렇게 해석했는데 저 목사님은 왜 저렇게 해석을 하지?' 하고 닫힌 마음을 가질 것이 아니라, 복음적인 해석이라면 성경적인 해석과 설교에 대해서는 얼마든지 열린 마음을 가져야 한다. 성경 전체적인 내용과 조화를 이루는지를 보고 판단해야 한다.

복음적인 목회자라 할지라도 신학이라는 것이 전무하던 시절에는 엉뚱한 말씀 해석을 하기도 했던 것이 사실이다. 삼위일체론 같은 경우에 '집에서는 아빠, 교회에서는 목사, 아내에게는 남편'이라는 식의 양태론을 거침없이 설교에 인용하던 시절도 있었다. 그러나 오늘날 양태론은 성경적이라고 볼 수 없다는 것이 복음주의 신학의 입장이다. 그렇다고 해서 예전에 그런 설교를 하신 분들을 이단이라고 하는 것은 지나친 것이다.

목회 감각뿐 아니라 삶에 있어서 균형을 잃어버리면 아무리 옳은 길이라 해도 넘어지게 마련이다. 예수님의 제자가 아닌데 귀신을 내쫓는 사람들을 보고 제자들은 "우리 허락 없이는 그렇게 하지 말라"고 금지했다. 그때 주님은 제자들을 칭찬한 것이 아니라, 예수님을 반대하지 않는 자는 예수님을 위하는 자라고 말씀하시면서 관용의 모습을 보여 주셨다.

"우리를 반대하지 않는 자는 우리를 위하는 자니라" (막 9:40).

예수님께서는 제자들에게 바리새인 이상의 열심히 있어야 한다고 말씀하셨지만, 잘못된 열심에 대해서는 경고하셨다. 예수님은 그만큼 균형 감각의 소유자셨다. 성전에서 장사하는 자들에 대해서는 분노하셨지만, 간음하다 걸린 여인에 대해서는 정죄보다는 용서와 기회를 주셨다. 교만한 바리새인에 대해서는 저주를 퍼부으셨지만, 십자가에서 회개한 강도에게는 낙원을 허락하셨다. 모든 죄에 대해서 회개의 기회가 있다는 것을 보여 주신 것이다. 이렇게 예수님처럼 사람을 보고 상황과 말씀에 따라 균형 감각을 가져야 한다.

하나님께서는 인간을 만드실 때 하나님의 형상으로 만드셨다. 그러나 남자를 여자 위에, 여자를 남자 위에 두지 않으시고 한 몸으로 만드셨다. 따로 만드실 수 있으신데 굳이 남자에게서 여자를 만드셨다. 아담이후로는 여자에게서 남자가 나게 하셨다. 놀라운 균형 감각이 아닐 수 없다. 남성이나 여성 어느 한편에 우위를 두지 않으셨다. 서로 협조하고 협력하도록 창조 때부터 하나로 만드셨다. 하나에서 둘이 되게 하셨다. 둘이지만 하나다.

이런 하나님의 균형 감각을 목회에 그대로 적용해야 한다. 편을 나누는 것만큼 소모적인 것이 없다. "남성 중심의 사회를 만들어야 한다. 여성들의 권리를 찾아야 한다" 하는 이런 외침이 어떤 때, 어떤 점에서는 일리가 있지만, 만약에 편을 나누는 외침이라면 잘못된 것이다. 성경의 메시지는 둘이 하나가 되어야 한다는 것이다.

교회도 마찬가지다. "목사 중심의 교회가 되어야 한다. 성도 중심의 교회가 되어야 한다"고 외치는 교회는 균형 감각을 잃은 교회다. 교회는 어느 누구의 교회도 아니요, 어느 누구의 목회도 아닌 하나님이 주인 되시는 목회와 교회가 되어야 한다. 어느 누구의 편이 아닌, 모두가 하나님 편에 서는 목회가 건강한 교회를 만드는 목회다. 과하지 않아야 건강한 신앙이다.

눈 깜짝할 사이, 일은 벌어진다

레오나르도 다 빈치의 그림 〈최후의 만찬〉에 보면 예수님의 왼손은 손바닥이 식탁으로, 오른손은 손등을 위로 하고 있다. 미술사가 르네 위그의 지적대로 다 빈치는 예수의 서로 다른 두 손 모양을 대비함으로써 최후 만찬의 복합성을 보여 준다. 손바닥을 펴 보인 왼손이 그의 제자들을 받아들이는 포용과 융합을 상징하는 것이라면, 주먹을 쥐듯이 손등을 보이고 있는 오른손은 가룟 유다의 악을 부정하고 거부하는 단죄의 표징이다. 그 두 손의 중심에 예수의 몸이 있다. 십자가는 혼자 져도 식사만은 함께한 예수의 모습을 통해서 우리는 먹는 것의 최종적인 의미에 대해서, 시간과 공간을 넘어서는 공동체의 의미에 대해서 배운다.

이어령, 「디지로그」

「블링크」라는 책을 보면, 눈 깜짝할 사이에 직감적인 판단이 맞을 경우가 많다는 말을 한다. 뭔지는 모르겠는데, 직감적으로 '이 일은 하면 안 되겠다' 하면 그 직감을 따르는 것이 적중할 때가 많다는 것이다. 뭐라고 설명할 수는 없지만, 머릿속에서 위험 신호가 느껴지는 것을 잘 감지해서 따라야 할 때가 있다는 말이다. 목회를 하면서 그런 감각이 필요할 때가 많다. 겉으로 봐서는 아무 문제가 없을 것 같아서 어떤 사람을 직분자로 세우거나 어떤 프로그램을 하려고 할 때 신중할 필요가 있다.

한 목사님이 새로 등록한 한 성도로부터 상담 요청을 받아 한 시간 동안 이야기를 나누게 되었다. 그 성도는 자신이 유명 연예인을 잘 알고 있는데 전도 집회 때 초청하면 어떻겠느냐고 물었다. 그런데 그 이야기를 한 30분 정도 하더니, 엉뚱하게도 자신의 눈이 좋지 않아서 안경을 맞춰야 하는데 자신이 필요로 하는 안경은 특수 렌즈라서 30만 원이 든다는 것이다. 그러고 나서 그 연예인을 만나려면 안경을 제대로 쓰고 가야 하니, 목사님이 안경 값을 빌려 주면 갚겠다는 것이다. 그 목사님은 벌써 연예인 이야기를 잔뜩 늘어놓을 때 '이분이 엉뚱한 목적으로 접근하고 있구나' 하는 것을 이미 감지하고 있었다. 그런데 뻔히 알면서도 그 성도의 요청을 들어주었다. 물론 그 성도는 그 뒤로 보이지 않았다. 거절할 수 없는 목회자의 약점을 파고드는 것이다.

이런 황당한 일들이 교회 안에 얼마나 많은지, 아마 수많은 목회자들이 비슷한 일들을 경험했을 것이다. 남자친구와 결혼도 하지 않고 아이를 가져서 낙태를 해야 하는데 수술비를 빌려달라는 전화, 지방에 가야 하는데 차비가 없어서 교회에 들렀다면서 차비를 빌려주면 갚겠다는 등, 별의별 사건 사고가 있는 곳이 어쩌면 교회다.

교인들 간에도 사건 사고들이 많이 일어난다. 어떤 사람이 사업을 하는데 같이 동업하자면서 구역 식구들을 끌어들여 결국 받은 투자금을 갖고 야반도주했다는 이야기, 친하다는 성도들끼리 성지 순례 가는 계를 들었는데 계주가 모든 돈을 갖고 도망갔다는 이야기, 교인들 간에 동업을 했는데 계약 관계 때문에 다투어서 결국 둘 다 교회를 나갔다는 이야기 등 무궁무진하다.

정말 황당한 것은, 10억을 헌금할 테니 2억만 받고 나머지는 돌려주되, 10억 헌금한 영수증을 달라는 사람도 있다. 교회에 온 지 얼마 안 된 한 새 가족은, 한국에서 거액의 돈을 가져와야 하는데, 세금을 내지 않기 위해서 그 돈을 교회로 송금할 테니 그것을 헌금한 것처럼 해서 세금을 내지 않도록 해 달라고, 그러면 교회에 상당한 액수를 헌금하겠다고 한 이야기도 들었다. 교세가 약한 교회에서는 이런 유혹에 쉽게 흔들릴 수 있다. 미국에 있는 어떤 한인 교회에서는 교회에 헌금을 많이 하면 영주권을 받게 해 주겠다면서 헌금을 요구하는 교회도 있다는 말을 들었다. 신문에 가끔씩 그런 기사가 나는 것을 보면, 전혀 없는 이야기는 아닌 것으로 보인다. 이런 소식들을 접하면 안타깝기만 하다. 교회의 순수성을 훼손하고 복음을 가로막는 일들이 있을 때마다 목회자의 머릿속에서는 사이렌이 울려야 한다.

철저하고도 유연하게

그리스도인이 하나님의 영광을 가리는 일들은 생각할 가치도 없는, 타협해서는 안 될 일이다. 자기 사업을 통해 교회에 유익을 주고 싶다면서 사업적인 목적을 가지고 교회에, 목회자와 성도들에게 접근하는 사람들이 얼마나 많은지 모른다. 목회자와 리더십은 성도들을 힘들게 하는 일들에 대해서는 강력한 대처 방안을 가지고 있어야 한다. 그러나 모든 일에 기준과 법만을 내세울 수 없는 곳이 교회이기 때문에 예방하는 것이 중요하고, 무엇보다 리더십이 교회와 성도들을 보호하는 일에 하나 되는 것이 중요하다. 목회자와 리더십이 튼튼해야 이런 시험을 막을 수 있기 때문이다. 어려움이 발생하면 누구를 탓하고 책임을 회피하다가 더욱 어려워지는 경우가 많기 때문이다.

할 수만 있으면 교회 사역과 관련해서 성도들의 비즈니스를 직접 연결시키는 것은 좋지 않다. 더군다나 교회 중직자나 리더십은 철저히 교회 일과 관련해서는 비즈니스와 연결시키지 않는 것이 좋다. 이것은 성도들도 마찬가지다. 그러나 교회 입장에서 신뢰할 만하고 보다 경쟁력 있는 곳에 일을 맡겨야 할 때도 있기 때문에 성도들의 비즈니스에서 도움을 얻기 원하는 때도 있다. 성도 입장에서도 교회를 섬길 수 있는 기회이기 때문에 즐거운 마음으로 헌신하듯이 도울 수 있다. 그러나 그런 때에라도 성도에게 맡겨진 일이 그 사람의 생계유지의 수단이 되면 곤란하다. 교회와 관련된 일이 그 일을 맡은 성도에게 생계의 유일한 수단이 될 때는 교회에 지나치게 의존하게 되기 때문이다. 그렇게 되면 성도의 신앙에도 바람직하지 않을 수가 있다. 만약 시간이 흘러서 교회가 다른 업체와 계약을 하게 되면 그 성도의 생계를 막은 모양이 되기 때문이다.

주보나 인쇄물과 관련된 일들, 몇 년 이상의 계약을 필요로 하는 복사기와 같은 교회의 기자재 같이 지속적으로 지출되는 부분에서는 더욱더 각별한 주의가 필요하다. 지속적으로 지출이 되는 경우일수록 성도들의 사업과 연결시키지 않는 것이 좋다. 되도록이면 기간이 짧을수록 좋다. 교회는 할 수만 있으면 형평성을 유지하고 공정한 업체 선정을 하려고 노력해야 한다. 인정과 사정에 맡겨서 낭패를 보는 경우가 없도록 해야 한다.

공개적인 입찰을 통해서 경제적이면서 공정한 선정을 하는 것도 한 방법이다. 이런 방법이라면 성도들에게도 기회를 줄 수 있다. 계약서를 자세히 살펴보지 않는 것은 중차대한 어려움을 겪게 만들 수 있으므로, 계약서나 영수증 같은 경우는 꼭 확인하고 보관해야 한다. 그럼에도 불구하고, 아무리 철저히 조심한다고 해도 완벽하게 아무 문제없이 일이 원만하게 진행되리라는 기대는 아예 하지 않는 것이 좋다. 왜냐하면 교회는 원칙만을 적용할 수가 없기 때문이다. 상황에 따라서는 교회가 세운 원칙과는 달리 더 배려해 주어야 할 사람이 있고, 다르게 대처해야 할 상황이 항상 있는 법이다. 예외가 없는 규칙은 없기 때문이다. 그러므로 리더십은 사전에 교회 재정과 관련된 일들에 대해서는 철저히 투명하고 정직하게 진행하면서, 교회나 목회자에 대해서 엉뚱한 소문을 만들거나 장사 목적으로 접근하는 사람들에 대해서는 철저히 교회와 성도를 보호하려는 자세와 마음가짐을 가져야 한다.

어떤 일을 추진할 때는 최선을 다해서 자세히 살피고 준비해야 한다. 그러나 결정된 일에 대해서는 박수하고 격려하기만 해야 한다. 평가라든지 책임을 묻는 일은 되도록 사양하는 것이 좋다. 사람은 잘못된 일에만 주목하고 잘된 일에 대한 칭찬은 인색하기 때문이다. 잘못된 일이 이슈가 되면 당사자가 힘들어하고, 당사자와 관련된 사람들, 친한 사람들이 함께 고통을 당하게 된다. 준비할 때는 최선을 다하지만, 이미 결정된 일에 대해서는 한 마음으로 추진하는 추진력이 필요하다.

술, 담배에 경고하다

목회자는 재정에 관련해서 성도들을 지속적으로 교육하고 훈련하는 것이 필요하다. 교인들 사이에는 철저히 돈 거래를 하지 않도록 자주 사이렌을 울려야 한다. 성도들이 잊을 만하면 목회자는 다시금 설교와 훈련을 통해서 마음에 새기도록 해야 한다.

술, 담배 문제는 한국 교회 초기부터 신앙을 위협하는 문제다. 한국 사회뿐 아니라 교회 안에서도 주초(酒炒) 문제는 심각한 위협으로 존재하고 있다. "술, 담배 문제는 구원의 문제와 관련이 없지 않느냐?"고 묻는 사람들이 있다. 교단에 따라서는 술, 담배 문제를 신앙과 연결시키지 않는 곳도 있다. 때문에 성도들 중에서는 술, 담배 문제를 신앙과는 별개의 문제로 생각하는 사람들이 의외로 많다. 그러나 분명한 것은 아무리 개방적인 사고를 가진 사람이라고 해도 술, 담배를 하는 그리스도인을 온전한 신앙인으로 보는 사람은 없다. 술, 담배의 문제는 신학적으로 옳고 그르냐를 따질 문제가 아니라, 이미 역사적으로 한국 교회가 술, 담배 문제로 겪은 어려움을 생각하면 상식적으로 금해야 하는 원칙으로 생각하고 지켜야 한다. 그래서 술, 담배 문제도 종종 목회자가 사이렌을 울려야 한다. 셀 리더나 구역장 등 구역 모임, 셀 모임을 인도하는 사람들은 술, 담배 문제에 있어서 보수적이어야 한다. 술, 담배 문제를 우습게 여기거나 방관하지 않도록 철저히 경계해야 한다.

19세기 영국에서는 동네에 술집이 생기는 것에 대해서 목회자와 교회가 가만히 기다리고 있지 않았다. 19세기 위대한 감리교도라고 불리는 채드윅은 글래스고의 양조업자들이 다섯 곳에 새로운 술집을 세우는 것을 반대하기 위해서 법정에 섰다. 양조업자들의 변호사는 젊은 목사 채드윅을 비웃으며 "당신은 양도 없는 광야에서 무엇을 하고 있습니까?"라고 물었다. 왜 목사가 술집에 대해서 상관하느냐는 거다. 그때 채드윅은 벌떡 일어나서 대답했다. "내 양에 대해서 걱정하지 마시오. 나는 오늘 늑대를 쫓고 있소." 심지어 같은 시기 영국의 또 다른 지역에서는 한 목사가 변장을 하고 술집에 들어가서 술 마시는 성도를 만나 불같이 혼을 내자, 술 마시던 성도들이 목사를 피해서 도망가다가 2층에서 뛰어내리는 일까지 있었다고 한다. 성전인 성도의 건강을 해치는 것에 대해 목사는 찬성할 이유도 없고, 구경해서도 안 된다.

이단은 결단하고 차단하라

또 하나의 경고 사이렌은 이단 관련 문제다. 요즘과 같이 이단이 당당하게 자신들을 드러내고, 대형 집회를 하고, 성도들에게 전도를 하는 경우는 없었다. 오히려 공격적으로 교회를 무너뜨리는 것을 목표로 하는 이단들도 있다. 어떤 이단은 건강한 교회에 사람들을 파견해서 몇 년 동안 열심히 봉사하면서 목회자와 리더십에게 인정을 받고 교회의 중직자가 되면 서서히 셀 모임이나 구역 모임에서 성도들을 이단 모임으로 데려오도록 하는 경우도 있다는 것이 밝혀졌다. 성경공부를 통해서, 교회 밖으로 성도들을 불러내서 친절하게 대해 주면서, 어려운 사람들에게는 경제적인 도움을 주면서 유혹하는 이단들도 있다. 가난한 유학생들을 목표로 접근하는 이단들도 많다. 어려운 사람들일수록 도움을 절실히 필요로 하기 때문에, 그리고 그런 도움을 받고 모임에 가자는 부탁을 외면하기가 힘들다는 것을 알기 때문에 이러한 방법들을 이단들이 자주 사용한다.

이단들은 특히나 '성화' 에 대해서 강조한다. 이것은 역설적인 면이 아닐 수 없다. 가장 성화되지 못한 집단인데 오히려 성화를 강조한다. 사람의 마음속에는 '나에게는 뭔가가 부족하다' 는 죄책감이 있는데, 죄책감에 자극을 주는 것만큼 포교하기 좋은 방법은 없다. "당신, 구원 받았어? 언제, 몇 시에 받았어? 당신이 구원받을 만큼 그렇게 깨끗한 삶을 살았어? 모범적인 삶을 살았어? 그 정도 가지고는 구원받지 못해." 이런 말을 들으면 맞는 말 같고, 거룩을 강조하는 것 같지만, 구원에 있어서 인간의 노력을 강조하는 것을 볼 수 있다. 복음적인 교단이나 건강한 교회는 구원은 철저히 하나님의 은혜라고 가르치고 선포한다.

"구원은 전적으로 믿음을 통해서 받습니다. 그런데 그 믿음조차도 은혜로 주신 것입니다. 그러니 구원에 있어서 인간에게는 전혀 가능성이 없지만, 하나님께서는 전적으로 주 예수를 영접하는 모든 사람에게 구원을 주십니다." 이렇게 훌륭한 구원론을 듣고 알면서도 '그래도 구원받기 위해서는 주님께 무언가를 공헌해야 하지 않는가?' 하고 생각한다. 그런데 그것은 겸손이 아니라 교만 중에 가장 위험한 교만이다. 구원을 위해서는 아무것도 할 것이 없다.

무디에게 어떤 청년이 와서 물었단다. "구원을 받기 위해서는 무엇을 해야 하나요?" 그때 무디가 "이미 늦었습니다" 하고 대답하자 청년이 놀라면서 "아니, 그럼 저는 구원받기는 늦었다는 말씀인가요?"라고 물었단다. 그러자 무디가 놀란 청년을 향하여서 웃으며 "아니요, 예수께서 모든 사람이 구원을 받도록 모든 것을 이루고 행하셨기 때문에 형제와 제가 할 일은 아무것도 없다는 말입니다." 그렇다. 구원받기 위해서는 아무것도 할 일이 없다. 오직 예수를 구주로 영접하면 그것으로 충분하다. 그러나 구원받은 사람은 주를 위해서 모든 것을 할 수 있다. 다시 강조하지만, 구원받기 위해서는 아무것도 할 것이 없지만, 구원받은 사람은 모든 것을 할 수 있다. 그 구원의 은총과 감격 때문에 말이다. 구원받기 위해서 헌신하는 것이 아니라, 구원받은 사람이 헌신하는 것이다. 헌신은 구원의 근거가 아니라, 구원받은 사람의 표지다.

조직신학 책도 아닌데 구원론에 대해서 이렇게까지 길게 설명하는 것은 이단이 구원론에 대한 잘못된 접근으로 성도들을 현혹하기 때문이다. 그래서 목회자는 설교와 교육과 훈련을 통해서 건강한 구원론을 자주 언급하고 가르칠 필요가 있다.

건강한 목회관과 목회 감각이 중요한 이유가 여기 있다. 교회와 성도들을 지키는 파수꾼의 역할을 감당하기 위해서 더없이 필요한 목회 감각을 가져야 한다.

질끈,
한 번 더 참아라

로렌스 형제가 한 말, "성도의 성화는 행위를 변화시키는 것에 좌우되지 않습니다. 성도의 성화는 오히려 행위를 하되, 우리를 위해 하느냐 아니면 하나님을 위해 하느냐에 달려 있습니다."

마크 부캐넌, 「열렬함」

참을 수 없을 때, 그때 참아라

목회자는 무엇보다 참을 줄 알아야 하는데, 끝까지 참아야 한다. 가다가 아니 가면 아니 감만 못한 것이다. 용서만 일흔 번씩 일곱 번 필요한 것이 아니라, 인내도 일흔 번씩 일곱 번 필요하다. 성도들이 무슨 말을 해도 참으라. 끝까지 참아야 한다. 분노를 못 참으면 목회할 수 없다. 한 번, 두 번, 세 번, 끝까지 참아야 한다. 정말 더 이상 못 참을 때, 그 순간에는 어떻게 해야 하는가? 그때는 한 번만 더 참아야 한다. 믿음은 의심이 들 때 필요하다. 사랑은 미울 때 필요하다. 인내는 참을 수 없을 때 필요하다. 목회에 있어서 가장 필요한 인격은 바로 인내다.

요 사이 신학교에 들어가려는 사람들이 많다. 어떤 교단 신학교는 입학 경쟁률이 6대 1을 넘어섰다는 말도 들었다. 목회자가 되겠다는 사람이 많아졌다는 의미다. 경쟁이 있으니 신학대학원 입학시험도 어렵게 출제된다.

목회자 후보생을 심사하는 것이기에 면접도 중요하다. 간혹 어떤 교수는 일부러 목회 후보생들의 인격을 시험해 보기 위해 슬슬 약을 올린다. "어느 학교 나오셨어요? 그런 학교도 있나요? 처음 들어보는데?" 이 정도에 누가 화를 낼까 싶었는데, 의외로 화를 내는 사람들이 있다는 말을 들었다.

어느 교회에서는 "목사님처럼 목회를 못하는 사람은 본 적이 없습니다. 누가 해도 목사님보다는 잘할 것입니다"라는 말을 들은 목사님도 있다고 한다. 그것도 당사자인 목사님 앞에서 했단다. 다행히 그 목사님은 허허 웃으시면서, "그것은 집사님 생각이지, 그렇지 않을 수도 있지 않을까요?" 하셨단다.

이런들 어떠하리, 저런들 어떠하리

어떤 청년이 재미있는 말을 하는 것을 들었다. "목사님, 뚱뚱한 사람한테 뚱뚱하다고 하면 화내요. 그런데 날씬한 사람한테 뚱뚱하다고 하면 웃고 만대요." 다른 일에 대해서는 거짓말을 하면 화를 낸다. 그런데 외모나 성품에 대해서는 오히려 사실을 말하면 화를 내지만, 사실이 아니면 화를 내지 않는다는 것이다. 어느 정도 일리 있는 말이다. 만약 어떤 말에 화를 낸다면, 그 말이 사실인 것을 인정하는 역설이 숨겨져 있다. "목사님은 목회를 못합니다"라는 말에 화를 낸다면, 그것은 자신이 정말 목회를 못한다는 것을 반증하는 것이 된다는 말이다. 누구보다 목회에 열심인 사람에게 그런 허무맹랑한 말을 하면, 사실이 아니기에 오히려 당당하게 웃고 넘어간다. 말도 안 되는 사실은 흥분하거나 화를 낼 일이 아니다. 그런데 열심히 목회하지 않는 사람이 "왜 그렇게 열심히 안 합니까?" 하는 말을 들으면 핑계를 찾으면서 사실을 부인하고 오히려 화를 낸다는 것이다.

성품이 온화한 사람에게 "화를 자주 낸다면서요?"라고 말을 하면 사실이 아니기에 여유 있게 웃으면서 "제가 그랬나요?" 하고 말 것이다. 그런데 평소에 자신이 생각해도 짜증이 많고 화를 자주 내는 사람 같으면 "제가 언제 그랬어요? 그리고 사람이 화도 내고 그럴 수 있지, 그런 말한 사람이 누굽니까?" 흥분하면서 또 화를 낼 것이다.

남가주 사랑의교회 노창수 목사님이 설교 중에 "이방원의 하여가를 영어로 하면요 이런들 어떠하리 It's ok, 저런들 어떠하리 That's ok입니다"라고 하자 성도들이 폭소를 터뜨렸다. 목사를 이렇게 평가하면 어떻고, 저렇게 평가하면 어떤가? 하나님 앞에 바로 서는 것이 중요하다. 사람의 평가에 화를 낼 것이 아니라, 하나님의 평가에 귀를 세워야 한다.

열심히 하는 사람을 보라

설교는 듣지 않고 주보만 보는 사람들이 간혹 있다. 그리고 예배가 끝나면 주보에 있는 모든 오타를 다 빨간색으로 표시해서 목회자에게 주는 사람이 있다. "예배나 열심히 드리실 일이지, 이런 일이나 하고 계셨습니까?" 하고 화낼 일인가? 아니다.

예수님께서 설교를 하시면 얼마나 많은 사람들이 은혜를 받았는지 모른다. 오병이어의 기적 사건에서는 수많은 사람들이 식사할 생각도 하지 않고 말씀을 들었다는 것을 본다. 그러나 예수님의 말씀을 듣고 화를 내고, 어떻게 하면 예수를 죽일까를 의논했다는 사람도 성경에 나온다. 예수님께서는 그런 사람들을 향하여서 "들을 귀 있는 자는 들을지어다"라고 하셨다. 들을 귀가 없는 사람에게 화를 내는 것은 무의미하다. 자신의 잘못을 인정할 줄 모르는 사람에게 충고하는 것은 소용이 없는 일이다. 들을 줄 모르는 사람에게 충고하는 것은 오히려 어리석은 행동이다. 예수님의 말씀에 변화되지 않은 사람도 있었는데, 설교 한 번으로 사람을 바꿀 생각을 하는 것은 오히려 목회자의 교만이다.

목회를 힘들게 하는 사람은 어느 교회에나 있다고 보아야 한다. 그러나 그런 성도들을 대할 때 '저분은 왜 저럴까?' 하고 생각할 일이 아니다. '내가 모를 이유가 있을 거야' 하고 생각하는 것이 바람직하다. 곰곰이 생각해 보라. 많은 성도 중에 목회자를 비판하고, 정죄하고, 교회를 힘들게 하는 사람들은 실은 비율적으로 보면 얼마 되지 않는다. 천명이면 다섯 명도 안 된다. 물론 그 다섯 명 때문에 많은 에너지를 쏟는 것은 사실이다. 아깝기도 하다. 그런데 그 몇 명 때문에 목회자가 힘들어 한다면, 그것 또한 교회를 힘들게 하는 일이다. 자신의 잘못에 대해서는 목회자도 철저히 수용해야 한다. 그러나 그렇지 않을 때에는 사람들의 비판에 너무 연연해하지 말고, 열심히 하고 잘하는 대다수의 성도들을 생각해야 한다.

골리앗은 다윗이 있으면 끝나는 것이다. 문제는 내 안에 다윗이 있느냐다. 골리앗을 키워 주는 세력이 있다. 바로 엘리압이다. "니까짓게

뭘 하겠다고 여기 와서 구경이나 하고 있느냐. 집에나 가라!" 다윗은 이런 엘리압과 상대하지 않는다. "뭐가 된다, 안 된다" 하는 식의 말만 하는 사람이 있다. 그러나 그중 10분의 1만이라도 된다는 사람이 있으면 충분하다. 다윗은 피하지 않았다. 직면하는 용기가 필요하다. 실은 직면하면 이긴다. 외면하면 패배한다.

비판에 귀를 기울여야 할 때도 있지만, 넓은 마음으로 흘려보내야 할 때도 필요한 것이다. 교회에 어떤 모임이 있을 때 결석한 사람이 있다고 예를 들어 보자. 그 자리에서 목회자가 결석한 성도들에 대해서 서운한 말을 하고 마음이 불편한 것을 표현한다면, 그 말을 들어야 할 사람은 결석한 사람인데, 오히려 열심히 참석한 사람이 고스란히 꾸중을 듣는 모양이 된다. 그것은 현명하지 못한 행동이다. 열심히 하고 잘하는 대다수의 성도들을 보고 목회자는 힘을 내고 다시금 시작하는 자세를 가져야 한다.

시간이 말한다, 아무것도 아니라고

분노를 마음에 품으면 그 분노는 계속 부풀고 더욱 커져 간다. 마음의 분노는 해가 지기 전에 다 풀어야 한다는 말씀은 진리 중의 진리다.

> "분을 내어도 죄를 짓지 말며 해가 지도록 분을 품지 말고 마귀에게 틈을 주지 말라"(엡 4:26~27).

분을 품고 있으면 마귀가 틈을 노려서 넘어뜨리려 하기 때문이다. 가인이 아벨에 대해서 질투하고 분노했을 때, 하나님은 가인에게 죄를 다스리라고 경고하셨다. 선을 행하지 않으면 죄가 문 앞에서 엎드려서 기다리고 있다고 말씀하셨다. 죄가 사람을 원하고 있다. 우리가 죄를 다스리지 않으면 죄가 우리를 다스린다.

> "가인과 그의 제물은 받지 아니하신지라 가인이 몹시 분하여 안색이 변하니 여호와께서 가인에게 이르시되 네가 분하여 함은 어찌 됨이며 안색이 변함은 어찌 됨이냐 네가 선을 행하면 어찌 낯을 들지 못하겠느냐 선을 행하지 아니하면 죄가 문에 엎드려 있느니라 죄가 너를 원하나 너는 죄를 다스릴지니라"(창 4:5~7).

오래전에 어떤 일로 선배 목사님에게 혼쭐이 난 적이 있다. 존경하는 선배 목사님께 따끔한 충고를 들으니 얼마나 서운했던지, 동기 목회자 모임이 있을 때마다 그 서운한 마음을 쏟아 냈다. 같은 동기 모임을 세 번째 참석하고 돌아오자마자 아내가 버럭 화를 내는 것이다. "오늘 한 이야기는 벌써 세 번째 한 거예요. 좋지도 않은 말을 계속 해서 오신 분들을 힘들게 하고 있는 줄 알고는 있어요? 한 번만 더 하면 다시는 동기 모임에 안 갈 거예요" 하는 것이다. 아내가 말해 주기 전까지는 세 번이나 똑같은 말을 한 줄도 몰랐다. 아내로 인해 어쩔 수 없이 그 말을 다시는 하지 않았다. 그런데 선배 목사님에 대한 험담을 멈추자 내 안에 분노가 사라졌다. 서운함도 없어졌다. 그때 그 일이 무엇 때문이었는지도 기억나지 않는다. 분노는 말할수록, 표현할수록 더욱 커져 간다는 것을 그때 알았다. 분노는 정리되어야 한다. 해결되어야 한다. 그러나 화를 내는 것은 더욱 분노를 키우는 것임을 잊지 말아야 한다.

참으면 목회에 봄이 온다

오히려 분노가 뱃속에서부터 올라오면 다시 삼키는 것이 분노를 잠재우는 제일 좋은 방법이다. "참으면 병 된다"는 말은 목회자가 생각할 말이 아니다. 참으면 목회에 봄이 찾아온다. 분노는 반드시 풀어야 한다. 그러나 분노로 분노를 푸는 것은 불에 기름을 뿌리는 것이다. "시간이 약이다"라는 말은 동의한다. 시간이 지나면 대부분의 일들은 웃고 넘어갈 수 있는 일들이다. 당장 해결하려고 섣불리 행동하기보다는 지켜보는 것이 중요하다. 충고나 비판의 말을 듣고는 자신의 서운한 감정이나 분노를 3초 내에 표출하는 것은 경솔한 행동이다. 그 3초를 참지 못해서 후회하는 경우가 많다.

목회에 있어서 반대는 항상 예상해야 한다. 반대가 전혀 없을 것이라고 기대하지 말라. 존 뉴턴 목사님은 이에 대해서 귀한 충고를 하셨다.

> 복음의 핵심은 육적인 마음을 가진 자에겐 거치는 돌이다. 따라서 복음 사역자들은 반대가 찾아올 것을 각오하고 있어야만 한다. 그러나 우리는 반대를 고의로 유발시키거나 무시해서는 안 되며, 더욱이 반대를 한층 더 악화시키는 일을 해서는 안 된다. 인내심을 가지고 지혜롭게 행동하며 견실한 성품을 가꿈과 동시에 거친 행동에도 친절하게 대해 주려고 노력하면 시간이 지남에 따라 반대의 정신을 크게 누그러뜨릴 수 있을 것이다.
>
> 존 뉴턴, 「영적 도움을 위하여」

존경하는 것은 인내하는 것이다

인내보다 중요한 것은 없다. 심방을 갔다가 한 집사님으로부터 귀한 말씀을 들었다. 말씀해 주신 분도 미국 교회를 갔다가 들은 이야기인데 너무 인상적인 말씀이었다고 고백하면서 들려 주셨다.

다른 사람을 향한 인내를 존경이라고 한다
(Patience to others is Respect)

가족을 향한 인내를 사랑이라고 한다
(Patience to family is Love)

나 자신을 향한 인내를 믿음이라고 한다
(Patience to my self is Faith)

하나님을 향한 인내를 신뢰라고 한다
(Patience to GOD is confidence)

"존경한다, 존경한다" 말로만 하는 것은 존경이 아니다. 그 사람의 인격을 신뢰하고, 그 사람의 어떤 말에 대해서도 겸손히 듣고 수용할 수 있을 때에 존경한다고 할 수 있다.

가족들을 향해서는 인내가 참 부족하다. 내 식구라는 생각에 긴장을 놓치기 때문이다. 그래서 가장 사랑하는 가족에게 오히려 함부로 하기가 쉽다. 그러나 가족을 사랑한다는 것은 인내하는 것이다. 가족과 함께 지내면서 참지 않으면 사랑하지 않는 것이다.

하나님을 믿는다는 것은 인내하는 것이다. 어떤 일에 쉽게 화를 내는 것은, 하나님의 도움 없이 내가 어떻게 해 보겠다는 과욕의 표현이다.

"모든 것을 참으며 모든 것을 믿으며 모든 것을 바라며 모든 것을 견디느니라"(고전 13:7).

이 말씀을 보면 사랑은 참는 것과 견디는 것 사이에 있다. 믿음도 마찬가지다. 참는 것과 견디는 것 사이에 믿음이 있다. 하나님을 신뢰하는 것은 하나님의 때를 기다리는 것이다. 하나님의 때에 내게 가장 적합한 것으로 주실 것을 믿는 것이 믿음이요, 신뢰다. 끝까지 성공하는 목회는 끝까지 질끈, 한 번 더 참는 목회자만이 경험하게 된다.

반대만 안 해도
부흥한다

비판하는 사람이 되기 위해서는 3퍼센트의 교육과 5퍼센트의
지성과 2퍼센트의 품격과 90퍼센트의 비통함이 있어야 한다.
주디스 크리스트

목사가 아프면 부흥한다?

"교회가 부흥하려면 목사가 탤런트처럼 잘생기든지 몸이 무척이나
약하든지 해야 한다." 한 부흥회 강사 분의 말이다. 처음에는 무슨 의미
일까 궁금했다. 한 선배 목사님께서 그 이야기를 들으시고는 이렇게 말
씀하시는 것을 들었다. "목사는 성도의 동정을 먹고 산다는 말이 예전
부터 한국 교회에 있어 왔습니다."

먼저 하늘나라로 가신 하용조 목사님의 목회를 보면 그 뜻이 쉽게
이해가 간다. 여러 차례의 암 수술과 신장 투석을 하시면서도 수많은 사
역을 감당하신 목사님의 열정적인 모습을 보고 하 목사님이 인간적인
욕심 때문에 그렇게 하셨다고 오해할 사람은 없다. 그렇게 연약한 몸과
건강으로 어떻게 열정적인 목회를, 그야말로 온 누리에 영향력을 끼칠

목회를 감당할 수 있었을까? 오직 하나님이 주신 열정과 소명 이외에 다른 이유를 생각할 수가 없다. 아무도 하 목사님의 순수성을 의심할 수가 없다. 독감만 걸려도 아무것도 할 생각을 못한 채 쉬고 싶고 다 귀찮은 것이 인지상정이다. 그런데 그 연약함 속에서도 끊임없이 새로운 시도와 도전을 품는 목사님의 목회는 하나님이 주신 힘과 능력으로만 가능했던 것이다. 오직 하나님의 영광을 위해서가 아니면 시도할 수 없는 사역이기에, 목회의 지경이 해를 거듭할수록 끊임없이 넓혀지고 확장되는 사역을 보고 어느 누구도 반대할 수 없는 것이다. 그러니 목회가 은혜롭게 되기 위해서는 목회자가 연약하고 아프든지, 기가 막히게 멋진 모습이든지 해야 한다는 말이 생길 만도 하다. 역으로 말하면, 성도들의 적극적인 동의와 찬성, 협조가 있어야 목회가 힘차게 전진해 나갈 수 있다는 의미이기도 하다.

반대만 없으면 교회는 부흥한다

수영로교회 정필도 목사님께서 이런 말씀을 하셨다. "교회는 반대만 하지 않으면 성장하고 부흥합니다." 곰곰이 생각해 보니 정말 그렇다. 목회가 사람의 영광을 위한 것이라면 서로 쟁투하고 경쟁하고 논쟁을 벌이는 것에 대해서 이해할 수 있다. 그러나 목회가 하나님의 영광을 위한 것이라면 논쟁은 필요 없다. 논의가 필요할 뿐이다. 교회에서 경쟁은 필요 없다. 협력해야 한다. 하나님 나라에 질투는 필요 없다. 칭찬과 격려가 가득해야 한다. 얼마든지 의견이 다를 수 있다. 같은 목적을 가지고 있다는 사실만 잊지 말라. 하나님의 영광이라는 같은 목적을 가지고 있다면 의견들이 조금씩 다른 것은 얼마든지 조정될 수 있다. 누구의 의견이 채택되었다고 해서 기분 상할 일도 없다. 나의 의견이 선택되지 않았어도 하나님의 영광을 위해서라는 동일한 목적이 이루어졌기 때문이다.

목회는 '적을 두지 않는 목회'가 되어야 한다. 사람을 잃지 않는 목회가 되어야 한다. 리더십과 담임목회자의 의견이 얼마든지 다를 수 있다. 그러나 잊지 말 것은 '하나님의 영광을 위해서' 동일한 목적을 갖고 있다는 사실이다.

복음을 전하면서, 주님의 뜻을 이루기 위해서 사역할 때에도 얼마든지 투기와 분쟁이 있을 수 있다.

> "어떤 이들은 투기와 분쟁으로, 어떤 이들은 착한 뜻으로 그리스도를 전파하나니 이들은 내가 복음을 변증하기 위하여 세우심을 받은 줄 알고 사랑으로 하나 그들은 나의 매임에 괴로움을 더하게 할 줄로 생각하여 순수하지 못하게 다툼으로 그리스도를 전파하느니라 그러면 무엇이냐 겉치레로 하나 참으로 하나 무슨 방도로 하든지 전파되는 것은 그리스도니 이로써 나는 기뻐하고 또한 기뻐하리라"(빌 1:15~18).

사도 바울이 갇혀 있을 때 복음이 더욱 전파되면, 다른 사람에 의해서 교회가 세워지면 사도 바울이 감옥에서 괴로워할 것으로 생각하고 복음을 전하는 사람이 있었다는 것이다. 사도 바울을 '내가 없으면 교회가 힘들어져' 하고 착각하는 사람으로 오해했던 것이다. 사도 바울은 말한다. "그리스도만 전파된다면 내가 어떻게 되는 것은 상관없다. 오히려 나는 감옥에서도 얼마든지 기뻐할 수 있다." 이러한 사도 바울의 마음과 자세가 목회자와 성도들이 품어야 할 마음이고 자세다. 교회에서 자신이 드러나지 않는다고, 자신이 속한 교회가 아닌 다른 교회가 부흥한다고 해서 속상해 하고 견제하고 험담한다면 그것은 하나님의 영광을 가리는 일이다. 복음 전파는 자신이 속한 교회의 영광을 위한 것이 아니다. 목회는 목회자의 영광을 위한 것도 아니요, 리더십의 영광이나 성도들의 영광을 위한 것도 아니다. 오직 하나님의 영광을 위해서 존재하는 것이다.

반대를 껴안는 교회

사도 바울은 복음을 전하는 데 있어서 반대는 없다는 것이다. 복음을 전하는 사람은 예수 안에서 모두 하나라고 말한다. 반대가 있어도 복음이라는 한 하나님 안에서 하나가 되어야 한다. 반대가 있어도 품어야 한다. 껴안아 주어야 한다. 어디까지 품어야 할까? 어디까지 용서해야 할까? 다윗의 모습에서 교회가 품어야 할 한계를 생각할 수 있다.

다윗은 용감한 사람인 동시에 가슴이 따뜻한 사람이었다. 하나님을 경외하는 사람이었다. 자신을 죽이려고 하는 사울을 계속 용서한다. 죽일 수 있는 기회를, 그것도 하나님께서 주신 기회라고 모든 사람이 이야기하는 그 순간에도 다윗은 "하나님이 기름 부어 세우신 왕을 내가 죽일 수 없다"고 한다. 하나님이 기름 부어 세우신 왕인 사울. 사울이 인성적으로나 신앙적으로 분명 부족한 사람이지만, 제사장이 기름 부어 세운, 다시 말해, 하나님의 손에 의해 안수 받은 왕인 것도 틀림없다. 만약 다윗이 사울을 죽인다면 그것은 다윗 자신의 손으로 하나님의 손을 거두는 격이 된다는 것이 다윗의 생각이다. 결국 사울은 이방 소년의 손에 죽임을 당한다.

다윗은 여기서 그치지 않는다. 왕이 되고 나서도 자신을 위협할 수 있는, 반역의 기회를 줄 수 있는 사울 집안의 자손 요나단의 아들 므비보셋을 왕자처럼 대우한다. 역사 속에서 왕조가 바뀌면 제일 먼저 하는 일이 왕의 자격을 갖고 있는 사람들을 처결하는 것이다. 다 그런 것은 아니지만 동서양을 막론하고 제일 먼저 하는 일이 왕의 자리를 위협하는 사람들을 죽이는 것이다. 그런데 다윗은 거꾸로 한다. 오히려 사울 집안사람들을 극진히 대접한다. 이러한 다윗의 넓은 아량과 사랑에 온 나라 백성, 이스라엘 열두 지파가 다 그 품으로 들어온다. 만약에 다윗이 사울을 죽였다면 적어도 사울이 베냐민 지파이기 때문에 베냐민 지파를 끌어안기는 쉬운 일이 아니었을 것이 분명하다.

다윗의 한계는 어디까지일까? 아버지를 죽이겠다는 압살롬을 다윗은 살려서 데려오라고 한다. 그런 사람이 다윗이다. 성경학자들은 통일 이스라엘은 오직 다윗 당대에 그쳤다고 말한다. 솔로몬 때부터 이미 분열의 조짐이 보였다는 것이다. 여로보암을 껴안지 못하고 죽이려고 하는 솔로몬의 모습 속에서 이미 열두 지파의 분열이 시작되었다는 것이다.

반대를 껴안을수록 교회는 안정을 찾는다. 반대를 구별할수록 제동이 걸린다.

예배를 두 번 드리면 된다

1950년대에 어떤 미국 교회가 크게 부흥해서 한꺼번에 예배드리기가 쉽지 않은 상황이 되어 교회를 크게 짓기로 결정을 했는데 마땅한 교회 부지를 찾지 못해 고민 중이었다. 새벽에 기도를 하던 중에 목사님에게 그야말로 '계시'가 임한 것처럼 기가 막힌 아이디어가 떠올랐다. '주일 예배를 다른 시간대로 두 번 드리면 간단하게 문제가 해결될 것을.' 당시만 해도 주일 예배를 1부, 2부, 3부로 나누어서 드린다는 생각은 하지 못했었다고 한다. 목사님은 무척이나 들뜬 마음을 가지고 교회로 가서 리더들에게 그 이야기를 했다. "우리 목사님 정말 대단하십니다. 어떻게 그런 기가 막힌 아이디어를 생각하셨어요? 그러면 교회를 옮길 필요도 없고 재정도 절약할 수 있고 너무 좋은 생각입니다. 다음 주부터 당장 그렇게 합시다"라고 할 줄 알았다. 그런데 기대와는 정반대로 리더들의 반응이 냉담하다 못해 담임목사의 생각이 이단이라는 듯이 바라보는데, 그 바라보는 모습조차 섬뜩할 정도였다고 한다. "아니, 주일 예배를 두 번 드린다는 그런 발상은 도대체 어디서 나온 겁니까? 세상에 살다 살다 그런 말은 처음 듣습니다. 주일에 어떻게 예배를 두 번 드립니까? 목사로서 할 말입니까?" 면전에서 목사님에게 면박을 주는데 무안할 뿐 아니라 험악한 분위기가 계속되는 바람에 목사님은 너무 당황스러워서 얼른 "제가 생각이 짧았습니다. 없던 일로 하지요" 하고 마무리를 지었다고 한다. 그런데 그 후에도 성도들에게 그 이야기가 전해지면서 일은 일파만파로 커져 버렸다. 결국 목사님은 교회를 사임해야 했고, 모든 성도들이 한꺼번에 예배드릴 교회 부지를 찾지 못한 교회는 이전의 교회를 팔고 새로운 장소를 계약하는 과정 중에 많은 손실을 보고 새로운 장소를 찾지 못하면서 결국 성도들도 모두 떠나 버려 교회는 사라지고 말았다는 이야기를 들었다.

물론 여러 가지 요인들이 작용했을 수 있다. 성도들이 목사님의 아이디어와 말을 수용할 준비가 되어 있지 않아 이를 문화적인 충격으로 받아들일 수 있었다. 아이디어는 훌륭했고, 시대를 앞서가는 생각이었다고도 볼 수 있다. 그러나 관습의 틀을 깬다는 것이 얼마나 어려운지를 우리는 종종 경험하게 된다. 또 다른 하나는 목사님이 성도들의 마음과 이해를 읽지 못했다는 것이다. 성도들에겐 시대를 앞서 볼 수 있는 센스와 감각이 없었지만, 성도들의 수준과 마음을 읽지 못한 목자의 목회 감각도 생각해 볼 대목이다.

이것은 누가 잘했고 못했는지를 따질 일이 아니다. 누가 옳다, 잘못했다로 말할 수 있는 주제도 아니다. 그야말로 반대를 어떻게 극복하느냐는 조율의 문제다. 한국에 있는 어느 교회에서도 이와 비슷한 일이 있었다. 교회가 부흥하면서 같은 자리에 교회를 짓자는 장로님들의 의견과 시내로 나가 새로운 부지에 짓자는 담임목사의 의견으로 생각이 나뉘었다. 교회를 지을 당시만 해도 시내가 개발되지 않아서 시내로 나가는 것이 재정적으로 어렵지 않은 상황이었다. 원래 교회 위치하고 멀지 않아서 거리상의 문제도 없는 상황이었다. 그러나 결국 장로님들의 생각대로 원래 있던 자리에 새로이 교회 건물을 지었다. 지금도 여전히 성장하고 있는 교회다. 그런데 주변에 빽빽이 들어선 개인주택 때문에 주차장을 확보할 수 없어서 주일마다 성도들이 먼 곳에 주차를 하고 와야 하는 어려움을 겪고 있다. 이것도 옳고 그름의 문제는 아니다. 정반대로 되었다면 전혀 문제가 없었을 거라는 보장 또한 할 수 없다. 그러나 이것은 조율의 문제다. 훨씬 좋은 방향으로 나갈 수 있었다.

하나님의 뜻이 어디 있는지 우리는 정확히 알 수 없다. 그러기에 서로 다른 의견을 조율할 줄 아는 센스가, 목회 감각이 필요하다. 함께 기도하면서 같은 목적 아래 있다는 사실 때문에 연합되어야 한다. 하나님께서 하나 되게 하신 것을 힘써 지키는 일은 모든 것보다 앞서는 우선순위다. 교회가 하나 되지 않고, 연합되지 않고는 아무것도 할 수 없기 때문이다. 하나님께 드리는 최고의 제사는 교회가 하나 되었을 때이다.

'반대를 위한 반대' 는 반대한다. 그러나 반대를 찬성으로 바꾸는 센스는 찬성한다. 지금은 반대를 극복하는 목회 감각이 어느 때보다 필요한 때이다.

사랑하니까
조심하라

지구상에서 인간이 살 수 있는 장소로서 가장 높은 곳은 티베트에 있는 '꼴라란둥'이라는 지점인데, 그곳은 무려 해발 6,300미터로서 한라산의 세 배가 넘는다. 그곳이 유명한 또 한 가지 이유는 그곳에서 떨어지는 물방울이 거대한 양쯔 강을 이루기 때문이다. 말하자면 양쯔 강의 발원지인 것이다 … 기자들이 도착한 날은 영하 20도. 텐트 주인 까르마 씨가 취재 팀에게 이렇게 말했다. "당신들은 모두 다 여기서 주무십시오." 그러더니 자기는 모포 한 장만 들고 텐트 밖으로 나가는 것이다. 그래서 기자가 어디 가느냐고 했더니 "나는 내 양을 지키기 위해서 밖에서 잡니다."

이재철, 「회복의 신앙」

가까운 사람에게 잘하는 사람이 진실한 사람이다

어떤 영화에서 미국 대통령이 백악관을 보좌관들과 함께 거닐다가, 백악관 뜰에서 정원사가 나무를 다듬는 것을 본다. 이때 얼른 보좌관이 그 사람의 이름이 적힌 파일을 찾아서 그 사람의 이름을 대통령께 말해 준다. 그러자 대통령은 원래 알고 있었다는 듯이 그 사람의 이름을 부르면서 그 사람을 향해 아는 척을 한다. 대통령이 자신의 이름을 기억하고 있다는 사실에 정원사는 너무나도 기뻐한다. 대통령에게 이름이 불린 정원사는 그야말로 감개무량(感慨無量)이다. 영화 전체에서 스쳐 지나가는 한 장면이었다. 그러나 왜 그 장면이 영화에 들어갔는지는 충분히 짐작할 수 있다. 대통령의 참된 모습을 제일 잘 아는 사람은 옆에서 대통령을 모시는 보좌관이나 참모일 것이다. 그 다음으로 잘 아는 사람은 백악관에 있는 사람들일 것이다. 가까운 사람이 그 사람의 실체를 제일 잘 안다. 백악관에서 인정받지 못하는 대통령은 나라에서도 인정받을 수 없다. 대통령은 나라의 대사를 다루지만, 동시에 백악관 식구들부터 챙겨야 제대로 된 대통령이라는 것이다. '대통령이 백악관 식구들의 이름도 모르면서 무슨 나라 살림을 할 수 있을까?' 이것이 영화에서 정원사의 이름을 부른 장면이 삽입된 이유일 것이다. 물론 대통령이 정원사 이름까지 알고 외우기란 쉽지 않다. 그러나 내실을 기해야 외실이 건강한 것이다.

"안에서 새는 바가지 밖에서도 샌다"는 말이 있다. 집안에서 문제가 있는데 밖에서 잘하리란 법은 없다. 가까운 사람에게는 함부로 대하기가 쉽다. 가족을 비롯해서 가까운 사람은 편하기 때문에 오히려 함부로 대한다. 그렇기 때문에 오히려 가족들에게까지 예의를 갖출 수 있다면 그 사람은 밖에서는 배 이상으로 잘할 수 있는 사람이다.

지극히 작은 자에게 한 것이 주님께 한 것이다
자녀에게 존경받는 부모는 다른 것은 말할 필요가 없이 백점 만점에 백점인 부모가 틀림없다. 늘 함께하는 가족에게 하는 모습이 그 사람의 실제이기 때문이다. 그래서 가까운 사람에게 하는 것이 진짜 내 모습이다. 어려운 직장 상사에게 하는 것이 내 모습이 아니라, 부하 직원에게 하는 행동과 말이 실제 나의 모습이다. 다시 말해서, 가까운 사람에게 하는 것이 나의 실제 모습이다. 편한 사람에게 하는 말과 행동이 나의 수준이다.

어른에게 잘하는 사람도 잘하는 사람이지만, 그 사람의 진실성은 동료에게 하는 것, 아랫사람에게 하는 것을 보아야 알 수 있다. 담임목회자에게 잘하는 부교역자도 잘하는 사람이지만, 같은 부교역자끼리 잘하는 사람은 의심할 여지없이 진실한 목회자다.

권력과 명예와 부를 가진 사람에게 친절한 사람에게는 진실성을 확인하기 어렵다. 대부분의 사람들이 그런 사람에게는 예의를 갖추기 때문이다. 그러나 가난하고 병들고 어렵게 사는 사람에게 친절하고 예의 바른 사람이라면 진실한 사람이라고 볼 수 있다.

어느 권사님께서 "목사님들 중에는 부자에게는 잘하고 가난한 사람에게는 성의를 보이지 않는 분들이 있어요. 얼마나 서운한지 몰라요" 하는 말씀을 들은 적이 있다. 초대 교회에서도 이런 일들로 서운해 하는 사람들이 있었다는 것을 볼 수 있다.

> "내 형제들아 영광의 주 곧 우리 주 예수 그리스도에 대한 믿음을 너희가 가졌으니 사람을 차별하여 대하지 말라 만일 너희 회당에 금 가락지를 끼고 아름다운 옷을 입은 사람이 들어오고 또 남루한 옷을 입은 가난한 사람이 들어올 때에 너희가

아름다운 옷을 입은 자를 눈여겨 보고 말하되 여기 좋은 자리에 앉으소서 하고 또 가난한 자에게 말하되 너는 거기 서 있든지 내 발등상 아래에 앉으라 하면 너희끼리 서로 차별하며 악한 생각으로 판단하는 자가 되는 것이 아니냐 내 사랑하는 형제들아 들을지어다 하나님이 세상에서 가난한 자를 택하사 믿음에 부요하게 하시고 또 자기를 사랑하는 자들에게 약속하신 나라를 상속으로 받게 하지 아니하셨느냐 너희는 도리어 가난한 자를 업신여겼도다 부자는 너희를 억압하며 법정으로 끌고 가지 아니하느냐"(약 2:1~6).

가장 작은 자에게 하는 행동과 말이 실제 그 목회자의 수준이요, 실력이요, 신앙이다. 주님께서는 "너희가 여기 내 형제 중에 지극히 작은 자 하나에게 한 것이 곧 내게 한 것이니라"(마 25:40)고 말씀하셨다.

어떤 대학생이 졸업 후에 고등학교 선생님을 찾아갔다. 선생님께서는 책상 위에서 계속 줄을 긋고 계셨다. 무엇을 하시는가 보았더니, 반 아이들이 좋아하는 친구들이 누구인지 확인해서 줄을 긋고 계셨던 것이다. 그 그림을 보면 누가 누구와 친한지가 한 번에 눈에 들어온다. 선생님은 그 그림을 보면서 "선이 연결되어 있는 아이들은 그렇게 신경쓸 필요가 없지. 그렇지만 선이 아예 없는 아이들은 내가 챙겨야 되는 애들이야" 하고 말씀하셨다고 한다.

선을 긋지 말고 연결해야 한다

목회자가 챙겨야 할 사람은 어떤 사람인가? 잃어버린 양인가? 잘 지내고 있는 아흔아홉 마리 양인가? 부자들은 챙길 필요가 없다는 말이 아니다. 가난한 사람, 고난 중에 있는 사람들만 챙겨야 한다는 말이 아니다. 부자라고 편들어서도 안 되고, 가난한 사람이라고 두둔해서도 안 되는 것이다. 모두 주님의 양이요, 목회자의 목양의 대상이라는 동일한 잣대와 시선으로 대해야 한다.

돈이 아무리 많아도 우울증과 허무주의에 빠진 사람들을 복음 안에서 회복되도록 목양해야 한다. 고난과 어려움 속에서 신음하는 양 무리를 말씀으로 위로하고 격려해서 소망을 갖도록 목양해야 한다. 너무 당연한 이야기지만, 실은 당연한 것이 당연하게 지켜지지 않아서 부흥이 없다. 부흥은 분명 주님이 허락하시지만, 목회자가 성실하고 진실하게 목회하는데 왜 성도들이 모이지 않겠는가?

주님은 살인의 정의를 사람을 죽였을 때만 살인이 아니라, 마음속에서 일어나는 적극적인 범죄는 이미 그것을 실제로 행한 것과 다름없다고 말씀하셨다. 살인하지는 않았어도 죽이고자 마음을 갖고 계획까지 세웠다면 이미 살인한 것이다. 간음도 마찬가지다. 실제로 범하지는 않았어도 행동으로만 옮기지 않았을 뿐 계획을 세웠다면 그것은 간음한 것과 같은 것이라는 말씀이다. 그 사람을 면전에서 무시하지는 않았어도 마음속으로 정죄하고 뒤에서 욕을 하고 그랬다면 지옥에 들어갈 것이라고 말씀하신 것이다.

> "옛 사람에게 말한 바 살인하지 말라 누구든지 살인하면 심판을 받게 되리라 하였다는 것을 너희가 들었으나 나는 너희에게 이르노니 형제에게 노하는 자마다 심판을 받게 되고 형제를 대하여 라가라 하는 자는 공회에 잡혀가게 되고 미련한 놈

이라 하는 자는 지옥 불에 들어가게 되리라"(마 5:21~22).

"또 간음하지 말라 하였다는 것을 너희가 들었으나 나는 너희
에게 이르노니 음욕을 품고 여자를 보는 자마다 마음에 이미
간음하였느니라"(마 5:27~28).

이 말씀은 목회에도 그대로 적용해야 한다. 성도들을 자로 재듯이
나누어서 가까이할 사람, 멀리할 사람으로 나눈다면 그것은 형제를 대
하여 '라가' 라고 말하는 것과 다르지 않다. 목회를 힘들게 하는 성도들
이 있을 수 있다. 그러나 그럴지라도 여전히 목회자가 품어야 할 마음은
사랑이지, 멀리할 사람으로 선을 긋는 것은 목자의 마음이 아니다. 오히
려 목회자를 힘들게 하는 사람일수록 '계속해서 만나야 할 사람' 으로
선을 연결하고 품고 기도해야 한다.

목회는 덮어 주는 것이다

교회가 분열되고 어려움이 생기는 이유를 여러 가지로 말하지만, 실
은 사랑이 부족해서다. 부족한 죄인들의 모임이 교회인데, 교회마다 갈
등이 없을 수가 없다. 그런데 가족이라면 서로의 허물에 대해서 동네방
네 다니면서 떠드는 사람은 없을 것이다. 그저 조용히 덮을 것이다.

그리스도인은 죄인이다. 다만 '용서받은 죄인' 이다. 용서받은 죄인,
일만 달란트 탕감 받은 죄인에게는 실은 다른 사람이 나에게 저지른 허
물은 백 데나리온의 값어치도 안 되는 미약한 것으로 여겨야 마땅하다.
방금 일만 달란트를 탕감 받고 백 데나리온 받겠다고 친구를 감옥에 넣

는 것은 일만 달란트 탕감 받은 사람이 할 일이 아니다.

그리스도인은 예수의 보혈로 '의인'으로 인정받았다. 자격이 있어서가 아니라 탕감 받은 것이다. 인간의 공로로 죄의 값을 갚은 것이 아니라, 뻔히 있는 죄를 없었던 것으로 탕감해 주신 것이다. 그것이 용서다. 그것을 칭의(稱義)라고 한다. 의롭게 된 이유는 우리의 허물을 보혈로 덮어 주셨기 때문이다. '의로움'(righteousness)이라는 것은 다른 사람의 허물을 덮어 주는 것이다.

> "노아가 농사를 시작하여 포도나무를 심었더니 포도주를 마시고 취하여 그 장막 안에서 벌거벗은지라 가나안의 아버지 함이 그의 아버지의 하체를 보고 밖으로 나가서 그의 두 형제에게 알리매 셈과 야벳이 옷을 가져다가 자기들의 어깨에 메고 뒷걸음쳐 들어가서 그들의 아버지의 하체를 덮었으며 그들이 얼굴을 돌이키고 그들의 아버지의 하체를 보지 아니하였더라 노아가 술이 깨어 그의 작은 아들이 자기에게 행한 일을 알고 이에 이르되 가나안은 저주를 받아 그의 형제의 종들의 종이 되기를 원하노라 하고"(창 9:20~25).

> "예수 그리스도의 나심은 이러하니라 그의 어머니 마리아가 요셉과 약혼하고 동거하기 전에 성령으로 잉태된 것이 나타났더니 그의 남편 요셉은 의로운 사람이라 그를 드러내지 아니하고 가만히 끊고자 하여"(마 1:18~19).

노아의 아들 셈과 야벳이 술에 취해 벌거벗은 아버지를 덮어 주었듯이, 요셉이 마리아가 간통한 줄 알고 오해했지만 조용히 파혼만 해서 허물을 덮으려고 했듯이, 성경은 덮어 주는 것이 의로움이라고 말한다. 다른 사람의 허물을 들추지 않는 것이 의로움이다.

우리 아빠도 목사님인데

아내와 함께 미용실에 간 적이 있다. 아내의 머리를 다듬는 동안 기다리고 있었는데, 한 나이 지긋한 여성분이 머리를 하시면서 교회 이야기를 하시는 것이다. 얼핏 듣기로는 목회자가 스캔들을 일으켜서 교회가 무척이나 어려운 가운데 있다는 내용이었다. 그런데 그 이야기를 큰 소리로, 그것도 얼마나 자세히 이야기를 하시는지 듣기 민망할 정도였다. 그때 우리 딸이 "우리 아빠도 목사님인데"라고 말하지 않은 것이 얼마나 다행인지 모른다.

다른 사람의 허물을 들춰내는 것은 그리스도인이 할 일이 아니다. 교회의 어려움이 뒷담(gossip)거리가 되어서는 더욱 안 된다. 목회자도 마찬가지다. 교회를 어렵게 하고 목회를 힘들게 하는 성도가 있을지라도 이를 기도의 제목으로 삼아야지, 동료 목회자에게라도 "내가 얼마나 힘들게 목회하는지 아는가?" 하는 식의 위로를 받기 위한 험담거리가 되어서는 안 된다.

교회의 질서를 어지럽히는 사람에 대한 처사는 성경에서 기준을 말씀하고 있다. 그러나 이 말씀조차도 기계적인 적용이 아니라, 권고와 권면을 통해서 회심하고 신앙에 정진하도록 하기 위함이지, 정죄나 최선을 다해도 안 되면 성도들을 포기하라는 말씀이 결코 아니다.

"네 형제가 죄를 범하거든 가서 너와 그 사람과만 상대하여 권고하라 만일 들으면 네가 네 형제를 얻은 것이요 만일 듣지 않거든 한두 사람을 데리고 가서 두세 증인의 입으로 말마다 확증하게 하라 만일 그들의 말도 듣지 않거든 교회에 말하고 교회의 말도 듣지 않거든 이방인과 세리와 같이 여기라"(마 18:15~17).

함이 아버지 노아의 허물을 들춰내었다가 저주를 받은 것을 기억해야 한다. 성도의 허물은 나의 허물이다. 목회자의 허물은 성도의 허물이다. 그렇게 여겨야 한다. 덮어 주고 감싸 주어야 한다.

교회를 흔들지 못하도록 해야 한다

허물을 덮어 준다는 말에 대한 오해가 있을까 걱정이다. 허물을 덮어 준다는 말은 죄를 은닉하거나 합리화 한다는 말이 아니다. 교회의 질서를 어지럽히는 일에 대해서는 다른 성도들을 지키기 위해서라도 특단의 조치가 필요할 때도 있다. 그러기 위해서는 리더십이 목회자와 온전히 하나가 되어서 건강하게 연합되어야 한다. 리더십이 흔들리면 소수의 무리가 요동을 해도 교회 전체가 흔들리기 때문이다.

교회를 어지럽히는 사람은 소수의 사람들이다. 그러나 그 소수가 교회를 무척이나 힘들게 할 수 있다. 그러니 리더십은 언제든지 아무 이유 없이 교회를 어지럽히려는 사람들에 대해서는 단호하다고 할 만큼 철저히 대비해야 한다. 그래서 교회를 함부로 흔들지 못하도록 해야 한다. 주님의 몸 된 교회이기 때문이다. 성도들에 대해서는 끝까지 용서하고 관용을 베풀지만, 교회이기 때문에 모든 것이 다 용납된다는 생각은 위험하다. 목회자이기 때문에 다 용납하고 인내하고 참기만 해야 한다는 생각도 위험하다. '악'에 대해서는 다윗과 여호수아처럼 담대하게 대처해야 한다. 주님의 말씀 그대로 뱀 같이 지혜롭고 비둘기처럼 순결해야 한다. 교회의 순결성이 오히려 뱀처럼 되고, 지혜에 있어서는 비둘기처럼 되어서는 안 된다.

> "보라 내가 너희를 보냄이 양을 이리 가운데로 보냄과 같도다 그러므로 너희는 뱀 같이 지혜롭고 비둘기 같이 순결하라 사람들을 삼가라 그들이 너희를 공회에 넘겨 주겠고 그들의 회당에서 채찍질하리라"(마 10:16~17).

사람은 믿음의 대상이 아니라 사랑의 대상일 뿐이다. 함부로 믿고 의지해서는 안 된다. 성도를 누구보다 사랑하고 아껴야 하지만, 동시에 함부로 믿고 의지해서도 안 된다. 목회자가 의심의 눈길로 성도들을 대하라는 뜻이 아니다. 최고의 사랑으로 품고 섬기지만, 동시에 성도들을 보호하기 위해서 목회자가 하나님 중심의 든든한 기둥이 되어야지, 이리저리 바람에 흔들리는 깃발처럼 되어서는 안 된다는 의미다. 모든 일에 있어 목회자가 책임지려고 하는 자세는 좋은 태도라고 본다. 그러나 무조건 목회자의 잘못이라고 스스로 인정하는 것도 때를 봐야 하고, 경중을 봐야 한다. 언젠가 손인식 목사님께서 하신 말씀이 떠오른다.

> "교회에 어려움이 발생하면 목회자가 습관적으로 '제가 부족

해서 그럽니다' 라고 말하는데, 이것은 겸손이 아닙니다. 적극
적으로 해결하고 노력해야 합니다. 목회자가 실제적인 잘못
을 해서 문제가 일어났다면 백번 사죄하고 용서를 구해야 합
니다. 그러나 모든 어려움을 목회자 자신의 탓으로 돌리면서
무마시키려고 하는 것은 바른 태도가 아닙니다.”

예수님께서는 성전에서 장사하는 자들을 보시면서 “내 탓이다” 하
지 않으셨다. 상을 뒤엎으시며 기도하는 성전을 강도의 굴혈로 만들지
말라고 엄히 경계하셨다. 용납해야 할 때가 있다. 그러나 단호하게 싸워
야 할 때도 있다.

> 인도 전역에서 수백만 명의 독실한 힌두교도들이 갠지스 강
> 에서 목욕하기 위해서 온다. 그들은 '판다' 라는 종교 지도자
> 들이 자신들을 약탈하리라는 것을 알았다. 그런데 다시 또 온
> 다. 그들은 갠지스 강의 성수가 그들의 죄를 씻어 내고 죽은
> 친척들의 영혼을 구원해 주리라고 믿기 때문이다. 노예 됨은
> 신념의 문제다.
>
> 비샬 망갈와디, 「변혁의 중심에 서라」

나이키의 상대는 닌텐도다

「나이키의 상대는 닌텐도다」라는 제목부터가 흥미 있는 책이 있다.
아이들이 농구를 좋아하고 스포츠를 좋아하던 때에는 나이키가 아이들
에게 최고의 인기 아이템이었다. 그런데 요즘 아이들은 운동을 하면서
놀지 않고 게임기를 가지고 놀고 있다. 그러니 나이키 같은 스포츠 운동

화에는 관심이 없고 닌텐도 같은 게임기에 관심이 집중되었다. 그러다 보니 나이키의 경쟁 상대는 더 이상 다른 스포츠 운동화가 아니라 닌텐도 같은 게임기가 되었다.

이제는 같은 아이템을 다루는 회사끼리만 경쟁하던 시대는 지나갔다. 스포츠화 회사와 게임기 회사가 경쟁을 해야 한다. 건축회사와 광고 회사가 경쟁을 한다. 그야말로 무한경쟁 시대에 돌입했다.

과연 교회의 반대와 적은 누구일까를 생각해 보았다. 교회 안에도 많은 갈등이 있다. 그러면 우리의 적은 교회 안에 있는가? 어거스틴이 「하나님의 도성」을 쓰면서 교회 안에 하나님의 백성만 있는 것이 아니라 이교도도 있고 사탄의 하수인도 있다는 말을 했다. 그러나 하나님의 백성은 반드시 교회 안에 있다고 말한다. 그렇다. 교회 안에는 가라지도 있다. 그러나 분명한 것은, 알곡은 교회 안에 있지 밖에 있지 않다는 것이다.

교회에도 진짜가 있고, 가짜가 있다. 그런데 문제는 진짜 같은 가짜가 있고, 가짜 같은데 진짜가 있다는 사실이다. 사람은 외모만 보기 때문에 겉모습을 가지고는 진위 여부를 가릴 수가 없다.

진짜 같은 가짜

교회는 교회를 위협하는 세력과 싸워야 한다. 교회를 위협하는 세력은 교회 바깥에도 있고, 교회 안에도 있다. 이것을 분별할 분별력이 어느 때보다 필요한 때이다. '신천지' 같은 이단은 공격적으로 복음적인 교회를 무너뜨리는 것을 목표로 하고 있다. 새 가족으로 들어와 5년 정도 열심히 섬기다가 인정을 받고 교회에 중직이 되어 목회자를 폄하하는 그룹을 짓고, 교회에 적대적인 그룹을 만든다고 한다. 그렇기 때문에 교회는 이런 이단의 공격에 더 많은 분별력이 필요하다.

이태원 거리를 걷다가 처음 보는 사람이 내 팔을 붙잡으면서 "좋은 물건 있으니 와서 보라"고 한다. 따라갔더니 '짝퉁 명품'을 파는 사람이다. 수백만 원, 수천만 원을 호가하는 가방과 시계를 똑같이 만들어서 3, 40만 원에 팔고 있는 것이다. 명품 브랜드를 보고 베낀 '가짜 명품'이 즐비하게 있었는데, "여기 있는 것이 진짜하고 같은 건지 저는 잘 모르겠는데요" 했더니 이 사람이 자신 있는 웃음으로 "저 모르겠어요? 텔레비전에도 나왔어요. 이 빨간 진열 박스 어디선가 본 듯하지 않습니까? 9시 뉴스에도 세 번이나 나왔는데요" 하는 것이다. 그래서 정말 곰곰이 생각해 보니 어디선가 본 듯한 기억이 나면서 그때 9시 뉴스의 내용이 대충 기억나는 것이다. 그런데 그 뉴스가 얼마나 재미있었는지, 아나운서가 이렇게 말했던 것이 기억난다. "이태원, 동대문 뒷골목에 명품을 복제한 복사 제품, 일명 짝퉁 명품이 팔리고 있답니다. 그런데 얼마나 정교한지 진짜하고 재질까지 똑같다고 합니다. 전문가가 와서도 구별하기 힘들 정도로 진품과 똑같다고 합니다." 뉴스에서는 아나운서가 심각한 얼굴로 말하는데, 보도 내용은 너무 아이러니했다. 뉴스가 사건을 고발하는 것인지, 짝퉁을 오히려 홍보해 주는 것인지, "진짜하고 똑같은데 값은 10분의 1도 안 된다"는 말이 마치 진품과 똑같은 짝퉁을 싼 값에 살 수 있다고 광고해 주는 모양이 되어 버렸다. 뉴스를 들으면서, 그리고 뉴스에 잡힌 것을 자랑하는 그 짝퉁을 자랑스럽게 팔고 있는 사람을 보면서 느낀 것이 있다. '세상에서는 진짜 같은 가짜가 문제가 되지 않는구나. 버젓이 떳떳하게 사는구나.' 오히려 가짜가 진짜를 위축하게 하고 곤란하게 하는구나 하는 생각도 들었다.

교회를 위협하고 무너뜨리는 것을 사명으로 삼는 이단의 세력을 보면서 '교회와 목회자가 정신을 똑바로 차리지 않으면 양 같은 성도들이 이리 떼 같은 세력에게 상처를 입고, 신앙을 잃겠구나' 하는 위기의식을 느낀다.

나이키와 나이스

1980년대 초에 나이키가 처음으로 한국에 상륙했을 때, 쿠션이 좋은 스포츠화라고 해서 엄청난 인기를 누렸다. 심지어는 신문에 나이키 신발을 사 주지 않는다고 밥을 안 먹는 자녀들이 있다는 기사가 날 정도였다. 그런데 불과 6개월이 못 되어서 나이키에게 엄청난 타격을 주는 새로운 브랜드가 등장했다. 그 브랜드는 나이키 신발 가격의 10분의 1밖에 안 되는 운동화였다. 그 브랜드는 바로 동대문 뒷골목에서 판매하는 '나이스'였다. 겉모습만 봐서는 나이키와 똑같은데 재질은 형편없다. 그럼에도 나이키를 사지 못하는 아이들이 나이스를 구입하는 바람에 나이키가 휘청할 정도였다.

한국이 이런 불법 복제의 온상이라는 것도 부끄러운 일이지만, 세상이 그렇다. 불법이 판을 치고, 큰소리치는 사람이 이기고, 불법이 정의를 가리는 일들이 비일비재하다.

교회와 그리스도인의 신앙을 위협하는 것은 교회 밖에도 있지만, 정말 심각한 위협은 교회 안에 있다. 교회 안에서 하나님의 정의가 사라지고 사랑이 식어질 때가 교회의 가장 큰 위기의 때이다.

"나더러 주여 주여 하는 자마다 다 천국에 들어갈 것이 아니요 다만 하늘에 계신 내 아버지의 뜻대로 행하는 자라야 들어가리라 그 날에 많은 사람이 나더러 이르되 주여 주여 우리가 주의 이름으로 선지자 노릇 하며 주의 이름으로 귀신을 쫓아내며 주의 이름으로 많은 권능을 행하지 아니하였나이까 하리니 그 때에 내가 그들에게 밝히 말하되 내가 너희를 도무지 알지 못하니 불법을 행하는 자들아 내게서 떠나가라 하리라"
(마 7:21~23).

선지자라고 하는데, 귀신을 내어 쫓는 사람인데 하나님께서 모르는 사람이라고 하신다. 하나님 반대편에 서 있는 사람인 것이다. 목사라고 하는데, 그리스도인이라고 하는데 부끄러운 줄도 모르고 불법을 자행하는 사람들이 여기저기서 등장한다. 이런 일들은 창세 이후로 오늘날까지 계속 반복되어 온 일이다.

권세를 누리기 위해서 목회자가 되는 것이 아니다. 성도들의 헌신과 섬김을 당연한 것으로 여기고, 감사할 줄 모르고, 인사할 줄 모르고, 겸손하지 않은 목회자는 '나이스 같은 짝퉁'이다. 목회자도 사람이라 실수할 수 있고, 실패할 수 있다. 그러나 계속 반복된다면, 고쳐지지 않고 고치려고 하지 않으면 그것은 실수가 아니다.

목회자를 길들이려는 평신도는 교회의 가장 큰 위협이다. 목회자와 리더십은 같은 편이다. 그리스도 안에서 하나다. 가족을 길들이려는 사람은 없다. 아무리 무서운 직장 상사도 집에 가면 다정한 아빠요, 남편이다. 그래야 한다.

교회 안에서 갈등이 일어나는 것을 좋아할 존재는 사탄밖에 없다.

지금 이 순간도 사탄은 우는 사자처럼 그리스도인을 삼키려고 틈을 노리고 있다. 교회의 평화를 깨는 세력은 사탄의 세력이다. 목회자와 리더십이, 목사와 성도가 하나 되는 것을 막고 분열을 조장하는 세력은 마귀의 자식이다. 이 사실은 틀림없다. 자신이 교회를 하나 되게 하는 것에 힘쓰고 있는지, 자신 때문에 교회에서 의견이 나뉘고 분열되는지 판단하여 말이 많은 사람은 입을 막고, 싸움을 일으키는 사람은 앞에 나서지 말아야 한다.

가방 들어 주겠다는 사람을 조심하라

이제 진짜와 가짜를 분별해야 할 몫이 목회자에게 있다. 싸워야 할 상대가 누구인지, 어느 편을 선택해야 하는지의 몫도 리더십에게 있다. 성경에 명확한 지침이 있다. 초대 교회도 이런 문제로 골머리를 앓았다. 그래서 사도 바울은 디모데에게 지도자를 세울 때 조심할 지침들을 준다.

> "새로 입교한 자도 말지니 교만하여져서 마귀를 정죄하는 그 정죄에 빠질까 함이요" (딤전 3:6).

교회에서 리더를 세울 때는 무엇보다 신중하라고 경고하는 말씀이다. 헌금을 많이 한다고 리더로 세울 자격이 있다고 볼 수는 없다. 열심 하나만을 보고서 리더로 세울 수는 없다. 신중하고 또 신중해야 한다.

한국 교회에서 전해져 내려오는 선배 목사님들의 가르침 중에, "교회에 처음 갔을 때 가방 들어 주겠다는 사람을 조심하라"는 말이 있다. 제일 먼저 환영하는 사람이 다 이상하다는 말이 아니다. 유난스러운 사람을 조심하라는 가르침이다. 처음 만나자마자 가방을 들어 주겠다면서 지나치게 친절한 사람은 주목할 필요가 있다는 것이다. "지나친 것은 모자란 것만 못하다"는 말이 있듯이, 어딘가 조심성 없고 유난스러운 사람들은 실수가 많은 사람이다. 어딘가 지나치다 싶은 면이 있는 사람들은 문제를 일으킬 소지가 많다.

교회 안에서는 무엇보다 말조심하지 않는 사람을 경계하고 가르쳐야 한다. 함부로 말하고 행동하는 사람일수록 본인은 해야 할 말, 안 해야 할 말 다 해 놓고는 "저는 그래도 뒤끝은 없어요" 하는 것이다. 본인은 할 말 다 하고 뒤끝이 없는지 몰라도, 예의 없는 말을 들은 사람들은 마음에 깊은 상처가 된다는 것을 모르는 듯싶다.

목회자와 목자는 무엇이든, 누구든 먼저 조심해야 한다. 무조건 의심부터 하라는 말이 아니다. 조심하는 것과 의심하는 것은 다르다. '이 사람이 나에게 덕이 될까?' 이런 식으로 성도를 대한다면 목회가 될 수 없다. 다시 한 번 예수님의 균형 감각을 가질 필요가 있다. 예수님은 어느 누구도 포기하지 않으셨다. 그러나 사람에게 너무 의지하지도 않으셨다. 사랑하니까 더욱 조심하는 것이다. 사랑하니까 서로 조심해야 맞다.

목자는 누구를 대하든 사랑으로 대해야 한다. 그러나 하나님만을 의지해야 한다. 이 균형을 잘 지킨다면 훌륭한 목회가 될 것이다.

순서만 바꿔도 부드러워진다

교회 안과 밖에서 교회를 위협하는 세력은 분열을 조장하는 세력이다. 그러므로 리더를 세울 때 무엇보다 고려할 것은 말에 실수가 많은 사람과 비판을 일삼는 사람이다. 비판을 일삼는 사람은 리더로 세울 수 없다. 다른 사람을 쉽게 정죄하고 판단하는 사람은 그 마음의 근원에 '복음의 단물'이 있다고 볼 수는 없다. 분명 '마라의 쓴물'이 그 마음에 담겨 있기 때문에 말만 하면 쓴 소리가 나오는 것이다.

설교나 글을 통해서 비평과 비판을 일삼는 목회자들이 간혹 눈에 띈다. 이 글조차도 어떤 특정인을 비판하는 것으로 오해될까 봐 두려운 마음이 앞선다. 분명한 것은, 비판을 일삼는 것은 분명 비뚤어진 프리즘에서 나오는 비뚤어진 마음을 드러내는 것이다.

> "비판을 받지 아니하려거든 비판하지 말라 너희가 비판하는 그 비판으로 너희가 비판을 받을 것이요 너희가 헤아리는 그 헤아림으로 너희가 헤아림을 받을 것이니라 어찌하여 형제의 눈 속에 있는 티는 보고 네 눈 속에 있는 들보는 깨닫지 못하느냐 보라 네 눈 속에 들보가 있는데 어찌하여 형제에게 말하기를 나로 네 눈 속에 있는 티를 빼게 하라 하겠느냐 외식하는 자여 먼저 네 눈 속에서 들보를 빼어라 그 후에야 밝히 보고 형제의 눈 속에서 티를 빼리라"(마 7:1~5).

눈에 들보가 들어 있는 사람이 다른 사람의 눈에 있는 티를 본다는 말씀이다. 눈이 깨끗한 사람은 다른 사람 눈의 티를 보기 전에 자신의 허물을 먼저 발견한다. 다른 사람을 비판하는 것을 즐기는 사람은 자신 안에 불만이 있다는 것을 직감해야 한다. 그리고 그 불만의 실체는 자신의 실수와 잘못을 덮기 위한 핑계라는 것도 알아야 한다. 죄와 허물이 있는 사람은 그것을 덮기 위해서 다른 사람에게 화살을 돌리고, 핑계를 둘러대는 것이다.

가인이 아벨을 죽인 것은 질투 때문이기도 하지만, 자신의 죄를 인정하지 않고 오히려 하나님을 원망하고, 아벨에게 자신의 허물의 책임을 뒤집어씌우려는 못된 심보에서 나온 것이다. '아벨만 없었어도 하나님이 나의 제물을 받으셨을 텐데. 아벨만 없었어도…' 자신의 죄는 인정하지 않고 오히려 다른 사람에게, 심지어는 하나님께 대한 불만으로 자신의 죄를 덮으려는 심성이 바로 죄성의 실체다.

그렇다고 목회자 혼자서 마음대로 일꾼을 세울 수는 없는 노릇이다. 한 사람이 마음대로 교회의 사역을 이리저리 흔들지 않도록 순서를 연구할 필요가 있다. 목회자가 먼저 묻고 일을 하면 훨씬 수월하다. 그런데 '목회는 목사가 하는 거야' 하고 상의하지 않고 목회를 하려고 하면 성도들의 참여를 기대할 수 없다. 목사 혼자 독불장군으로 일하는데 누가 동참하겠는가? 일하고 묻는 것과 묻고 일하는 것에는 똑같은 에너지가 들어간다. 그러나 일의 순서만 바꾸어도 훨씬 일이 쉬워진다.

'목사가 무슨 영광을 바라고 목회하나? 성도들 사랑하니까 하는 건데, 왜 그리 말이 많아?' 아니다. 사랑하니까 더 조심해야 한다.

비둘기가 모이면 뱀도 이긴다

교회에서는 비둘기처럼 순전한 일꾼을 세워야 한다. 동시에 목회자와 리더십은 일꾼을 세울 때 뱀처럼 지혜로워야 한다. 성실하고 충성된 일꾼이 세워져야 하지만, 동시에 신중한 사람이 세워져야 한다. 한국 교회는 '열심히만 하면 된다'는 단순하면서 위험한 기준을 가지고 있다. 교회를 어렵게 하는 사람들은 주일에만 출석하는 사람들이 아니다. 주일뿐 아니라 새벽 예배까지 오는 성도들 중에서 힘들게 하는 사람이 나온다. 열심인 사람이 문제라는 말이 아니다. 교회를 힘들게 할 수 있는 사람은 목사, 장로, 안수집사 등 중직자들이라는 것이다. 관심도 많고 사랑도 많지만, 문제를 일으킬 여지도 많다.

"장로 안 되고 10년 된 안수집사가 더 무섭다"는 말이 있다. 안수집사님들을 비하하는 말이 아니다. 성경에는 먼저 된 자가 나중 된다는 말씀이 있고, 그것이 은혜를 말하는 것이지만, 나보다 늦게 온 성도가 나보다 먼저 중직자가 된다면 그것을 여유 있게 바라보고 참을 사람이 몇이나 될지 모르겠다. 나 같은 죄인 살리신 주님의 은혜로 구원받았으면서도 나보다 늦게 온 사람이 나보다 먼저 중직자가 되는 것을 못 참는다면, 그래서 교회를 옮긴다면, 은혜는 도대체 무엇인가? 그러기에 목회자와 목자는 사람의 마음을 읽고 알아야 한다. 그것이 우리 인간의 실력이다.

예수님 때문에 분쟁이 생기는 것이 아니다. 그러나 예수의 이름으로 모였어도 분쟁은 있다.

> "내가 세상에 화평을 주러 온 줄로 생각하지 말라 화평이 아니요 검을 주러 왔노라 내가 온 것은 사람이 그 아버지와, 딸이 어머니와, 며느리가 시어머니와 불화하게 하려 함이니 사람의 원수가 자기 집안 식구리라"(마 10:34~36).

이 같은 위험에 처할 경우 두 가지 미덕이 필요하다. 신중함과 충성심이다. 이 둘은 어울리기가 쉽지 않다. 왜냐하면 양심적인 사람은 성급하기 쉽고, 신중한 사람은 충성심이 약하기 쉽기 때문이다. 대개는 그렇지만 예수의 지침에서처럼 이 두 가지가 동시에 요청되며, 두 가지가 어울리는 것이 반드시 불가능한 것은 아니다. "뱀같이 지혜롭고 비둘기 같이 순결하라" (마 10:16)는 바가 신중함과 충성심이라는 공존할 수 없을 것 같은 미덕을 동시에 개발하는 것이 매우 중요하다는 사실이었다. 그래서 열심 있는 사람들은 많지만, 열심히 하면서도 신중한 리더가 세워져야 한다. 교회는 하나님 나라를 섬기는 동시에 성도들을 섬기는 곳이기에, 아무리 열심이 있어도 조심성 없는 말과 행동은 여러 사람의 마음을 다치게 할 수 있다. 그러므로 교회에서의 리더는 신중한 사람이어야 한다. 생각 없이 말하고 행동하는 사람은 리더로 세울 수 없다. 예수님께서 제자들에게 전도를 명령하시면서 뱀처럼 지혜롭고 비둘기처럼 순전하라고 하신 말씀은 오늘날 복음을 전하는 그리스도인 모두가 갖춰야 할 자세다.

일꾼을 세울 때에는 리더십이 더욱더 하나가 되어야 한다. 삼 겹 줄처럼 리더십이 하나가 되어서 어떤 세력도 하나님의 백성을 함부로 하지 못하도록 방패가 되어 주고 울타리가 되어 주어야 한다. 비둘기가 많이 모이면 뱀도 이긴다. 함부로 말하고 예의 없이 행동하지 못하도록 훈련된 사람들이 많아야 교회가 건강하다.

살아 있는 것은 거꾸로 간다

디즈니랜드(Disney)는 고객이라는 말 대신에 손님이라는 말을 사용한다. 상품을 구매해 주기 때문에 우대해야 할 고객이 아니라 정성스럽게 마련한 파티에 초대한 손님이라고 생각하는 것이다. 디즈니는 분장실과 연습실을 외부에 공개하지 않는 것으로 유명하다. 깜찍한 미키마우스 마스크를 뒤집어 쓴 거친 피부의 청년을 노출시켜 어린이들에게 실망감을 안겨 주고 싶지 않기 때문이다. 또한 청소원이라고 하지 않고 배우라고 한다.

정재윤, 「나이키의 상대는 닌텐도다」

살아 있는 물고기는 거꾸로 간다

중학교 시절 중등부 예배를 드린 후 2학년 총무가 광고를 하고 있었다. 광고를 하면서 좋은 글이나 생각을 말하는 친구였다. 아마도 뭔가 의미 있는 말을 광고 시간에 해야 한다고 생각했던 것 같다.

"여러분, 세상의 모든 물고기들은 물이 흐르는 반대로 따라갑니다. 그런데 꼭 한 종류의 물고기만이 물 흐르는 대로 흐릅니다. 그 물고기가 뭔지 아세요? 죽은 물고기입니다. 죽은 물고기만이 물 흐르는 대로 갑니다. 그리스도인은 세상이 흘러가는 대로 따라가는 사람이 아니라 세속을 거슬러 주님만 바라보고 나아가는 사람들입니다."

당시에는 무척이나 흥미 있는 이야기였다. 그때 들은 말이 지금까지 잊히지 않는다. 물 흐르는 대로 흘러가면 오염된 물만 마시게 된다고 한다. 물을 거슬러 올라가는 물고기만이 살아 있는 생수를 마시게 된다고 한다.

교회 안에 가라지가 있는 것은 사실이지만, 목회는 연합이 목적이 되어야 한다. 주님께서도 가라지를 캐내는 것은 신경 쓰지 말라고 하신다. 마지막 날에 주님께서 하실 일이기 때문이다.

"집 주인의 종들이 와서 말하되 주여 밭에 좋은 씨를 뿌리지 아니하였나이까 그런데 가라지가 어디서 생겼나이까 주인이 이르되 원수가 이렇게 하였구나 종들이 말하되 그러면 우리가 가서 이것을 뽑기를 원하시나이까 주인이 이르되 가만 두라 가라지를 뽑다가 곡식까지 뽑을까 염려하노라 둘 다 추수 때까지 함께 자라게 두라 추수 때에 내가 추수꾼들에게 말하기를 가라지는 먼저 거두어 불사르게 단으로 묶고 곡식은 모아 내 곳간에 넣으라 하리라" (마 13:27~30).

목회를 하면서 가라지를 뽑아내는 것에 집중하면 지나치게 부정적인 것에 주목하게 된다. 설교도 날카롭게 되기 십상이다.

갈등을 푸는 열쇠는 칭찬이다

교회는 안과 밖으로 건강해야 한다. 교회 안에서는 평안하면서 세상에서는 당당히 그리스도인으로 승리하면서 살 수 있도록 성도들이 훈련되어야 한다. 그러기 위해서는 성도의 연합에 주목하는 목회가 되어야 한다. 교회 안에서도 얼마든지 성도 간에 갈등이 있을 수 있다. 성도 간의 갈등을 대적처럼 생각해서는 곤란하다. 그것은 착각이다. 바나바와 사울도 의견이 달라서 다투었다. 그렇다고 바울과 바나바가 대적한 것은 아니다. 오히려 각자 선교를 했지만, 선교 사역은 더욱더 풍성해졌다. 바울은 바나바와 마가와도 결국 화해했다. 의견은 다를 수 있다. 아니 얼마든지 다른 것이 당연하다.

가끔가다 사역 팀 간에 갈등 양상이 빚어질 때는 담임목회자의 기지와 재치가 필요한 때이다. 간혹 사역 팀 사이에 자기 팀의 영역이라고 하면서 의견이 대립되는 경우가 교회마다 있다. 그때는 오히려 역으로 풀어가는 것이다. 심각한 상황을 심각하게 대면하기보다 칭찬으로 풀어 보면 어떨까 생각해 본다. 갈등을 꾸짖고 혼내기보다는 거꾸로 칭찬하는 것이다. "두 팀이 얼마나 열심인지 몰라요. 서로 자기 팀이 맡아서 이번 프로젝트를 하겠다고 합니다. 각각 서로의 입장이라는 것이 있을 텐데도 자기 입장만 주장하지 않는 것을 봅니다. 정말 훌륭합니다. 왜 힘든 일이 없겠어요. 그런데 하는 것을 보면 결국 잘 해내고야 맙니다. 그 열정, 책임감, 정말 앞으로 협조하면서 잘 해낼 두 팀을 위해서 박수를 보냅니다." 거짓말을 하자는 것이 아니다. 말인 즉은 사실이다. 서로 자기 팀이 맡아서 해야 할 일이라고 하는 것이니까. 서로 안 하겠다는 것이 아니라, 서로 하겠다고 하는 것이니 사실이다. 갈등이라고 생각하지 않고 열정이라고 해석할 수 있다. 그리고 의견에 대해서 반대하는 것이지 사람에 대해서, 교회에 대해서 반대하는 것이 아니라는 사실을 놓치지 말아야 한다.

조금이라도 긍정적인 면을 더욱 부각해서 부정적인 부분을 드러나지 않게 하는 센스, 목회 감각이다. 그렇게 되면 오히려 상황이 역전되고 분위기가 반전되는 것이다. 안 되는 것에 주목하는 것이 아니라 잘되는 것에 주목하는 것이다. 잘하는 것을 더 잘하도록 하는 것이다.

부정적인 평가회는 안 해도 된다

프로젝트가 있으면 목회자와 팀이 하나 되어 추진력 있게 몰아붙여야 한다. 그런데 프로젝트가 끝나고 일단 마무리되면 수고에 대해 격려하고 칭찬해야지, 결과에 대한 평가회는 바람직하지 않다. 반성하고 개선점을 찾아야 할 필요는 있다. 그러나 평가회라는 방법보다는 철저히 다음을 준비하는 것에 에너지를 모으는 것이 더 좋다. 경험을 통해 보면 평가회라는 것이 결국 잘못을 따지기가 쉽지, 장점을 이야기하고 칭찬이 오고가는 것은 잠시 잠깐이다. 결국 평가회는 부정적으로 흘러가게 되어 있다. 부정적인 평가회는 안 하느니만 못하다. 그래서 단점을 드러내는 평가회를 하기보다는 서로 격려하고 박수하면서 결과에 대해 만족하고 축하하는 분위기를 만드는 것이 유익하다. 평가회를 전혀 하지 말자는 말이 아니다. 평가회를 하더라도 칭찬 위주로, 수고한 사람들에 대한 격려의 분위기로 평가회를 이끄는 것이 목회 감각이다. 맡은 사람들이 있기 때문에 부정적인 평가는 그 일을 담당한 사람에게 격려와 도전이 되기보다는 실망을 주기가 더 쉽다.

목회 감각 중의 목회 감각을 발휘해야 할 때가 이런 때이다. 갈등 상황을 보고도 잠잠하면 안 된다. 간섭해도 안 된다. 잠잠하면 결국 원망이 목회자에게, 교회에게로 향하게 되어 있다. 너무 간섭해도 안 된다. 팀장이나 성도들이 더욱 수동적이 되어 갈 수 있다. 모든 것을 다 목회자가 해 줄 수는 없기 때문이다. 좋은 성과를 내는 것도 중요하지만, 화목을 이루는 것이 우선이다.

의견이 대립될 때는 중재해야 한다. 그러나 대립 양상에 초점을 맞추기보다는 긍정적인 부분을 찾아내서 긍정적인 면을 훨씬 부각시키는 것이다. 대립된 의견이 있지만, 합의된 부분을 부각시켜서 연합을 강조하는 것이다.

살아 있는 신앙은 핀잔을 칭찬으로 바꾸는 것이다. 활력 있는 목회는 비난을 격려로 바꾸는 것이다. 그래서 부흥하는 교회는 분위기가 좋은 것이다. 분명히 비난받아 마땅한 일인데 기어이 화합하게 하고 칭찬하는 것이다.

사랑으로 미움을 예방하다

물론 모든 경우에 그런 식으로 대처해서는 안 된다. 사태나 상황이 심각한 경우에는 결코 가볍게 넘기려고 해서는 안 된다. 리더십이 기도하면서 연합하고, 많은 숙고와 논의와 합의로 적극적으로 해결해야 한다. 그러므로 갈등의 골이 깊어지기 전에 얼른 목회 감각을 발휘해서 두 사람 사이에, 두 팀 사이에 화목을 추구해야 한다. 치료보다는 예방이 우선이다.

「뇌내혁명」의 저자 하루야마 시게오라는 사람은 4대째 의사 집안의 사람이다. 책의 서두에 "병은 치료보다는 예방이 우선입니다. 병이 발병하면 치료하기는 어렵습니다. 저 같은 경우는 여섯 명의 환자를 맡았으면 그중의 한 명밖에는 못 고칩니다"라고 적힌 이 말에 일본 사람들이 깜짝 놀랐다고 한다. 그 유명한 의사 집안이 여섯 명 중에 한 명밖에 못 고친다는 사실 때문에 충격을 받았다는 것이다. 그런데 더 놀란 사람들이 있었단다. 의사들이 "당신은 여섯 명 중에 한 명이나 고치는가?" 했다고 한다. 그만큼 일단 병이 들면 고치기가 어렵다는 말이다. 교회의 갈등도 마찬가지다. 갈등의 골이 깊어지기 전에 목회자가 움직여야 한다. 안테나를 높이 들고 성도들 간에 갈등은 없는지 늘 예의주시해야 한다.

새로운 약을 만드는 데 보통 10년이 걸린다고 한다. 돈도 천문학적인 숫자가 든다고 한다. 그런데 신약보다 수천 배 좋은 것이 있는데, 몸에서 생성되는 다이돌핀이라는 것이다. 엔도르핀의 수천 배에 해당하는 호르몬인데, 이 다이돌핀은 무릎을 치면서 '아하' 하고 깨달을 때 생긴다고 한다. 성도들이 말씀을 듣고 '아하' 하고 깨달으면 그저 말씀에 은혜 받는 것으로 끝나는 것이 아니라, 가정이 부드러워지고, 교회가 부드러워진다.

리더가 부드러우면 따르는 사람들도 부드러워진다. 리더가 강하고 콕콕 찌르면 따르는 사람들도 날카로워진다. 은혜로 죄를 예방해야 한다. 사랑으로 미움을 예방해야 한다.

목회 열역학
제1법칙

다윗의 종으로서의 섬김은 단순히 왕으로서의 통치를 위한
도제 과정이 아니었다. 다윗에게 종으로서 섬기는 일은 그 자
체가 이미 왕으로 통치하는 일이었다 … 예수님도 인생의 대
부분을 목수 일을 하셨다. 이처럼 모든 진정한 일에는 섬김과
통치라는 두 요소가 하나로 결합되어 있다. 통치는 우리가 하
는 일의 내용이며, 섬김은 우리가 그 일을 하는 방식이다.

유진 피터슨, 「다윗, 현실에 뿌리박은 영성」

목회의 질투, 경쟁, 욕망

목회에도 열역학 제1법칙이 있다. 쉽게 말하면, 에너지는 사용한 만
큼 닳아 없어지게 되어 있다는 것이 열역학 제1법칙이다. 열이 반드시
식는 것처럼, 에너지가 사용한 만큼 없어지는 것처럼 목회의 열정도 식
는 때가 있다. 이것이 목회 열역학 제1법칙이다.

목회의 열정을 식게 만드는 사람과 일과 상황이 있다. 송인규 교수
님의 「세 마리 여우 길들이기」에서 보면 우리 안에는 길들여지지 않는
세 마리 여우가 있는데, 그것은 질투와 경쟁과 욕망이라고 말한다.

한 교회 안에서 목회자끼리 경쟁하는 분위기가 있다는 말을 듣는다. 선의의 경쟁이라는 것도 분명 있지만, 서로가 잘하고 잘되는 것을 축하해 주지 않고 질투하는 경쟁이라면 그것은 선의의 경쟁일 수 없다. "이번에 새 가족 만찬을 위해 수고하신 전도사님, 정말 수고하셨습니다. 우리 박수로…", "이번에 세미나 준비로 수고하신 목사님, 정말 원더풀입니다. 오신 분들이 다들 만족해 하셨습니다. 우리 박수로…." '나만 박수 받는 것도 아닌데 뭘… 결국 다 받게 될 텐데 뭘… 그냥 형식적으로 하시는 것이지' 이렇게 생각할까? 다른 사람이 함께 박수 받으면 나의 수고는 헛된 것인가? 나만 박수 받아야 좋은 것인가? 우리들은 상대평가에 너무 익숙해 있다. 나만 잘되어야 좋은 사회로 오해하고 있다. 가족이 힘든데 나만 좋을 수 없다. 이웃과 동족이 어려운데 나만 행복할 수 없다. 성도와 동료가 힘들어하는데 아무렇지 않을 수 없다. 함께 잘되어야 마음껏 기뻐할 수 있다.

옛말에 "사촌이 땅을 사면 배가 아프다"는 말이 있다. 이것은 다른 사람이 잘되는 것을 보고 축하하기보다는 질투가 앞서는 것이 사람의 본성이라는 것이다. 슬플 때 같이 슬퍼하는 것은 어쩌면 어렵지 않다. 안된 사람, 어려운 사람에 대한 동정심은 자연스럽게 생겨난다. 그러나 아는 사람이 잘되고 기뻐할 때 같이 기뻐하는 것은 훈련된 사람이 아니면 쉬운 일이 아니다.

사촌이 땅을 사도 배가 안 아프다

내가 넓은 마음, 깊은 마음, 예수의 마음을 가졌는지를 알 수 있는 기준은 다른 것이 아니다. 주위 형제, 자매가 잘되는 것을 보고 진심으로 축하할 수 있다면 나의 신앙은 건강하다고 할 수 있다. 다윗을 칭찬하는 여인들의 노랫소리에 다윗을 죽이려고 했던 사울의 모습에서 질투가 얼마나 무서운 것인가를 짐작할 수 있다. 더군다나 다윗은 자신의 사위다. 사위 다윗을 죽이면 딸 미갈은 과부가 된다. 그런데도 아랑곳하지 않고 다윗을 죽이려고 한다.

> "여인들이 뛰놀며 노래하여 이르되 사울이 죽인 자는 천천이요 다윗은 만만이로다 한지라 사울이 그 말에 불쾌하여 심히 노하여 이르되 다윗에게는 만만을 돌리고 내게는 천천만 돌리니 그가 더 얻을 것이 나라 말고 무엇이냐 하고 그 날 후로 사울이 다윗을 주목하였더라 그 이튿날 하나님께서 부리시는 악령이 사울에게 힘 있게 내리매 그가 집 안에서 정신 없이 떠들어대므로 다윗이 평일과 같이 손으로 수금을 타는데 그 때에 사울의 손에 창이 있는지라 그가 스스로 이르기를 내가 다윗을 벽에 박으리라 하고 사울이 그 창을 던졌으나 다윗이 그의 앞에서 두 번 피하였더라"(삼상 18:7~11).

목회에서도 질투는 열정과 의욕을 사라지게 만드는 것이다. 서로 경쟁을 부추기는 목회가 과연 건강할 수 있을지 의심스럽다. 나는 사남매의 장남이다. 누이 둘과 남동생이 있다. 위로 누이 둘이 있고 다음에 내가 태어났을 때 아들이 태어났다고 부모님이 얼마나 좋아하셨는지 모른다. 부모님이 어려서부터 아들과 딸을 두고 차별대우가 있었다고 누이들 불만이 지금까지도 여전하다. 심지어는 어머니께서 내게 젖을 주시기 위해서 누이들 어렸을 때는 아끼셨다고까지 말할 정도다. 부모의 사랑이 한쪽으로 치우지면 형제들 사이가 좋을 수 없다. 나는 형제들의 질투를 한 몸에 받았다. 야곱이 요셉을 유독 사랑했을 때 어떤 일이 생겼는가? 요셉을 팔아넘길 만큼 형제들 사이가 멀어졌다는 것을 보게 된다.

> "요셉이 그들에게 가까이 오기 전에 그들이 요셉을 멀리서 보고 죽이기를 꾀하여 서로 이르되 꿈 꾸는 자가 오는도다 자, 그를 죽여 한 구덩이에 던지고 우리가 말하기를 악한 짐승이 그를 잡아먹었다 하자 그의 꿈이 어떻게 되는지를 우리가 볼 것이니라 하는지라" (창 37:18~20).

목사님은 나를 제일 사랑하셔

성도들은 사랑받고 싶어 한다. 담임목회자의 사랑과 관심을 받고 싶어 한다. '담임목사님은 나를 제일 아끼셔' 라고 생각하게 만드는 것도 멋진 목회 감각이다. 그만큼 한 사람 한 사람을 칭찬하고, 알아주고, 격려하는 것이 필요하다는 말이다. 형식적이고 뻔한 칭찬으로 격려하는 것이 아니라, 진정 그 사람의 장점과 단점을 너무도 잘 파악하고 있지만, 단점에 대해서 지적하기보다는 가르쳐 주고, 장점은 적극적으로 격려하고 칭찬한다면 목회자와 성도는 소통하게 된다. 혹여 목회자의 가정과 성도의 가정에 장례가 발생하거나 어려움이 생기면 더욱 친밀하게 개인적으로 격려하고, 아무도 모르게 세심한 배려를 아끼지 않아야 한다.

어떤 목사님께서 당신이 어렸을 때 어머님에 대한 이야기를 해 주신 적이 있었다. 형제가 칠남매인데, 하루는 부르시더니 "너 기운이 없어

보여서 닭 한 마리 삶았다. 다른 형제들 오기 전에 얼른 먹어라" 하시더란다. 수십 년이 지난 후 어머니께서 천국으로 입성하시고 형제들이 둘러앉아 지난 이야기를 하다가 형제 중 한 명이 "어머니가 나를 제일 아끼셨는데, 미안한 이야기지만 나만 몰래 부르셔서 가끔씩 닭을 삶아 주셨어" 하며 은근히 자랑을 했다. 그런데 알고 보니 형제들마다 똑같은 경험을 했던 것이다. 어머니는 유독 몸이 축나서 기운이 없어 보이는 자녀들이 있을 때면 불러서 보양을 해 주셨던 것이다. 여유가 많지 않으니 칠남매가 한꺼번에 먹을 만큼을 준비할 수 없어서 돌아가면서 한 사람씩 삶아 주셨던 것이다. "열 손가락 깨물어서 아프지 않은 손가락이 없다"는 말은 이런 때를 두고 하는 말이다. 목회자의 칭찬도 두루뭉술한 칭찬이 아니라 한 사람 한 사람에게 관심과 사랑이 집중된 칭찬이 멋진 목회 감각이다.

칭찬에도 균형이 필요하다

부교역자를 칭찬하거나 성도들을 칭찬할 때조차도 균형이 필요하다. 담임목회자에게 유독 사랑받는 목회자가 있다는 사실은 다른 목회자에게 경쟁심을 유발하게 만든다. 그것은 부교역자들로 하여금 쓸데없는 곳에 에너지를 소비하게 만드는 일이다. '나는 왜 대접을 받지 못할까? 담임목사님께 잘못한 것이 있나?' 별의별 상상을 다하게 된다. '그럼 이제 교회를 옮길 준비를 해야 하나?' 하는 생각까지 하면서 자괴감에 빠지기도 한다.

이런 질투심과 경쟁심을 유발하여 목회를 하려는 목회자들이 혹 있을지도 모르겠다. 결과는 좋을지 몰라도 과정 속에서 많은 상처가 남게 된다. 그리고 그런 경쟁 과정 속에서 좋은 결과가 나오기는 쉽지 않다. 목회자 사이에 사이가 좋지 않으면 성도들로부터 존경을 받을 수가 없다. 목회자 사이에 편이 갈리면 성도들도 갈리게 되어 있다.

요셉으로 인해 형제들 사이에 편이 갈리는 것을 볼 수 있다. 주로 레아와 라헬의 자녀들이 한 편이 되고, 빌하와 실바의 자녀들, 즉 여종의 자녀들이 한 편이 되는 것을 본다. 르우벤과 유다는 요셉을 살리려고 하지만 다른 형제들은 죽이자고 한다. 인간적으로 왜 마음이 더 가는 목회자가 없겠고, 성도들이 없겠는가? 그러나 담임목회자의 편애는 분열의 불씨가 될 수도 있다. 담임목회자에게 유독 사랑받는 목회자나 성도는 다른 사람들의 주목을 받기 시작한다. 유독 사랑을 받는 성도나 목회자의 실수는 다른 사람의 실수에 비해서 많은 주목을 받게 되고, 그동안 담임목회자의 편애에 대한 불평이 시작되는 계기가 된다.

칭찬 에너지를 공급하라

"미운 자식 떡 하나 더 준다"는 말은 정말 미운 자식을 더 챙겨 준다는 의미보다는 약하고 철없는, 그야말로 부모의 보살핌이 더 필요한 자식이 있다는 것을 의미한다. 부족할수록 더욱 이끌어 주고, 챙겨 주고, 세워 주는 목회자의 모습 속에서 성도들은 주님의 마음을 배우게 된다. 예수님께서도 베드로와 야고보, 요한을 늘 곁에 두셨는데, 거꾸로 생각해 보면 베드로, 야고보, 요한은 동일하게 성격이 급하고 유난스러운 사람들로 보인다. 성경은 야고보와 요한을 우레의 아들이라고 말한다. 그러니 야고보와 요한을 두고 예수님이 떠났다가는 계속 사건 사고를 냈을지도 모른다. 늘 작은 자, 연약한 자를 생각하시는 주님이시라면,

"소자에게 하는 것이 내게 하는 것이라"고 말씀하시는 주님이시라면 충분히 일리 있는 생각이다.

몸이 아프고 병든 성도들은 더욱 목회자의 보살핌이 필요하다. 작은 일에도 서운해 하는 성도들은 훈련이 더욱 필요하다. 그리고 목회자의 칭찬 에너지로 새로운 힘과 동기를 부여하는 것이 목회 감각이다.

칭찬, 목회자의 덕

칭찬은 공개적일수록 좋다. 그러나 잘못에 대한 질책과 꾸중은 개인적으로 하는 것이 필요하다. 사람들 앞에서 꾸중을 듣는 것은 부끄러움과 모멸감을 주기에 사역에 대한 열의를 식게 만든다. 이것은 목회자 자신에게도 교회로서도 손실이 아닐 수 없다. 사람의 인정을 받으려고 목회하고 섬기는 것은 아니지만, 인정받지도 못할 일을 기어이 한다는 것은 쉬운 일이 아니다. 물론 사람이 싫어서, 기분이 상해서 사역에 대해서 불성실한 것은 목회자로서 소양이 부족한 것이다. 그러나 부교역자를 그런 식으로 몰아가는 것도 덕스러운 일은 아니다.

성경에서도 늘 덕에 대해서 말한다. 노아의 허물을 덮은 두 아들은 축복을 받지만, 아버지의 허물을 드러낸 함은 저주를 받는다. 성경에서는 의를 '다른 사람의 허물을 덮어 주는 것'이라고 한다. 마리아의 남편 요셉은 마리아가 간음한 것으로 알고 조용히 파혼을 결심한다. 돌에 맞아 죽을 수 있는 죄를 저지른 정혼녀의 허물을 덮어 주기로 결심한 것이다. 이것이 덕이요, 의이다.

목회자의 심정에 제일 필요한 것이 바로 덕이다. 삼성 그룹의 강점은 사원이나 임직원이 회사를 퇴직하고도 삼성 그룹에 대한 자랑스러움이 사라지지 않게 한다는 것이라는 글을 본 적이 있다. 섬기던 교회를 떠나 다른 교회로 옮겨도 가끔씩 기억나는 교회, 늘 가고 싶은 친정집처럼 생각나는 교회가 되어야 하지 않겠는가?

성도를 대하듯이 부교역자를

열정 없는 부교역자가 맘에 안 들 때 잘못을 들춰내고 지적하는 것이 지혜로울까? 은혜로운 목회자는 부교역자의 강점과 약점을 파악해서 강점은 부각시키고, 약점은 덮어 주고 드러나지 않게 최소화 하는 탁월한 지도력을 가지고 있다. 담임목회자의 리더십은 협력 목회자의 장점을 최대한 부각시켜서 성도들이 목회자의 장점을 보게 만드는 것이다. 목회자가 자신의 장점을 알게 되면 자신감이 생긴다. 목회자의 장점이 부각되면 자연히 성도들에게 인정과 칭찬을 받게 된다. "아, 김 목사님? 사회를 기가 막히게 잘 보시지. 찬양 인도도 잘하시고. 회중이 얼마나 많든지 상관없이 전혀 떨지 않고 회중을 압도하면서 인도하시지." 목회자에 대한 자부심을 가진 성도들은 즐거이 헌신한다. "이런 목사님을 우리가 모시고 있단 말이야?"라는 자부심이 성도들의 헌신을 얼마나 기쁘게 만드는지 모른다. 담임목사의 이런 세심한 배려가 부교역자로 하여금 '나를 사랑하고 아끼신다'는 기분 좋은 착각에 즐거워하게 만든다.

담임목회자들 중에는 성도들에 대한 칭찬은 대단한데 부교역자에게는 도무지 칭찬하지 않는 분들이 있다. 부교역자와 성도들의 단점은 드러내고 장점은 감추는 담임목회자는 매력이 없다. 성도들에게는 긴장하면서 부교역자에게는 긴장하지 않기 때문에 그렇다. 부족한 면이 없는 사람은 없는데, 성도들이 목회자의 단점에 대해서만 주목하게 된다면 담임목회자에게도 성도들에게도 도움이 되지 않는다. 목회자의 단점이 부각되는데 성도들이 그 목회자의 설교에 은혜 받을 수가 없다. 목회자의 리더십이 발휘될 리가 없다. 어떤 리더들은 공공연히 다른 사역자의 단점에 대해서 지적하고 말하는 것을 쉽게 생각한다. 이럴 때 목회가 위축되고 점점 목회가 아닌 '업무 처리'가 되어 버리는 것이다.

목회는 사람을 살리고 영을 살리는 일이다. 그러려면 목회자의 영이 신나야 한다. 살아나야 한다. '담임목사님은 나를 제일 아끼셔'라는 착각이 낫지, '담임목사님은 나를 미워해'라는 오해를 만들 필요는 없다. 부교역자에게 있어 담임목회자에게 인정받는 것보다 좋은, 더 신나는 목회 에너지는 없다. 담임목회자의 칭찬 에너지는 부교역자의 목회의 충전과도 같다.

합니다! 됩니다!

베델교회에 목회자로 들어가서 첫 목회자 회의 시간, 이런저런 토의를 하면서 방향과 결론이 결정되고 회의가 마무리되는 시간이었다. 갑자기 손 목사님께서 오른손을 번쩍 드시더니 "합니다" 하시니까 거기에 있던 모든 부교역자들이 일제히 "됩니다" 하는 것이었다. 이번에는 반대로 손 목사님께서 "됩니다" 했더니만, 부교역자들이 "합니다" 하는 것이다. 처음에는 무슨 일인가 어안이 벙벙했다.

'합니다, 됩니다'는 무엇이든지 교회에서 하기로 했으면 더 이상의 이론을 갖기보다는 한 목적을 향하여 달려가자는 목회 철학이다. 너무 간단한 말이지만 빌립보서 4장 13절의 "내게 능력주시는 자 안에서 내가 모든 것을 할 수 있느니라"는 말씀을 집약한 강력한 파워의 구호가 아닐 수 없다.

목회 열역학 제1법칙을 기억해야 한다. 사명을 가진 목회자도 얼마든지 열정이 식을 수 있다. '사명 가진 목회자가 어떻게 저렇게 열정이 없지?' 하는 비판적인 눈으로 보기보다는 다시금 새로운 에너지를 공급해야 한다. 차에 기름이 없는데 자동차 부품을 새로이 교체한다고 해서 달릴 수 있는 것이 아니다. 목회에도 에너지가 필요하다. 목회자의 사명도 분명 목회의 에너지다. 이와 더불어 '칭찬 에너지, 장점 부각 에너지'를 공급하면 식었던 목회의 열정은 살아난다. 그러면 열정이 식었던 목회자가 벌떡 일어나 외치게 된다. "합니다, 됩니다."

덕(德)이 되면
득(得)이 된다

공급과 수요의 법칙에 따라 제물의 가격은 천정부지로 치솟
았다. 1967년에는 양 한 마리의 가격이 9달러에서 22달러로
뛰었다고 한다. 예루살렘에서도 똑같은 현상이 일어났다. 미
쉬나의 한 구절을 보면 "한때 예루살렘에서는 비둘기 한 쌍의
가격이 무려 금 1데나리온이 된 적이 있다." 금 1데나리온은
은 25데나리온이었다.

닉 페이지, 「가장 길었던 한 주」

예배를 이용한 사람들

예수님께서는 성전 안에서 장사하는 사람들을 향하여 불같이 분노
하셨다. 예수님의 분노를 거룩한 성전 안에서 장사를 하는 것에 대한 노
여움 정도로 해석할 수도 있다. 그러나 예수님 당시에 예배 때 드려질
제물에 대해서 말도 안 되는 웃돈을 받았다고 전해진다. 중동과 유럽 전
역으로 흩어져 있던 유대인들이, 하나님의 백성이 유월절 제사를 드리
기 위해서 몇 달 며칠을 걸어서 먼 길을 왔는데, 예배 때 사용할 제물에
엄청난 웃돈을 받고, 성전 세를 낼 돈을 환전하는데 거기에 또 다른 수

수료가 붙는다. 제사를 드리기도 전에, 예배를 드리기도 전에 멀리서 예배를 드리기 위해서 온 사람들의 마음이 장사하는 사람들의 불의와 거짓 때문에 시험 들고 상했다. 이러한 상황을 보신 예수님의 마음에 불이 붙지 않는다면 오히려 이상한 것이다. 기도하는 집에서 강도짓을 하고 있다고 말씀하시면서 예수님께서 분노하시는 것은 당연하다.

> "그들에게 이르시되 기록된 바 내 집은 기도하는 집이라 일컬음을 받으리라 하였거늘 너희는 강도의 소굴을 만드는도다 하시니라"(마 21:13).

기도하는 집이 기도하는 집의 역할을 하면 교회는 부흥한다. 기도하는 집에서 장사를 하니까 기도의 불이 붙을 수가 없다. 부흥의 불길이 타오를 수가 없다. 예배를 이용하고 기도를 이용해서 하나님을 고용할 생각을 하는 사람들을 예수님은 강도라고 말씀하신다.

반대(反對)를 반대(反對)한다

어떤 교회가 부흥한다고 하면 특별한 프로그램이 있는지부터 생각하는 경향이 있다. 교회의 부흥에는 그 중심에 하나님의 은혜와 함께 오직 하나님의 은혜에만 집중하는 목회자가 있고, 그 은혜만을 사모하는 성도들이 있다. 다시 말해서, 부흥에는 반드시 하나님의 사람들이 있다. 그러므로 사람에 주목해야 한다. 목회자가 성도들을 섬기고 은혜 받게 하는 것에 집중해야 한다.

다시 말하지만, 교회는 반대만 없으면 부흥한다. 교회가 가야 할 곳으로 가면 교회는 성장하고 부흥한다는 말이다. 교회가 엉뚱한 것에 신경 쓰지 않고 교회의 본질에 충실하면 교회는 부흥한다. 교회에서 돈 바꾸고 제물 파는 것을 하려고 하면 교회가 부흥할 리가 없다. 프로그램은 있는데 사람의 배려가 없는 교회보다는, 프로그램은 없어도 성도를 생각하는 교회가 하나님 보시기에 훨씬 본질적인 교회의 모습이다.

교회에서 성도들 간에는 반대가 있을 필요가 없다. 그런데 실제로는 반대가 있고, 다툼이 있고, 어려움이 있는 것이 사실이다. 초대 교회 때 다툼이 있었던 고린도교회의 분쟁의 원인을 보면 웃음이 난다.

> "내가 이것을 말하거니와 너희가 각각 이르되 나는 바울에게, 나는 아볼로에게, 나는 게바에게, 나는 그리스도에게 속한 자라 한다는 것이니 그리스도께서 어찌 나뉘었느냐 바울이 너희를 위하여 십자가에 못 박혔으며 바울의 이름으로 너희가 세례를 받았느냐"(고전 1:12~13).

어떤 목사님을 좋아하는가, 어떤 교단을 선호하는가는 서로 분쟁할 이유라고 하기에 우스꽝스러운 것이다. 그런데 이렇게 말도 안 되는 분쟁 이유가 실상은 교회 안에서 일어나는 대부분의 분쟁의 원인이라는 사실이다.

많은 경우 교회 분쟁의 이유는 안타깝게도 '누가 옳은가'이다. '목사의 의견이 옳은가, 장로의 의견이 옳은가'이다. 그렇게 되면 편이 나뉘게 되고, 다음 단계는 자연히 '그 사람은 누구 편에 서 있는 사람인가'가 된다. 고린도교회의 분쟁이 오늘날 교회 분쟁의 이슈와 동일하다.

평상시에는 아무런 문제가 없다. 그런데 교회 안에서 의견이 갈리고 나뉘게 되면, '저분이 어제까지 웃으면서 나와 식사하던 그분이 맞나?' 헷갈린다. 그렇게 온화하던 사람조차도 교회에 분쟁이 생기면 '신앙 인격'은 눈 씻고 봐도 찾아볼 수 없는 사람이 되어 있다. 그럴 때면 깜짝 놀랄 때가 한두 번이 아니다.

반대를 반대해야 한다. 의견에 대한 반대를 사람에 대한 반대로 생각할 필요는 없다. 한국 문화는 토의 문화가 아니라 명령하는 문화다 보니 조정하고 화합하는 과정이 쉽지 않다. 그래서 의견이 다르면 서로 싸운다. 의견이 다른 것이지 같은 소속이고 같은 나라 사람인데 피를 흘리면서 싸운다. 그럴 필요 없다. 의견이 다르다고 목사를 반대하고, 의견이 다르다고 교회를 반대하는 것은 옳지 않다.

기대하지 않는 것이 사랑이다

인격이라는 단어 중 영어로 'personality'라는 단어가 있다. 그 원어적인 의미를 찾아보면 연극배우가 쓰는 '가면'(PERZONA)에서 유래되었다고 한다. 그러니까 인격이란 원래 가면을 쓴 것과 같다는 것이다. 인격이라는 가면이 벗겨지면 누구나 다 원색적인 면이 드러나게 되어 있는 것이다. 가끔 인격적이었던 사람들이 비인격적인 모습을 보일 때가 있다. 심한 분노나 억울함 때문에 그동안에 감추어져 있었던 원색적인 모습이 드러나는 것이다. 때로는 신앙을 가졌음에도 비인격적인 행동과 말을 할 때가 있다. 그러면 신앙이 여린 사람들은 성도들의 비 신앙적인 모습에 실망해서 교회를 못 나온다고 하는 경우가 적지 않다.

사람에게 기대를 해서는 안 된다. 어떤 사람도 예외는 없다. 그 사람이 인격적인 것은, 목회자가 인격적인 것은 그 안에 있는 죄성이 예수의 의와 인격으로 덮여 있는 것이다. 어느 순간 참지 못하고 인격이 벗겨지면 짐승이 나오고 괴물이 나올 수 있는 존재가 바로 사람이다. 그러므로 사람에 대해서 기대하지 않는 것이 인격적이다. 신앙적이다. 오히려 그 사람을 사랑으로 품을 생각을 해야지, 내가 기댈 생각을 하면 안 된다. 예수님께서도 자신을 믿는 사람에게 자신의 몸을 의탁하지 않으셨다고 말씀하신다. 사람이 어떤 존재임을 알기 때문인 것이다.

그러므로 사람을 대할 때는 그 사람이 인격이라는 가면을 쓰고 있으니 그렇지 실상은 연약한 죄인이라는 것을 인정해야 한다. 때로는 인격이라는 가면이 벗겨져서 비인격적이고 비신앙적인 행동과 말을 할 때조차도 '아 가면이 벗겨졌구나. 본래 모습이 보이는구나' 하고 생각하면서 이해하고 여유를 가져야 한다. 모든 사람을 불신하라는 뜻이 아니다. 색안경을 끼고 봐야 한다는 말이 아니라, 너무 사람에게 기대했다가 실망하지 말라는 말이다. 사람을 생각할 때는 사랑이 필요한 존재로 여겨야지, 내가 믿고 의지할 존재로 생각하지 말라는 것이다.

> "예수는 그의 몸을 그들에게 의탁하지 아니하셨으니 이는 친히 모든 사람을 아심이요 또 사람에 대하여 누구의 증언도 받으실 필요가 없었으니 이는 그가 친히 사람의 속에 있는 것을 아셨음이니라"(요 2:24~25).

고 하용조 목사님께서도 우스갯소리로 상처받지 않는 방법에 대해서 말씀하셨다. "상처받지 않는 방법을 알려드릴까요? 누가 상처를 주거든 받지 마세요. 왜 그것을 기어이 받으세요? 받기를 거절하세요" 하셨단다.

주장(主張)이 아니라 조정(調停)이다

"목사님은 당회, 리더십과 의견이 대립되면 기어이 목사님의 의견을 주장하시겠습니까, 당회의 의견을 따르시겠습니까?" 이런 질문을 받는다면 어떻게 대답하겠는가? 이 질문과 비슷한 질문을 예수님께서도 받으셨다. "가이사에게 세를 바치는 것이 옳습니까?" 세를 바치는 것보다 중요한 것은 하나님께 영광을 돌리는 것이다.

교회에서 누구의 의견이 성취되느냐가 중요한 것이 아니다. 하나님의 뜻에 부합한 일이 무엇인가를 의논해야 한다. 물론 딜레마는 있다. 서로가 하나님의 뜻이라고 한다면 어떻게 합의점을 찾을까? 그러나 동일한 아버지의 음성을 들었다면 내용이 다를 수는 없다. 그러나 그 아버지의 뜻을 이루는 방법은 얼마든지 다를 수 있다. 방법의 차이라면 서로 조정하는 것이 먼저다. 의견이 다르면 '주장' 할 것이 아니라 '조정' 해야 한다.

'누구의 의견이 성취되는가, 누구 편인가?' 가 중요한 것이 아니라, 그 사람이 주님의 보혈로 한 피 받아 한 몸 이룬 형제요, 자매라는 사실을 먼저 생각해야 한다. 그리고 주님께서 죽기까지 사랑한 성도라는 사실도 잊지 말아야 한다. 그러므로 목회자가 자기 의견을 주장하고 내 편을 만들기보다는 모든 성도들을 사랑으로 품는 것이 최고의 목회요, 목회 감각이다. 원칙적인 이야기지만, 주장하는 목회보다는 조정하는 목회가 덕이 되고 득이 된다. 교회의 결정으로 인해서 어느 한 사람이라도 실족할 것 같으면 한 사람을 위해서라도 기다리는 것이 최선이다. 물론 무작정 기다릴 수는 없다. 모든 사람이 동의하는데 한 사람 때문에 한 달을, 1년을 기다릴 수 없을 때도 있다. 그러나 그럼에도 그 한 사람까지도 품에 안는 노력과 함께 추진해야 할 것이다.

덕(德)이 되면 득(得)이 된다

교회에서 민감한 이슈가 되는 사안들을 예를 들어 보겠다. 본당의 강단에 대해서 한국 교회는 민감하게 반응한다. 프로그램을 위해서 강단을 치운다는 것을 용납하지 못하는 교회가 있다. 다시 말하면, 프로그램을 강단 위에서 한다는 것을 받아들이기 힘들어하는 교회들이 많다. 이것을 옳고 그름의 잣대로 바라보면 안 된다. 교회의 문화를 가지고 '시대에 뒤떨어졌다, 사람들이 고루하고 보수적이다'는 식의 해석은 맞지 않다. 한 교회의 성도들이 그동안 생각하고 배워 왔던 강단에 대한 이미지를 바꾼다는 것은 성도의 입장에서 보면 무시하는 처사이고 침범이다. 반대로 강단 위에서 프로그램을 하는 교회에 대해서 '너무 진보적이다, 신앙적이지 못하다'고 함부로 판단하는 것도 옳지 않다. 그렇게 할 수 있는 정서가 교회에 마련되어 있다면 그것을 굳이 바꾸려고 할 필요도 없다. 목회자나 몇몇 사람의 정서와 신학을 획일적으로 교회에 적용하려는 것은 위험하다. 신학은 복음의 진리를 보호하기 위해서 생긴 것이다. 교회와 성도들을 보호하기 위해서 마련된 학문이지, 정죄하기 위하여 신학이 생긴 것이 아니다.

유대인들은 안식일을 지킬 때 "안식일을 거룩히 지키라"는 말씀을 듣고도 거룩하게 지키는 것에 대해서는 생각지 않고, 본질에 대한 접근은 뒤로하고, "일하지 말라"는 안식일 계명에 대한 부제에만 매달리는 실수를 범했다. '무엇이 일인가, 어디까지가 일인가?'에 대한 생각만을 발전시켰다. 그래서 바늘을 두 땀을 뜨면 일이란다. 켜진 불을 끄면 안 되고, 꺼진 불을 켜서도 안 된다. 안식일 전날 아예 가스 불을 가장 낮은 상태로 해서 음식을 데울 수 있을 정도로 두는 것은 괜찮단다. 엘리베이터도 안식일 전용 엘리베이터가 있단다. 안식일 엘리베이터는 버튼을 누르지 않아도 매 층마다 서는 엘리베이터를 말한다. 그야말로 주객이 전도된 예다. 안식일에 일하지 말라는 것은, 일하지 않는 것이 안식일의 목적이 아니라 일주일에 하루는 온전히 예배에만 집중하라는 말씀이다.

'강단에 대한 신학'이란 따로 없다. 바울이 말한 고기를 먹느냐 마느냐의 문제처럼, 강단에 대해서도 성도들의 정서를 고려하고 배려하는 것이 우선이다.

'설교자가 가운을 입어야 할 것인가?' 이것도 교회들마다 다뤄지는 이슈 중 하나다. 문제 될 것도 없다. 가운을 입는 교회면 입으면 된다. 가운을 안 입는 교회는 안 입으면 된다. 단순하게 대답했지만, 서로 자기 의견을 주장하게 되면 실제 상황에서는 결코 단순하고 쉬운 문제가 아니다. 분명한 것은, 어느 한쪽의 의견을 고쳐시키기 위한 것이 목적이 되어서는 안 된다는 것이다. 복음의 본질이 아닌 것은 부차적인 것이다. 문제를 해결하는 접근 방법의 문제다. 이런 부차적인 일로 성도를 잃는 시도는 불필요하다.

어떤 예배가 바른 예배인가, 어떤 디자인이 예배당에 어울리는가라는 문제도 교회와 성도들에 따라서는 예민한 이슈가 될 수 있다. 이것도 '누가 옳고 그르다'의 문제가 아니라 문화의 차이다. 전통의 차이다. 조정이 필요하면 얼마든지 조율이 가능한 부분이다.

목회자가 주장하는 교회가 건강한가, 평신도가 주장하는 교회가 건강한가? 둘 다 아니다. 주님께서 주인 되시는 교회가 바른 교회요, 건강한 교회다. 서로를 존경하고 사랑하는 교회가 건강한 교회다. 서로를 먼저 배려하고 생각하면 누구의 의견을 주장하기보다는 서로의 의견을 존중하게 된다. 함께 주님의 뜻이라는 동일한 목적을 어떻게 이루어 낼 것인가를 논의하고 협력하는 교회가 되어야 한다. 서로에게 덕이 되도록 해야지, 서로의 득을 따지는 자세가 되어서는 안 되는 것이다.

전등도 바꾸지 말라

목회자들의 목회를 보면 사람 중심의 목회가 있고, 일 중심의 목회가 있다. 복음 중심의 교회(Evangelism Church)가 있고, 이벤트 중심의 교회(Eventlism Church)가 있다. 개인적인 생각은, 목회는 '사람 중심의 목회'가 되어야 한다고 본다. 아무리 좋은 아이디어라 할지라도 누구 한 사람 새로운 시도 때문에 상처를 받는 사람이 있다면 굳이 할 필요가 없다는 생각이다. 교회에서의 프로그램은 성도들의 신앙을 훈련하고 단련하기 위한 것이다. 그런데 특별한 프로그램을 하는 것 때문에 성도들이 상처를 받는다면 하지 않는 것이 옳다. 일이 중요한 것이 아니라 사람이 중요하기 때문이다. 예를 들어, 크리스마스 칸타타를 성가대가 하기로 했다. 크리스마스니까 모두 검정색 양복에 빨간색 넥타이를 하기로 했다. 그런데 한 사람이 검정 양복이 없다. 갑자기 양복을 살 형편도 안 된다. 빌리기는 싫으니 그 사람이 성가대를 서지 않는 것으로 할 수 있다. 이때 그 사람을 빼고 양복을 입혀서 성가대를 세우느니 모두 성가복을 입고 서는 것이 덕이 된다. 무엇을 하느냐보다는 사람을 먼저 생각하고 배려하는 생각 때문이다.

모든 일에 모든 사람을 만족시킬 수는 없다. 그러나 적당한 시기라는 것이 분명 있다. 지금 당장 받아들이기 힘든 사람들이 있을 때는 때를 기다리는 지혜가 필요하다. 아무리 기다려도 동의할 수 없는 사람이 있다. 그럼에도 어느 시점이 되면 교회의 분위기나 시대의 흐름으로 많은 성도들이 무난히 그 의견을 받아들일 수 있는 때가 오는 것이다.

교회의 전통만을 생각하다가 젊은 세대들을 잃어버린다면 리더십이 심각하게 생각해 볼 문제다. 교회가 새로운 것만 추구하다가 어른들이 신앙생활을 힘들어한다면 함께 기도할 문제다. 그러므로 목회자의 목회 감각이 깨어나야 한다. 시대착오적인, 편중된 시각에서 벗어나야 한다. 숲속에 있는 나무 하나하나에도 신경을 써야 하는 동시에 전체 숲을 관리하기 위한 넓은 안목도 필요하다. 그래서 교회에 처음 부임하면 전등도 바꾸지 말라는 말이 여기서 나온다. 새로 부임해 온 목회자는 이전에 해 왔던 문화와 생각을 새로운 교회에 적용하려고 하기가 쉽다. 그러나 기존의 성도들은 그동안 해 오던 전통이 있는데, 새로 부임한 목회자가 오자마자 이것저것 바꾸면 '무시를 당하는 느낌'을 받을 수도 있다. 목회자와 성도들의 교감이 충분히 이해되고 용납되는 시간이 흐르기까지는 서로가 서로를 기다려 주고 배려해 주는 사랑과 인내가 필요하다. 그렇기에 성급하게 어떤 일을 하려고 하기보다는 사람을 챙기는 것이 먼저라고 믿는다. 심방으로 성도들의 신앙에 보약을 주는 일을 먼저 하는 것은 어떨까?

'일 중심의 목회'가 아닌 '사람 중심의 목회'가 되어야 한다. 사람 중심의 목회는 반드시 덕이 되고 득이 된다. 주장하기보다는 조정하는 목회가 목회 감각이다.

구두쇠 목사가
환영받는다

> 하나님의 선하심이 인간의 죄를 상대하는 것을 자비라고 한
> 다면, 하나님의 선하심이 인간의 결점을 상대하는 것은 은혜
> 이다.
>
> A. W. 토저, 「GOD」

목사가 돈으로 사는 것이 아니요

'목회 감각'은 사람에 따라서, 그리고 사람의 상황에 따라 적합하게 말하고 대처하는 순발력과 센스가 필요하다고 말했다. 이와 함께 목회자는 재정 사용에 대해서도 철저해야 한다. 아낄 수 있는 모든 것은 아끼는 것이 몸에 배어 있어야 한다. 교회적으로도 그렇게 해야 하고, 개인적으로도 절약해야 한다. 성도들의 피와 같은 헌금을 아껴서 사용하고, 적절하게 사용하고, 때에 맞게 사용하는 것은 목회 원칙 중의 철칙이라고 할 수 있다. 교회의 재정은 조금만 긴장을 놓치면 후한 인심(?)으로 쉽게 사용할 수 있기 때문이다.

교회에 휴지가 떨어져 있으면 주우면 된다. 휴지 줍는 데 목사, 장로가 따로 없다. 지나가다가 피아노 덮개가 열려 있으면 닫고 가면 된다.

먼지가 들어가면 피아노 소리가 안 좋아지고, 그러면 조율을 해야 하고, 그러면 또 돈이 든다. 아무도 없는 방에 불이 켜져 있으면 누구든지 꺼야 한다. 담임목회자는 어디를 가든지 그런 것이 보인다. 그런데 부교역자 때는 안 보인다. 부교역자가 자기 일이 아니라고 생각해서가 아니다. 그때는 안 보였다.

절약은 성도들에게 가르칠 필요가 있다. 교회 팀장 회의 때에도 말하고, 교회학교 모임에서도 말하고, 다시금 '노래를 불러야' 한다. 이렇게 말하면 '너무 목회자가 시시콜콜한 일을 말하는 것은 아닌가?' 하고 생각할지 모르겠다. 교회가 커질수록 별것 아닌 일로 얼마나 많은 재정이 소비되는지 모른다. 그리고 그 재정 소비는 대부분 재정에 대한 인식과 자세에서 비롯된다. '아끼자'는 분위기일 때와 '일단 쓰고 보자'는 인식이 팽배할 때의 소비는 세 배, 네 배 이상 차이가 난다. 영혼을 살리는 선교와 교육에 사용할 수 있는 재정을 쓸데없이 낭비하는 일은 없어야 한다.

목회자부터가 아끼는 것을 몸소 실행에 옮길 때, 그것은 이미 하나의 메시지가 되어 교회 재정을 아끼고 절약하는 분위기로 전체를 이끌고 갈 수 있다.

돈에 당당하면 목회도 당당하게 한다

목회자는 돈에 대해서 자유로운 만큼 당당해져야 한다. 목회자가 헌금에 대해서 충성되지 못하면 설교가 강력하게 선포될 수 없다. 설교에 힘이 실리지 않는다. 왜냐하면 목회자가 돈의 유혹에 흔들려 마음에 욕심이 담겨졌기 때문에 말씀조차도 욕심을 거쳐서 나오게 되니 하나님의 메시지가 순전하게 전달되기 어려운 것이다. 목회자가 돈에 대해서 당당한 것은 자신의 의를 자랑하기 위해서가 아니다. 하나님의 것을 맡은 청지기로서 하나님 앞에 부끄럽지 않기 위해서다. 또한 성도들의 신앙에 본이 되기 위해서다.

어떤 목사님은 성탄절에 교인들로부터 선물이 들어오면 함께 일하는 부교역자, 교회 직원, 심지어는 교회 청소하는 직원들에게까지 나누어 준다고 한다. 장례나 결혼식 주례 비용은 장학금으로 사용하는 분도 봤다. 하도 생일 선물을 사양해서 팀장들이 비밀 회의를 해서 양복 쿠폰을 하나 마련해 드렸더니 동부로 가는 파트타임 전도사에게 선물로 주시는 것도 봤다. 부흥회에서 사례비를 받으면 어려운 교회들과 여기저기 선교 단체장들을 만나 헌금하고, 밥을 사고, 후배들에게 용돈을 주는 일에 모두 소비하고 돌아오시는 분도 있다. 아무도 모르게 그렇게 하셨던 것을 성도들에게 들키면서(?) 많은 사람들이 알게 된 사실이다. 목회자가 이렇게 산다면, 재정에 대해서 투명할 수 있다면 무슨 말이든 할 수 있다. 인간의 욕망을 극복한 사람은 자신의 욕심과 자신의 의를 주장하지 않기 때문이다. 말씀에 순종한 사람에게는 하나님께서 권세를 주시기 때문이다.

사무엘의 말을 이스라엘 사람들은 두려움을 가지고 들었다. 첫째는 하나님이 사무엘을 통해서 말씀하셨기 때문에 사무엘의 말은 땅에 떨어지는 법이 없었기 때문이다(삼상 3:19). 둘째는, 사무엘은 어느 누구에게도 돈을 갈취한 일이 없었기 때문이다(삼상 12:3~4). 순종하는 사람에게는 하나님께서 하늘의 권세를 주신다. 사무엘의 목회가 성공한 이유는 바로 이 두 가지 때문이라고 본다.

돈에 취약한 목회자가 있다. 교회의 사례비가 충분하지 않다고 성도들에게 손을 내미는 목회자가 있다. 강단에서조차 자신의 어려운 형편을 이야기하는 목회자가 있다. 부자 성도들하고만 식사하는 목회자가 있다. 목회자가 그렇게 하는 순간 성도들의 마음을 잃어버리는 것이다. 존경과 사랑을 잃어버리는 것이다. 하나님께 붙들리고 매여 있어야 하는 목사가 돈에 매이고 묶인다면 전하는 말씀에서 무슨 영성이 나올 수 있을까?

> "한 사람이 두 주인을 섬기지 못할 것이니 혹 이를 미워하고
> 저를 사랑하거나 혹 이를 중히 여기고 저를 경히 여김이라 너
> 희가 하나님과 재물을 겸하여 섬기지 못하느니라" (마 6:24).

목회자의 주인은 돈이 아니라 하나님이다. 성도에게 손을 내미는 순간 하나님의 손을 뿌리치는 것이다. 성도에게 손을 내미는 순간 "나는 하나님보다 돈이 더 소중한 사람입니다"라고 말하는 것이다.

하나님께 대해서 충성할 것인지 돈에 대해서 충성할 것인지 고민이 된다면, 지금 목회를 접고 다른 일을 알아봐야 한다.

타협할 수 없는 것은 고민 대상이 아니다

목회자가 돈 문제에 타협하지 않을 때에야 비로소 성도에게 세상과 돈에 대해서 타협하지 말라고 강력하게 설교할 수 있다. 목회자와 성도가 타협할 수 없는 것은 고민할 필요가 없다. 타협할 수 없는 것은 아예 고민의 대상에 넣지 말아야 한다. 타협할 수 없는데 왜 고민하는가? 타

협할 수 없는 것은 믿고 있는 진리대로 밀어붙여야 한다.

그리스도인이 우상 숭배에 대해서 타협이 가능한 중간 지점이 있는 가? 우상 숭배는 일말의 여지도 없이 타협할 수 없기 때문에 '우상 숭배를 할 것인가 말 것인가'는 당연히 고민의 대상조차 될 수 없다. 우상에게 절하지 않을 것이기 때문이다. 제사상에 절하는 것은 옳고 그름을 떠나서 백해무익한 것이다. 안 믿는 사람에게 시험거리가 되는 것이다. 타협의 여지가 조금도 없다. 절하면 안 되는 거니 안 하면 된다. 하나님께서 명령하신 것이니 고민할 필요가 없다.

'주일 성수를 할 것인가 말 것인가?'는 그리스도인에게 고민의 대상이 될 수 없다. 타협할 여지가 없기 때문이다. 또한 그리스도인에게 술, 담배 문제가 고민의 대상인가? 아니다. 당연히 안 할 것이기 때문에, 해서는 안 되는 것이기에 고민의 대상이 아니다. "술, 담배 먹는다고 구원받지 못하는 것은 아니지 않나요?" 하며 이 문제를 가지고 고민하는 성도들이 있다. 심지어는 신학생, 목회자도 이 문제에 대해서 고민하는 사람들이 있다고 들었다. 한번 생각해 보자. 술, 담배를 하는 그리스도인에 대해서 누가 온전하다고 생각하는가? 개방적이라고 하는 미국 사람들도 술, 담배를 하는 그리스도인을 온전하게 생각하지 않는다. 일반 사람들도 이상하게 생각하는 것을 그리스도인이 고민한다는 것 자체가 말이 안 된다. 타협해서는 안 되는 것을 타협하려고 하니까, 당연히 해야 할 것을 안 하려고 하니까 고민이지, 당연히 하는 것으로 알면 그것은 고민의 대상이 아니다.

'십일조를 할 때 세금을 포함해서 해야 합니까?', '보너스도 포함합니까?' 이런 문제가 고민할 주제인가? 이런 질문을 누가 하는가? 십일조를 하려는 사람이 할까, 안 하려는 사람이 할까? 당연히 하기 싫으니까, 안 하고 싶으니까 그런 생각을 하는 것이다. 타협할 수 없는 것은 고민하지 말라. 질문할 필요도 없다. 하나님을 기쁘시게 하는 것이 마음에 있는 사람 같으면 기준을 몰라서 섬기지 못하는 사람은 없다. 하나님을 기쁘시게 하려는 사람은 헌신에 있어서 '최소한'(minimum)이 아니라 '최대한'(maximum)을 생각한다.

원칙이 아니라 마음이다

목회자의 사례는 어느 정도가 적당할까? 어떤 기자가 김동호 목사님께 "요즘 목사님들은 너무 월급이 많은 것 아닌가요?" 하고 질문했다. 그때 목사님의 명답이 이어진다. "목사님들은 얼마든지 가난하게 살 수 있습니다. 그러나 교회가 목회자를 섬길 여력이 충분한데 목회자의 사례에 인색하면 하나님께 혼날 것입니다." 교회가 할 수 있는 최선이 목회자의 사례다. 그것이면 충분하다. 존 웨슬리는 자신의 사례금이 올라가도 처음 받았던 사례 이상은 다 헌금했다고 한다. '첫 사례로 한 달을 살 수 있었다면 계속 그 정도면 살 수 있다'는 것이 존 웨슬리의 생각이다.

교회가 목회자를 존경하는 마음이 있다면 목회자를 최대한으로 섬길 것이고, 목회자가 교회를 사랑하고 성도를 사랑하는 마음이 있다면 최소한으로 생활할 수 있다. 하나님을 기뻐하는 사람은 '최소한'을 생각하지 않는다. 한 달란트의 '최대한'은 한 달란트가 아니라 두 달란트다. 한 달란트를 땅에 묻은 사람이 일하지 않은 것은 '주인에 대한 생각' 때문이다. 주인을 '굳은 사람'으로 오해했기 때문에 일하지 않았다. 다시 말해서, 주인을 '일하지도 않고 거저먹으려는 사람'으로 생각했기 때문에 달란트를 땅에 묻어 둔 것이다.

> "한 달란트 받았던 자는 와서 이르되 주인이여 당신은 굳은
> 사람이라 심지 않은 데서 거두고 헤치지 않은 데서 모으는 줄
> 을 내가 알았으므로 두려워하여 나가서 당신의 달란트를 땅
> 에 감추어 두었었나이다 보소서 당신의 것을 가지셨나이다
> 그 주인이 대답하여 이르되 악하고 게으른 종아 나는 심지 않
> 은 데서 거두고 헤치지 않은 데서 모으는 줄로 네가 알았느냐
> 그러면 네가 마땅히 내 돈을 취리하는 자들에게나 맡겼다가
> 내가 돌아와서 내 원금과 이자를 받게 하였을 것이니라 하고
> 그에게서 그 한 달란트를 빼앗아 열 달란트 가진 자에게 주라
> 무릇 있는 자는 받아 풍족하게 되고 없는 자는 그 있는 것까지
> 빼앗기리라" (마 25:24~29).

그러므로 헌신은 원칙을 말하지 않고 하나님을 생각하는 마음을 말하는 것이다.

> "각각 그 마음에 정한 대로 할 것이요 인색함으로나 억지로
> 하지 말지니 하나님은 즐겨 내는 자를 사랑하시느니라 하나
> 님이 능히 모든 은혜를 너희에게 넘치게 하시나니 이는 너희
> 로 모든 일에 항상 모든 것이 넉넉하여 모든 착한 일을 넘치게
> 하게 하려 하심이라" (고후 9:7~8).

그리스도인에게 하나님을 사랑하는 마음만 있다면 최대한으로 주님을 섬길 수 있다. 목회자는 돈으로 사는 것이 아니요, 성도의 사랑으로 산다. 성도는 돈으로 사는 것이 아니요, 목회자의 사랑으로 산다. 목회자와 성도, 모든 그리스도인은 돈으로 사는 것이 아니요, 하나님의 사랑으로 산다.

구두쇠 목사가 환영받는다

> 믿음이 하나님의 선물을 받는 빈손이 아니라 '조건'이 될 때 우리는 복음을 인간 중심적, 즉 하나님이 우리의 필요를 채워주기 위해 존재하는 것으로 만드는 것이다.
>
> 김세윤 외 다수, 「탐욕의 복음을 버려라」

대개의 교회에서는 다음 한 해의 예산을 미리 세운다. 그리고 예산은 예년보다 대개 상향 조정된다. 작년 예산보다 15퍼센트 정도를 상향 예상해서 예산을 계획한다. 교회의 예산은 아직 들어오지 않은 헌금을 미리 예상하고 지출하기 때문에, 연초에 세운 예산대로 다 지출하면 교회 재정이 적자가 될 수도 있다. 그러므로 예산 지출은 완급 조절이 필요한 것이다. 재정 팀에서 관리하지만, 각 부서의 팀장들이 아끼는 자세를 갖고 있지 않으면 교회 재정은 관리하기가 쉽지 않다. 각 부서장, 팀장들의 재정에 대한 태도와 자세는 성경 말씀을 통해서 훈련되고 다듬어져야 한다. 결국 담임목회자의 목회 감각이 재정에도 적용된다.

한국 교회의 전통 중 하나가 부서 회식 같은 식사비용은 되도록이면 교회 예산을 사용하지 않는 것이다. 단기선교는 선교지에서 들어가는 비용을 제외하고는 참가자가 항공 요금을 비롯해서 스스로 부담하도록 하는 것도 필요하다. 총회나 선교대회를 비롯한 각종 대회에 참가하는 것도 마찬가지다. 교회 예산은 순수하게 선교와 훈련과 예배를 위해서 사용되도록 투명하게 운영하는 원칙도 필요하다.

한 번 구입한 기자재는 망가질 때까지 사용하는 절약정신이 필요하다. 비록 잘못 구입한 것이라 할지라도 운영할 수 있을 때까지는 사용해야 한다. 그러다 보면 교회가 시대에 뒤떨어져 보이기도 하고 답답하기도 하다. 그러나 헌금이 소홀히 사용되는 것보다는 훨씬 바람직한 것이다. 목회자가 본을 보이면 성도들도 물품을 구입할 때 더욱 신중하게 된다. 물건을 잘못 구입했다고 해서 다른 것을 다시 구입할 경우 교회 예산이 함부로 사용되기가 쉽다. 예를 들어, 어떤 성도가 지정한 헌금으로 교회의 헌물을 구입했는데 좋지 않아서 다시 다른 것을 구입한다면 헌신한 성도에게는 상처가 될 수도 있다. 기도하면서 교회 헌물을 기증하려고 했던 것인데, 결국 교회 재정으로 또 구입한다면 헌금한 성도의 헌금은 엉뚱한 곳에 사용되고 교회가 재정을 함부로 사용한다는 오해를 사기 쉽다.

교회 분위기가 절약하는 분위기가 되면 물품 하나를 구입해도 제일 싼 곳을 찾느라고 혈안이 되다시피 한다. 인터넷과 전화를 사용해서 제일 싼 곳을 찾는다. 부엌 팀장이 제일 저렴한 보리차 한 박스를 사려고 30분이나 차를 타고 가서 직접 마켓에서 구입해 오는 교회도 본다. 이정도면 얼마만큼의 재정이 절약될지는 상상에 맡기겠다.

철저한 절약을 위해서 시스템도 정비할 필요가 있다. 예산이 지출될 때는 최소한 두 명 이상의 사인을 받아야 하며, 담당 팀장의 사인 또한 필요로 한다. 구입하고 결재를 요청하는 것이 아니라, 구입 전에 허락을 받는 순서도 생각하고 연구할 필요가 있다. 이런 시스템은 '먼저 사고 보자'는 식으로 섣불리 예산이 지출되지 않도록 하기 위해서다. 일반 회사에도 구매 팀이 따로 있어서 들어오고 나가는 것을 일목요연하게 정리해서 이중으로 지출되지 않도록 한다. 각 부서에서 사다 보면 교회에 파일이나 문구 용품이 얼마나 많은지를 알 수가 없다. 물품을 구입하는 요청에 대해서는 먼저 심의를 거쳐야 한다. 보통의 교회는 재정부만 있어서 심의 과정이 생략된다. 담당 부서의 예산 내에서만 사용하면 되니까 다른 부서에 동일한 품목이 이미 있는지 확인하지 않는다. 그렇기 때문에 심의 과정이 꼭 필요하다.

수많은 팀들의 예산 신청을 한 부서에서 감당하기에 대형 교회는 한계가 있다. 그래서 예산을 심의하는 팀을 통해서 필요한 재정 사용에 대해서만 결재하도록 함으로써 재정 팀의 업무에 대한 부담을 줄여 주면서, 한편으로는 원활한 업무 처리를 향상시켜 주는 시스템을 생각하게 된다.

교회가 간혹 재정과 관련해 사고가 발생해서 심각한 시험에 드는 경우가 있다. 교회 재정과 관련해서는 원칙 중의 원칙을 적용해야 한다. 또한 재정 사용에 있어서는 성도들 모두가 구두쇠가 되어야 한다.

최종 결재는 재정 팀장이 한다. 결재하는 사람과 사용하는 사람이 동일하지 않도록 하는 것도 필요하다. 사용하는 사람이 결재도 한다면 개인 용도로 사용했다는 오해를 받을 수 있고, 조심하지 않는다는 인상을 줄 수도 있기 때문이다. 교회들마다 연말에 재정 감사는 형식적인 경우가 많다. 일부러 그러는 것이 아니라, 연말에 결산도 해야 하고 감사까지 받아야 하기 때문에 그렇다. 그럴수록 미리 감사를 하고 실수가 없도록 보완해 주는 시스템이 필요하다.

선교, 교육, 훈련 등에서 사용되는 재정 사용은 철저히 리더십의 추인과 결의 없이는 사용되지 않도록 해야 한다. 이 모든 일을 목회자가 한다는 말이 아니다. 이런 절약 시스템이 가동되도록 리더십과 상의하고 이끌어 갈 구두쇠 목회자가 필요하다는 말이다. 구두쇠 목회는 환영받는다.

관여하지 않지만 무관심하지도 않다

목회자가 결재 과정에 참여하는 것은 바람직하지 않다고 생각한다. 그렇지만 담임목회자가 알고는 있어야 한다. 목회자는 돈에 집착하지 말아야 하지만, 교회 재정을 모르면 또 안 된다. 교회가 힘들게 되는 큰 원인 중의 하나가 바로 재정이다. 교회 건축할 때 성도들이 교회를 떠나는 이유가 여기 있다. 성도들은 헌금에 민감하다. 누군들 안 그렇겠는가? 헌금이 엉뚱한 곳에 사용된다면 누가 헌금하고 싶겠는가. 때문에 목회자는 헌금의 사용에 민감하게 반응해야 한다. 대부분의 목회자가 돈을 너무 모른다. '기도하면 하나님께서 주시겠지' 하는 믿음이 필요할 때도 있지만, 이미 주신 것을 제대로 관리하지 못한다면 목회자 스스로 청지기 역할에 소홀히 한 죄를 물어야 할 것이다.

어떤 사람은 목회자는 재정에 대해서 일체 간섭하지 말아야 한다고 말한다. 물론, 재정을 맘대로 하려는 마음은 절대 금물이다. 리더십에서 의논되지 않고 재정이 사용되는 것은 교회에 큰 시험거리가 된다. 목회자는 재정에 깊이 관여하지 말아야 한다. 그러나 무관심해서도 안 된다. 재정은 선교, 교육, 훈련 등 교회의 모든 사역에 관련되어 있기 때문이다. 그래서 관여하지 않지만 파악하고 있어야 하고, 재정 사용의 흐름을 조절해야 한다. 회의를 통해서, 훈련을 통해서, 말씀을 통해서 올바른 방향으로 인도해야 한다. 무엇보다 목회자가 직접 절약하는 모습을 통해서 모범을 보여야 한다.

너무 멀리도 말고, 너무 가깝게도 말고

아무리 좋은 모범과 교훈이라 하더라도, 설령 그것이 최고의 교리라 할지라도 그것들은 마지막 숨을 쉴 때까지도 내 안에 거하는 죄와의 싸움에서 나를 건져내지 못한다. 내가 예수의 발자취를 따를 수 있다고 생각하기에 내가 기독교인이 아니라, 그리스도가 나를 데려가 줄 수 있는 유일한 분이기에 기독교인이다. 그리스도에 대해 더 말할수록, 그리고 우리 자신의 변화에 대해 덜 말할수록, 우리는 자기 의에 빠지거나 절망에 빠지지 않고 실제로 변혁될 수 있을 것이다.

마이클 호튼, 「그리스도 없는 기독교」

목사, 목숨을 건 사람

한국 교회의 목회자는 너무 바빠서 자기 자신을 돌아볼 시간과 여유조차도 없게 만든다. 더군다나 성도들은 자신에게 무슨 일이 생기면 '짠' 하고 나타나는 목회자를 기대한다. 담임목회자를 슈퍼맨으로 생각한다. 사실 담임목회자가 슈퍼맨보다 더 바쁘고 다양한 일을 한다. 슈퍼맨은 어려운 사람을 돕는 일처럼 폼이 나고 멋진 일들만 하지만, 목회자는 그야말로 '안 하는 일 빼고 다 한다'. 때로는 전혀 폼 나지 않는 일만 하기도 한다.

한국에서 남자가 가방 메고 중년의 여인 둘과 식사를 하면 둘 중 하나라고 한다. 목회자 또는 외판원. 한국 남자들은 너무 바쁘기 때문에 주일에 얼굴 보는 게 다다. 때문에 목회자가 여자들하고만 일하기가 쉽다. 그래서 목회자들이 점점 여성화되어 간다는 농담도 한다.

목회자는 일주일 내내 설교하고, 가르치고, 훈련하고, 수많은 회의를 하고, 성도들을 일일이 심방하고, 어려운 가정을 돌보고 상담한다. 목회자의 역할에 대해서 말하라고 하면 간단하게 정의하기가 어려울 정도다. 교회 일이라면 가리지 않고 모두 하기 때문이다. 성도들의 일이라면 물불을 가리지 않기 때문이다. 대형 교회 목회자들은 더 바쁘다. 어떤 목사님은 일주일 스케줄이 하루 단위가 아니라 시간 단위로 나누어진다. 때로는 분 단위로 스케줄이 있을 때도 있다. 주일에는 예배와 다음 예배 사이의 시간이 30분도 채 되지 않는다. 그 30분 사이에도 아픈 성도들이 담임목사님의 기도를 받기 위해 들어오고, 교회의 급한 회의를 주재해야 하고, 외국이나 타지에 갔다가 돌아오신 분들과 인사를 나누어야 하고, 새 가족들 중에서 담임목사님과 꼭 주일에 만나겠다는 분들과 만나야 하고, 그러고는 바로 다음 설교를 하러 가야 한다. 그러면서도 힘든 내색하지 않고 웃으면서 모두 만나 주고 받아 주는 역할을 목회자가 해야 한다. 그래서 목사를 가리켜 '목숨 건 사람'이라고 한단다. 이렇게 바쁜 스케줄 속에서 목회자는 지친다.

거울을 보아야 한다

바쁠수록 목회자가 자기 자신을 돌아보는 시간을 가져야 한다. 목회 본질에 충실한 목회자는 자신의 목회 감각을 늘 뒤돌아보고, 되돌아볼 것이다. 마틴 로이드 존스 목사님은 말씀을 가까이하는 사람은 자기 자신을 늘 말씀에 비추어 보고, 검토해 본다고 말한다.

> 묵상은 항상 진정한 자기 검토를 불러오게 되어 있습니다. 그러나 오늘날 자기 검토는 인기를 얻지 못하고 있습니다. 심지어 자기 검토는 잘못된 일이라고 가르치는 사람들까지 있습니다. 그들은 "아니 자기를 검토해서는 안 된다. 항상 주님만 바라보아야 한다"고 말합니다. 자기 검토 없이 그저 주님을 바라보기만 하면 되는 것이 아닙니다.
>
> 마틴 로이드 존스, 「부흥」

라스베이거스 같은 도박장에는 세 가지가 없다고 한다. 거울과 창문과 시계를 두지 않는다는 것이다. 자기 자신을 돌아보지 않고 도박에만 집중하게 하기 위해서다. 그렇다면 거꾸로 목회자는 자기 자신을 돌아보아야 한다. 거울을 보고 시계를 보고 창문을 보고 지금 나의 영적인 상태는 어떤지, 어두운지 밝은지, 몇 시쯤인지 생각하고 보아야 한다. 그리고 다시 본질로 돌아가야 한다.

목회자도 교회로 가야 한다

목회가 힘들고 어렵기 때문에 다시금 목회의 본질로 돌아가서 회복해야 한다. 성도들이 힘들고 어려우면 교회에 와서 기도하라고 설교하면서, 목회자가 힘들면 어디로 가야 하는가? 목회자도 힘이 들면 교회로 가야 한다. 성도에게 가야 한다. 목회 감각은 목회자가 철저히 성도에게 집중하는 것이다. 하나님께로부터 오는 능력을 공급받는 것이다. "부흥하는 교회의 목사는 가만 보니까 기도하는 목사입니다." 목회자에게 무엇보다 필요한 것이 기도다. 그런데 무엇보다 어려운 것이 기도다.

캘빈 밀러의 「그리스도가 계신 자리」에 나오는 글이다.

> 내게는 기도보다 기도에 관해 설교하는 것이 더 쉬운 일입니다.
> 내게는 기도보다 기도에 관해 글을 쓰는 것이 더 쉬운 일입니다.
> 내게는 기도보다 예수님에 관해 말하는 것이 더 쉬운 일입니다.
> 내게는 그리스도인으로서 행하는 그 어떤 일도
> 기도보다는 쉽습니다.

그래서인지 철저히 그리고 끊임없이 기도하는 목회자가 부흥하는 교회를 인도한다. 그래서 다시금 본질로 돌아가야 한다는 말이다. 목회자는 부흥하는 교회의 목회자에게 집중하기보다는, 예수님께 더욱 매달려야 한다.

담임목회자와의 조찬 기도회

성도들이 담임목회자를 만나기 힘든 분으로 생각하는 것은 당연한 일인지 모른다. 많은 성도들과 많은 외부 인사들의 면담 요청, 성도들의 심방 요구에 응하다 보면 실제로 만나기 어려운 것도 사실이다. 그래서 성도들 중에는 적극적으로 담임목회자에게 먼저 다가오는 분들도 있지만, 대개의 성도들은 담임목회자를 어려워한다.

교회가 성장하면 성도들을 일일이 심방하는 것도 쉽지 않은 것이 사실이다. 환자 심방만 해도 바쁘기 때문이다. '안 보면 멀어진다.' 담임목회자 만나기가 하늘에 별 따는 것만큼 어려워서야 목회가 될 리가 없다. 어떻게든 성도들과 함께하는 시간을 마련해야 한다. 어디서든 성도들을 만나는 대로, 시간이 허락되는 대로 대화를 나누는 자세도 좋다. 어떤 교회에서는 '서울 사랑의 동산'(개신교 트레스디아스) 같은 프로그램을 교회 자체로 준비해서 담임목회자와 함께할 수 있는 시간을 마련하기도 한다.

베델한인교회에서는 화요일과 토요일 아침 새벽 예배 후에는 '담임목사와의 조찬 모임'을 만들어서 하루 열 명에서 열두 명씩을 한 그룹으로 해서 식사를 하며 담소를 나눈다. 조찬 기도회의 식사는 조찬 기도회만을 섬기는 팀을 조직해서 최소 비용으로 풍성한 아침 식사를 준비한다. 비슷한 연령대와 같은 직분이나 한 팀원들이 함께 담임목사와 식사를 하기 때문에 대화의 주제도 공통되어서 자연스럽게 대화가 오고가게 된다. 그리고 담임목사에게 부탁하고 싶었던 이야기들, 교회에 바라는 점들을 자연스럽게 듣게 되고 성도들의 생각을 읽게 되어 원활한 의사소통이 이루어진다. 보통 담임목회자가 리더십과 조찬 기도회를 갖는 경우는 종종 있지만, 성도들과 일일이 그룹별로 조찬 기도회를 갖는 경우는 많지 않다. 이것이 바로 '현장의 목회'다. 칭기즈 칸이 텐트에서 병사들과 함께 생활하면서 병사들의 마음을 헤아린 것처럼, 텐트로 내려오는 담임목회자의 모습인 것이다.

프로그램만으로 담임목회자가 성도들을 다 돌보는 것이라고 생각해서는 안 된다. 성도들을 일대일로 만나서 기도해 주고 싶은 목자의 심정이 없이 목회는 결실할 수 없다고 생각한다.

만남이 없이는 목양도 없다

담임목회자는 만나자는 사람들이 너무 많다. 교회 외부에서도 이런저런 이유로 만남과 회의를 요청하고, 교회의 규모와 재정이 넉넉하면 모임의 회장, 이사장 등 임원을 맡아 달라고 하고, 집회를 요청한다. 이런 모든 요청에 다 응하다 보면 정작 본 교회의 성도들은 뒷전으로 밀려나기 십상이다. 그렇게 되면 교회의 목양이 소홀해진다. 목초가 있는지 없는지도 모르고, 양들이 잘 있는지 어떤지도 모르고 주일 설교만으로 교회가 건강하게 유지되기를 바란다면 그것은 잘못된 계산이다.

담임목회자는 성도들과 '가깝고도 먼 사이'가 아니라, '가깝고도 멀지 않은 사이'가 되어야 한다. 신앙은 만남이다. 주님과의 만남으로 신앙의 축복이 시작되는 것처럼, 목회자와 성도와의 만남 또한 목회자의 사명일 뿐 아니라 목회자와 성도 모두에게 축복된 시간이다. 만남을 통해서만 은혜를 나누게 되고, 은혜가 더욱 확장되기 때문이다.

목회자는 성도들을 만나려고 해야 한다. 요즘 같은 시대에 심방 좋아하는 성도들은 없다고 하지만, 만남이 없이는 목양도 없다. 목회자가 먼저 성도에게 가까이하려고 해야 한다. 만나려고 해야 한다. 성도들이 먼저 요청하고 찾아오기를 기다리지 말라. 차근차근 한 가정씩 시작하면 모든 성도들을 다 만날 수 있다. 다 할 수 있다.

운동화를 선물 받은 할머니가 선물 받은 김에 동네 한 바퀴를 조깅

하다가 세계 일주를 하게 된 것처럼, 심방도 일단 시작하면 성도들을 만나게 되고, 만남을 통해서 훌륭한 목회를 하게 된다.

걸음의 속도도 목회 감각이다

성도들도 담임목회자의 바쁜 스케줄을 이해해야 한다. 서운해 하기보다는 기다려 주는 것이 필요하다. 먼저 다가가면 목회자에게는 훨씬 목양이 쉬워진다.

대개의 성도들은 목사님이 심방 오시면 무척이나 반가워한다. 그러나 예배를 마치고 적당한 시간이 되었을 때 일어나서 가시면 더 반가워한다. 마치 손자 손녀들이 보고 싶다가도 와서 한바탕 온 집안을 뒤흔들어 놓고 돌아가면 더 고맙듯이 말이다. 두 마음이 모순된 것이 아니다. 담임목회자가 어렵고 힘들어서가 아니다. 원래 사람의 마음이 그런 것이다. 안 보면 보고 싶고, 보면 어렵다. 그래서 심방에 대해서, 성도들을 돌보는 데 있어서도 목회 감각이 필요한 것이다.

'너무 가깝게도 말고, 너무 멀게도 말고.' 이것이 심방과 성도들을 대하는 목회 감각이다. 한국말로는 '적당히'라고 한다. 그러나 '적당히'를 정확한 수치로 나타낼 수는 없다. 목회자가 먼저 적극적인 자세를 가지고 먼저 다가가는 것이 필요하다. 그러나 필요 이상은 곤란하다. 이것이 목회의 '적당히'다.

목사님의 걸음걸이가 목회와 깊은 관련이 있다는 생각을 해 보았는가? 언젠가 내가 빨리 걷는 모습을 보시더니, "양 목사님은 원래 걸음이 그렇게 빨라요? 이제부터는 천천히 걸으세요. 목사님이 빨리 걸으면 성도들이 목사님과 말하고 싶어도 바쁘신가 보다 하고 접근을 못합니다"

하고 귀한 충고를 해 주신 분이 계시다. 오! 정말 놀라운 목회 감각이 아닐 수 없다. 목회자의 걸음의 속도가 성도들의 접근을 막는다는 생각을 왜 못했을까? 아닌 게 아니라, 가끔 성도들로부터 "목사님을 뵐 때마다 이리저리 바쁘게 움직이시니까 개인적으로 심방 부탁을 못하겠어요" 하는 말을 들은 적이 있다. 목회자는 걸음걸이의 속도에서도 성도들의 마음을 배려해야 한다. 이런 것을 목회자가 스트레스로 받을 것이 아니라, 세심한 배려와 자기 자신을 훈련하는 것이라고 생각한다면 분명히 감동적인 목회를 하게 될 것이라고 확신한다.

심방은
성도의 보약

> 세족식의 의미는 무엇일까. "내가 너를 위해 이미 그렇게 했
> 다. 나는 너를 머리끝부터 발끝까지 전부 깨끗이 씻어 주었다.
> 다만 네 발에 먼지와 오물이 자꾸만 쌓이는 것일 뿐이다. 이
> 세상의 것을 조금도 묻히지 않고 이 세상을 걸어 다니기는 어
> 렵다. 따라서 너는 정기적으로 발을 씻어야 한다."
>
> 마크 부캐넌, 「평범한 그러나 찬란한」

바빠서 심방 갈 수 없다?

아들이 교회를 다니지 않아서 늘 기도하던 권사님이 계셨다. 어느
날 아들이 직장을 그만두고 서울에 갈빗집을 운영하겠다고 한다. 어머
니 권사님이 갈빗집 주위에서 말씀을 은혜롭게 전하기로 유명한 큰 교
회가 있는 것을 보았다. 그래서 교회로 전화를 해서 부교역자 중의 한
분과 통화를 하게 되었다. "제 아들이 그 교회 근처에서 갈빗집을 하는
데 교회를 안 다닙니다. 제 아들 갈빗집에 심방 가셔서 교회에 한번 나
오라고 전도해 주시면 안 될까요?" 권사님은 목사님께 간절히 부탁했
단다. 그런데 목사님으로부터 들려오는 대답이 너무 충격이었다. "우리

교회는 말씀 들으러 오는 성도들만 해도 수만 명입니다. 그분들 돌보기도 바쁩니다. 죄송하지만 아드님에게까지 갈 여력이 없습니다. 어머니께서 아드님을 잘 권면하셔서 저희 교회에 나오도록 해 보세요." 교회와 부목사의 사정이 있었을 거라고 생각한다. 너무 바빠서 오기 힘들 수도 있다고 생각하고 싶다. 그러나 비록 다른 교회 성도라 할지라도 전도해 달라는 성도의 요청을 거절한다는 것은 납득할 만한 이유가 없다. 심방을 거절하는 목회자, 왜 목회를 하는 것인지를 생각해야 한다. 말 잘듣는 양을 목양하는 것이 목회가 아니다. 알아서 찾아오는 양만이 내 양이 아니다.

못하는 건 참아도 안 하는 건 못 참아

목회자는 계속해서 성도들을 돌보아야 한다. 주님께서는 성도들을 돌보라고 목회자를 세우셨다.

> "그들이 조반 먹은 후에 예수께서 시몬 베드로에게 이르시되 요한의 아들 시몬아 네가 이 사람들보다 나를 더 사랑하느냐 하시니 이르되 주님 그러하나이다 내가 주님을 사랑하는 줄 주님께서 아시나이다 이르시되 내 어린 양을 먹이라 하시고 또 두 번째 이르시되 요한의 아들 시몬아 네가 나를 사랑하느냐 하시니 이르되 주님 그러하나이다 내가 주님을 사랑하는 줄 주님께서 아시나이다 이르시되 내 양을 치라 하시고 세 번째 이르시되 요한의 아들 시몬아 네가 나를 사랑하느냐 하시니 주께서 세 번째 네가 나를 사랑하느냐 하시므로 베드로가 근심하여 이르되 주님 모든 것을 아시오매 내가 주님을 사랑

하는 줄을 주님께서 아시나이다 예수께서 이르시되 내 양을
먹이라"(요 21:15~17).

하루 한 가정만 심방한다고 해도 1년이면 365 가정이다. 물론 어떤
때는 하루에 두 가정, 어떤 때는 다른 일로 한 가정도 못할 수 있다. 목
회자들이 얼마나 바쁜가? 그래서 사역에 집중하다 보면 자칫 심방이 소
홀해질 수 있다. '하루에 한 가정 심방' 한다면 교회는 보약을 먹은 사람
처럼 건강해질 것이 분명하다. 최소한 일주일에 일곱 가정은 심방하자
는 것이다. 심방은 정기적일 필요가 있다. 의무적일 필요가 있다. 목회
자도 안 하려고 하면 얼마든지 안 할 수 있고, 사실 심방하기 싫을 때도
있기 때문이다. 모든 것이 그렇지만, 목회도 스스로에게 채찍을 가하지
않으면 아무것도 되지 않는다.

고 하용조 목사님이 이런 말씀을 하셨다. "못하는 것은 얼마든지 참
을 수 있습니다. 가르치면 되니까요. 그러나 안 하는 것은 참을 수가 없
습니다. 도와줄 수도 없기 때문입니다" '못하는 것은 그럴 수 있다. 하
지만 안 하는 것은 그럴 수 없다.' 목회자의 능력의 문제라면 얼마든지
조언해 주고 도와주는 것이 가능하다. 그러나 목회자의 자질 자체가 문
제라면 도와줄 수도 없을 뿐 아니라, 한심스러운 노릇이 아닐 수 없다.
성도에게 열정이 없는 목회자, 자식을 책임지지 않는 부모가 있다면 누
가 도와줄 수 있을까? 답답한 노릇이다. 열정에 불을 붙여야 한다.

당신은 두목인가, 사장인가?
심방을 통해 큰 위로를 받은 이야기를 하고 싶다. 16개월 된 아기가

뇌종양으로 입원을 했다. 수술을 하고 항암 치료를 하는데 아기가 깨어나지 않았다. 계속 뇌압이 올라가서 여러 가지 치료를 병행한다. 이 소식을 들은 셀 목자가 수시로 찾아가서 위로하며 식사를 챙겨 주고, 권사님들이 음식을 가지고 찾아가고, 장로님들이 심방을 하고, 모든 목회자들도 도시락을 들고 찾아가 계속 위로하며 심방했다. 얼마나 많은 성도들과 목회자들이 찾아가는지, 병원 간호사가 하는 말이 걸작이다. "당신은 유명한 회사의 사장이거나 아니면 조직폭력배 두목일 겁니다. 당신은 누구기에 이렇게 많은 사람이 계속 찾아옵니까?" 아기의 부모는 목회자의 자녀다. 그래서 대형 교회가 얼마나 바쁜지 모르지 않는다. 모든 목회자들이 수시로 찾아오는 것을 보고 감동을 한다. "월요일이면 쉬는 날이신데 찾아와 주시니 정말 감사해요." 여전히 아기 때문에 힘들어하고 아파하지만, 목회자와 성도들의 사랑과 수고에 큰 위로를 받고 있다.

심방은 꼭 필요하다. 심방은 또 하나의 예배다. 주일 강단에서 선포되는 말씀만이 설교가 아니라, 심방을 통해서도 메시지가 행동으로 선포되는 것이다. 심방은 필요하고 은혜로운 것이지만 쉽지는 않다. 가정을 공개하는 것을 꺼리는 현대인의 경향 때문이다. 환자 심방이나 어려움을 당한 성도들을 위한 심방은 환영받는다. 그런데 "저희들은 잘 믿고 있어요. 열심 없는 분들이나 열심히 심방하세요" 하며 거절하는 가정들도 있다. 요즘은 젊은 세대, 노인 세대 할 것 없이 손님을 꺼리는 경향이 있다. 성도들 입장에서는 심방한다고 하면 청소부터 시작해서 신경 쓸 일이 많다는 것이다. 그러니 그런 거절을 준비한 마음을 뚫고 들어가기가 쉽지 않다. 그럼에도 심방을 해야 하는 것인가?

해도 되고 안 해도 되는 것은 해야 한다

해도 되고 안 해도 된다면 해야 한다. 되도록 목회자는 '하자' 주의가 되어야지, '말자' 주의가 되어서는 안 된다. 사람들의 말과 행동이 항상 일치하지 않는다는 것을 이해하는 정도의 센스는 있어야 한다. 성도들이 싫다고 해서 모두 싫은 것이 아니다. 좋다고 말한다고 해서 항상 좋은 것도 아니다. 어떤 때는 싫어하면서도 어떤 때는 간절히 원하는 것이 심방이다. 특히나 가정적으로, 건강의 문제로 어려움이 오면 목회자의 심방은 성도에게 절실하고도 필요한 것이다. 특별한 일이 없어도 목회자가 심방 온다고 하면 부담스러워하지만, 심방이 뜸하게 되면 안 온다고 결국 서운해 한다. 무슨 마음일까? 그것은 뭐라고 할 것이 아니라, 사람의 마음이 원래 그런 것으로 알면 된다. 그러므로 심방을 안 해서 서운하다는 소리를 듣는 것보다 심방을 열심히 해서 '열심이 유별나다'는 소리를 듣는 것이 훨씬 낫다. 성도들이 심방을 거절한다고 해서 목회자의 의무를 소홀히 해도 된다는 변명이나 핑계가 될 수는 없다.

심방을 하다 보면 심방을 원하지 않는 가정을 알게 되는 유익이라도 있다. '이 가정은 심방을 거절할 정도로 아직 마음을 열지 않은 가정이구나. 목회자를 어렵게 생각하는구나' 하는 사실을 알게 된다. 심방을 거절 받는 것조차도 성도의 신앙 성숙도를 알게 되는 좋은 목회 감각인 것이다.

심방, 찾아가는 설교

여름에는 더욱이나 휴가와 방학으로, 덥다는 이유로 심방하기가 쉽지 않다. 그런데 이열치열이란 말이 있듯이, 더울수록 더욱 뜨거운 심방이 필요하다. 더운 여름에 기운을 잃으면 보양식이 필요하듯이, 축 늘어진 성도들에게 목회자의 심방이 시원한 오아시스 같은 역할을 한다면 얼마나 큰 축복인가.

예수님께서도 심방하셨다. 삭개오, 마태, 마르다, 마리아, 베드로의 장모 등. 심방의 필요성을 잊어서는 안 된다. 스스로에게 동기를 부여해야 한다. 더운 여름 바쁜 스케줄 속에서 심방하는 것도 부담스러운 일이지만, 심방은 많이 하면 할수록 좋은 것도 분명한 사실이다. 심방은 '행해지는 설교'다. 주일 강단의 설교가 선포되어지는 설교라고 한다면, 심방은 '찾아가는 설교'다.

목회자의 성실성은 설교의 설득력을 강하게 해 준다. 주일 강단에서 수많은 사람을 대상으로 하는 설교도 귀하지만, 개인적으로 성도들을 심방하면서 예배하고, 교리를 가르치고, 신앙적인 삶을 살도록 격려한다면 훨씬 깊이 있게 주님의 말씀을 받아들이게 될 것이다. "주님께서 우리를 받아들이심은 우리가 맺은 결실에 달린 것이 아니라 우리의 노력에 달려 있다"는 리차드 백스터의 말은 명언이 아닐 수 없다.

제가 아버지를 사랑합니다

목회는 '현장 목회'다. 심방하면서, 가정을 돌보면서, 목회하면서 경험했던 이야기들, 대화하면서 나눈 에피소드 등이 설교 예화의 살아 있는 소재가 된다. 현장 목회가 이뤄지면 설교에서는 생동감이 느껴지게 마련이다. 목회가 무미건조할 틈이 없다. 현장에 뛰어들기 때문이다. 목회에서 설교는 무엇보다 중요하다. 그러나 성도들의 삶의 현장에 적용되지 않는 설교라면 엉뚱한 과녁으로 날아가는 화살과도 같은 것이다. 성도들의 진정한 필요를 알고 설교할 때 설교는 적중하는 것이다.

암 투병 중인 남자 집사님이 계셨다. 집안의 독자요, 더없이 귀한 아들인데, 오십 대 초반에 암으로 힘든 투병을 하고 계셨다. 아버님은 믿지 않는 분이셨고 집안의 종손이셨다. 집안 제사를 담당하는 집안이었던 것이다. 한국의 아버지들 대개가 그렇듯이, 아들이 암 투병을 한다는 사실에 마음속으로는 깊은 눈물과 한숨을 쉬고 계셨지만 겉으로는 가끔 전화하셔서는 안부만 묻고는 전화를 끊는 경우가 대부분이셨다고 한다. 암 투병을 하는 이 아들이 어느 날 아버지의 영혼 구원도 중요하지만, 살아오면서 아버지에게 사랑한다는 말을 한 적이 없다는 생각이 들었다. 그래서 문득 전화를 드려서 "아버지, 제가 아버지를 사랑합니다" 하고 고백을 했다. 아버지는 갑작스런 아들의 사랑 고백에 적지 않게 당황하면서 "뭐라고?" 하며 되물으셨다. "아버지, 정말 아버지를 사랑합니다." 아버지는 아무 말도 못하고 묵묵부답으로 계시더니 전화를 끊으셨다. 다음 날 어머니로부터 전화가 왔다. "얘, 너 어제 아버지께 뭐라고 그랬니? 아버지가 밤새 몸을 뒤척이면서 잠을 못 주무시더라" 말씀하셨다. 가을이 되어 집안 제사를 드리는 때였다. 아버지가 제사상을 올리면서 "조상님, 이게 마지막 제사입니다. 제 아들이 이제 예수를 믿습니다. 그러니 더 이상 제사를 드릴 수 없습니다" 하시더란다. 할렐루야! 암으로 투병하는 아들을 통해서 집안을 구원하신 것이다.

결실을 바라보고 목회하면 목회가 어려울 때가 많다. 복음을 전하고 영혼 구원을 위해 목회를 하지만 항상 열매를 보는 것은 아니기 때문이다. 그러나 하나님은 결실을 요구하지 않으신다. 그저 주어진 달란트에 따른 최고의 노력을 요구하신다. 목회는 그저 씨를 뿌릴 뿐이다. 열매는 하나님께서 맺게 하신다. 그러니 목회자는 오늘도 심방하러 나가는 것이다.

심방은 언제나 특별해야 한다

> 만일 우리가 주님께서 내 안에 이루신 일을 믿는다면 우리는 곧 실망하게 될 것이다. 그 이유는 우리 삶 가운데 닥쳐오는 어두운 상황들은 예수 그리스도께서 이루어 놓으신 일들을 가릴 것이기 때문이다. 그러나 만일 우리가 예수님을 믿는다면 상황들이 아무리 어둡더라도 우리는 그 어둠 가운데 무너지지 않고 주님과 함께 어려움을 통과하게 된다. 하나님께서 우리 안에서 주의 역사를 시작하실 때 주님은 우리의 외적인 삶을 변화시키는 것이 아니라 우리의 마음 중심을 움직이신다.
>
> 오스왈드 챔버스, 「그리스도인의 정체성」

특별 새벽기도, 특별 부흥회, 특별 세미나, 특별 성경공부. 한국 교회는 모든 프로그램이 특별로 도배되어 있다. 마치 텔레비전에서 시청자를 끌기 위해 '특집'이라는 말을 자주 사용하는 것과 같은 이치일 것이다. 그러나 분명한 것은 제목만으로는 특별해지지 않는다는 사실이다. 그럼에도 목회자는 '특별주의자'가 되어야 한다. 특별주의는 이름만 특별을 붙이는 것이 아니라 모든 것을 지금까지 하던 대로, 예상되는 대로 하지 않는 것이다. 뻔한 목회가 아닌 특별한 목회를 말한다.

하나님이 항상 우리에게 최고의 것을 주시므로, 목회도 특별한 무엇인가를 항상 시도하고 추구해야 한다고 믿는다. 같은 행사라도 아이디어가 하나라도 첨가되면 설렁탕에 소금이 들어간 것과 안 들어간 것의 차이처럼 확 달라진다.

생각을 많이 해야 한다. 멍하니 있다가 주일이 오지 않도록 해야 한다. 말 한마디라도 차별되게, 평범하지 않게 할 수 있다. 한마디 한마디 단어 선택에 있어서도 탁월함을 추구해야 한다. 심방도 그저 찾아가서 찬송, 기도, 말씀, 축도라는 예상되는 순서라면 특별한 심방이 될 수가 없다. 예식에 민감한 연령대의 분들과 예배의 형식을 갖추기 어려운 개업예배 같은 경우에는 사도신경으로 시작하는 것도 좋다. 이제 오픈식을 앞두고 있기에 분주하고, 마음도 급하고, 왔다 갔다 하는 사람들도 많다. 그렇다고 해서 기도하고 말씀 한 구절 읽고 간단하게 예배드린 것으로 심방하고 개업예배를 드렸다고 한다면 목회 감각에 맞지 않다. 물론 그렇게 짧게 예배해야 할 때도 있다. 그러나 대개의 경우 예배는 분명 예배다. 그리스도인이라면 예배는 항상 예식을 떠올린다. '대충'이란 말은 예배에 어울리지 않는다. 심방도 분명 예배다. 그러므로 분주할수록 천천히 진중하게 예배를 인도하는 것이 필요한 것을 목회 감각으로 알아차려야 한다. 그렇다고 바쁜 개업예배에 30분 설교를 한다면 개업도 하기 전에 기운을 다 빼내는 불상사가 생긴다. 급할수록 천천히 예배를 인도하면, 비록 짧은 시간을 드렸어도 적당한 시간을 제대로 드린 것처럼 느껴진다. 급하다고 말도 빨리 하고 급하게 진행하면 적당한 시간 예배를 드렸는데도 급한 마음에 너무 짧게 드린 것처럼, 성의 없이 드린 것처럼 여겨지는 것이다.

심방 가서 예배를 먼저 인도할 때도 있고, 한참 담소를 나누고 예배를 뒤에 드리는 경우도 있다. 담소를 먼저 나누는 경우는 신앙생활을 시작한 지 얼마 안 된 분들의 신앙 상태를 확인하기 위해서다. 혹은 새 가족일 경우 어떤 필요들이 그 가정에 있는지 알기 위해서다. 새 가족인 경우 처음에는 담임목회자가 심방하는 경우가 많은데, 가족의 필요에 대해서 담임목회자가 기도해 주기를 원한다. 그런데 가뜩이나 어려운 담임목회자에게 성도가 먼저 자신의 사정이나 기도 제목을 편하게 말하기는 쉽지 않을 수 있다. 목회자는 이런 사실들을 미리 간파하고 상황에 맞게 접근하여 예배를 드리는 것이 필요하다. 그래서 먼저 이것저것 묻기도 하고 가족들 표정도 살펴 가면서 기도 제목도 듣고, 어떤 일을 하는지 묻기도 하다 보면 신앙적인 배경도 자연스럽게 이해하게 된다. 성도 한 사람, 한 사람을 향한 배려야말로 진정한 목회 감각인 것이다.

국수가 끓고 있다면 기도는 짧게

특별한 심방이 되려면 상황에 맞는 방법으로 해야 한다. 심방을 갔는데 국수가 끓고 있다면 기도는 짧게 할수록 은혜가 된다. 예배에 적당한 시간이 필요하다는 말이다. 긴 시간 예배드린다고 다 좋은 것도 아니요, 짧게 드린다고 모든 사람들이 좋아하는 것도 아니다. 상황과 필요에 맞게 드리는 예배와 심방이 목회 감각적인 것이다. 국수가 끓고 있는데 기도를 오래하면 어떻게 될까? 국수가 다 불어서 대접하는 분이 민망해할 것이며, 받는 분도 대접한 분의 속상한 마음을 생각하니 속이 편치 않을 것이다. 이렇게 상황에 따라서 기도는 짧기도 해야 하고, 길기도 해야 한다.

구원의 확신이 없는 사람에게 심방을 갔다면 설교가 우선적으로 필요하고 중요하다. 복음을 전하는 데 많은 시간을 할애해야 한다. 복음을 전해야 하는데, 짧은 심방 시간에 모든 것을 다 할 수는 없다.

이사 심방 같은 경우에는 예배도 중요하지만, 성도들의 간증을 듣는 시간도 의미가 있다. 집을 마련할 때 하나님이 주신 은혜에 대한 간증을 나눈다면 더욱 뜻 있는 예배가 될 것이다. 많은 성도들이 참여했다면 축하 인사를 한마디씩 전하는 것도 센스 있는 목회 감각일 것이다.

목회자와 많은 대화를 나누기 원하는 어르신들의 경우에는 먼저 예배부터 드린 후, 차를 나누면서 혹은 식사를 하면서 대화를 한다면 심방 시간을 조절하는 데 훨씬 좋다. 시간이 허락된다면 성도들의 상황에 따라서는 목회자가 시간에 구애받지 말고 하염없이 성도의 말을 들어 주어야 하는 때도 있다. 그러나 대개의 경우 목회자가 오래 머문다고 항상 유익한 것은 아니다. 오래 앉아 있는 것을 좋아하는 사람들이 의외로 많지 않다는 것도 생각해야 한다. 오면 반갑지만 가면 더 좋은 손주들을 향한 할아버지 할머니의 마음처럼 말이다.

경제적으로, 육신적으로, 영적으로 어려움을 갖고 있는 성도들의 경우에는 다짜고짜 예배부터 드리기보다는 기도 제목을 꺼내 놓도록 자연스럽게 대화를 하는 것도 필요하다. 대화를 하다 보면 기도 제목이 무엇인지 말하지 않아도 목회자가 얼른 그 가정의 기도 제목을 알 수가 있기 때문이다.

환우들이 울고 있다면, 기도로 소망의 불을 켜라

몸이 아픈 성도들의 경우, 대화를 길게 하기보다는 간단한 인사를 나눈 후에 예배부터 드리는 것이 좋다. 아무리 반가워도 몸이 따라 주지 않기 때문에 많은 시간 집중한다는 것이 힘들기 때문이다. 아픈 성도들에게는 되도록 많은 사람들이 함께 동참하는 것이 좋다. 자주 오는 것을 좋아할 정도로 병상에 누워 있기만 할 정도이지 통증이 없고 정신적으로 온전한 경우에는 얼마든지 자주 가는 것도 반가운 일이다. 그러나 중한 병을 앓고 있는 경우에는 목회자와 성도들이 돌아가면서 심방하는 것도 좋은 방법이다. 가족들도 환자의 상황에 따라서 자주 오는 것이 반가울 때도 있고, 가끔씩 오는 것이 부담되지 않을 때도 있기 때문이다. 또한 그 가정의 신앙 열심을 고려해야 한다. 아무리 중병환자라 해도 자주 오는 것을 얼마든지 환영하는 경우가 있고, 몸이 너무 힘들어서 오는 것 자체를 반가워하지 않는 경우도 있다. 그렇다고 아예 가지 않는 것은 당연히 고려할 생각이 아니다.

아픈 성도들을 심방할 때는 설교를 길게 하기보다는 주로 찬송과 기도를 많이 하는 것이 좋다. 찬송과 기도는 아프신 분도 함께 동참하기에 얼마든지 집중할 수 있지만, 듣기만 하는 설교는 환자들이 집중하기에 쉽지 않기 때문이다. 찬송가를 펼 수 있는 기력이라도 있는 성도라면 얼마든지 말씀을 전할 수 있다. 그러나 그런 기력조차도 없는 분들을 심방했을 때에는 보지 않고도 알 수 있는 찬송가나 복음성가를 1절만 계속 연달아서 부르는 것도 목회 감각이다. 목회의 센스다. 네다섯 곡의 찬송과 통성기도. 찬송과 기도를 번갈아 하면서 중간 중간 간단한 말씀을 전하며 성경 구절을 인용하여 격려하고 힘을 내라고 위로한다면, 그 짧은 시간 안에 얼마나 뜨겁게 기도하는지, 심방이 끝나고 환우들의 얼굴을 보면 반짝반짝 광채가 난다. 심방은 환우들에게 소망을 주기 때문이다. 비록 짧은 시간 방문한 심방이지만 한 시간 이상 예배드린 것처럼 풍성한 은혜의 잔치로 인해서 환자에게 위로가 되는 것을 본다. 이런 센스야말로 목회 감각의 백미라고 할 수 있다.

환자들에게 심방을 갈 때는 되도록 많은 목회자들이 함께하는 것도 좋다. 목회자 전체가 심방한다는 것은 환자들에게 있어 교회 전체가 기도하고 있다는 메시지를 보여 주기 때문이다. 여러 명의 목회자가 방문해서 예배를 드릴 경우에는 담임목회자 혼자서 예배를 인도하기보다는 방문한 목회자 모두가 돌아가며 순서를 맡는 것도 좋다. 찬양을 잘하는 목사님이 찬양을 인도하는 등 모든 목회자들이 짧은 성경 구절과 함께 격려와 위로의 메시지를 간단히 전한다면 다이내믹하면서도 성령의 위로와 함께하심을 경험하는 예배가 될 것이다. 여섯 명의 목사님이 함께 심방했다면 6~7분 정도의 말씀과 메시지를 듣고, 담임목사님의 마지막 메시지로 마무리하고 함께 기도한다면 그야말로 한 번의 심방에도 역동적이고 생동감 있는 예배가 드려진다.

상황과 사람에 따른 다른 적용과 적절한 대처 능력이야말로 목회 감각이 적용되어야 하는 가장 중요한 때다. 국수가 끓고 있다면 기도는 짧게 해야 하고, 환우가 울고 있다면 찬송과 기도로 소망의 불을 켜야 한다.

호상(好喪)이란 없다

> 어떤 사람이 생의 마지막 길목에 서게 되어 이제 한 발만 내딛으면 천국이나 지옥으로 가게 될 그러한 때에 우리는 우리가 할 수 있는 만큼 힘껏 그를 도와야 한다.
>
> 리차드 백스터, 「참된 목자」

기쁨을 나누는 것도 중요하지만, 슬픔을 나누는 것은 더욱 중요하다. 자칫 목회자의 사소한 실수 때문에 성도들이 서운함과 섭섭함을 느끼는 경우가 바로 결혼식과 장례식 같은 그 가족의 특별한 예식이 있을 때이기 때문이다.

장례가 발생했을 때 목회자는 먼저 유가족들을 위로하는 일에 모든 신경을 써야 한다. 장례식 준비부터 순서지까지 계속 유가족들과 연락을 하면서 실수가 없도록 해야 한다. 주보에 장례 예배에 대한 광고가 빠져 있는 것에도 무척이나 서운해 하는 것을 보게 된다. 유가족들이 속이 좁아서 그런 것이 아니다. 슬픔에 잠겨 마음이 예민해져 있기에 평상시에는 무척이나 호의적인 성도들도 서운해 하기 쉽다는 것을 십분 이해해야 한다.

장례식 같은 경우에는 단어 선택도 무척이나 조심해야 한다. 고인이 90세 이상 장수하셨다고 해도 '호상'(好喪)이라는 말은 조심해야 한다. 목회자의 입에서는 사용되지 말아야 할 단어다. 아무리 백수, 천수를 누리고 부모님이 소천하셨다 해도 가족들의 입장에서는 언제나 아쉽고 서운한 법이다.

말을 할 때 무심한 사람들은 장례식에서나 병원에서 실수하지 않도록 유의해야 한다. "고생하시느니 빨리 돌아가시는 것이 고인에게나 가족에게 더 복된 일이야. 잘된 일이야." 가족끼리도 이런 말을 서슴없이 할 수는 없다. 다른 사람의 슬픔에 대하여 너무 쉽게 해석하는 실수를 범해서는 안 된다. 다른 사람의 고난과 슬픔을 섣불리 해석하려는 생각은 아예 접어 두어야 한다. "자업자득이지. 심은 대로 거두는 거야. 부모가 지은 죄를 자식이 받는군." 이런 말들은 어떤 경우에도 해서는 안 될 말이다. 이런 말을 하는 사람이 과연 있을까 싶지만 실제로 있다.

쳐들어가듯이 적극적으로 도우라

슬픔을 나눈다고 하지만, 그 몫은 결국 당한 자의 몫이다. 어느 때는 아무 말없이 함께 있어 주는 것이 도와주는 것이다.

먼저, 장례가 발생하면 담당 목회자는 유가족을 먼저 적극적으로 만나야 한다. '시간 되시면 연락 주세요' 하는 식으로 수동적인 자세는 통하지 않는다. 쳐들어가듯이 적극적으로 접근해야 한다. 유가족들이 먼저 알아서 연락해 주리라고 기대해서는 안 된다. 되도록 목회자를 힘들게 하지 않으려는 유가족들의 심리를 알아야 하고, 슬픔 때문에 먼저 적극적으로 연락하고 준비할 여력이 유가족에게는 부족하다는 것을 알아차려야 한다.

장례식 순서나 일정은 최대한 유가족이 원하는 대로 하는 것이 중요하다. 교회 행사를 부득불 옮길 수 없다면 모르지만, 그런 경우가 아니라면 유가족들의 스케줄과 상황이 먼저 고려되어야 한다.

장례식 순서지는 몇 번이고 다시 확인해야 한다. 이름 같은 경우 철자가 틀리기 쉽기 때문에 가족들의 확인을 거쳐야 한다. 유가족들의 이름이 빠지거나 틀리면 보통 낭패가 아니다. 어떨 때는 고인의 이름이 틀리는 경우도 있다. 모든 것을 컴퓨터로 하다 보니 엉뚱한 파일을 꺼내서 내용만 바꾸다가 틀리는 경우도 종종 있다. 이렇게까지 자세히 이야기하는 것은 그만큼 실수를 최소화하는 정도가 아니라, 실수가 없어야 하는 때가 바로 장례식을 준비하는 시간이기 때문이다.

담임목회자가 장례 예배를 집례하지 못할 때에는 유가족에게 상황을 충분히, 자세하고도 반복해서 설명해야 한다. 다시 말하지만, 유가족들은 정신이 없어서 생각보다 제대로 이해를 못하는 경우가 많다. 담임목회자가 출타중이어서 중요한 약속 때문에 장례 예배를 인도하지 못하거나 끝까지 인도하지 못한다면 미리 유가족들에게 상황을 설명해서 이해를 구해야 한다. 장례식 같은 경우에는 담임목회자의 말 한마디, 행보 하나하나가 민감하게 받아들여지기 때문이다. 사전에 유가족들에게 이유도 설명하지 않고 부교역자가 장례 예배를 인도하면 담임목회자의 성실성에 대해서까지 의심하게 된다.

특별한 장례 예배

장례식조차도 고인과 유가족들을 배려해서 특별하게 드려지는 장례 예배가 필요하다. 대단한 프로그램이나 사람 중심의 예배를 말하는 것이 아니다. 담임목회자가 먼저 그동안 함께했던 성도를 보내는 정을 나누는 것이 필요하다. 곧바로 장례 예배를 인도하기보다는 고인이 누워 계신 관을 지나치지 말고, 그동안 성도와의 추억을 먼저 생각하고 곱씹으면서 성도와의 이별의 정을 나누어야 마땅하지 않겠는가? 슬픔을 당한 유가족들의 손을 일일이 잡아 주며 안아 주고 위로하고 먼저 격려하는 것이 예배에 앞서서 필요하다고 믿는다. 그리고 예배를 시작하면서 먼저 고인에 대한 간단한 소개를 통해 참석한 사람들의 고인에 대한 이해를 도운 후 정중하고 엄숙한 예배로 인도하면 된다.

장례식 설교에서는 이미 고인이 된 성도를 향해서 존경과 경의를 표하고, 칭찬을 아끼지 않는 말씀도 필요하다. 고인과의 개인적인 추억담을 나누면서 장례식을 인도하고, 성도와의 이별식을 거행하고, 다시 만날 날을 기약하는 예식이 장례 예식이다. 그러면 자연스럽게 유가족들은 다시 만날 부활에 대한 소망을 믿음으로 간직하게 된다.

하관 예배는 보통 묘지 앞에서 드리는데, 악기를 가져갈 수가 없다. 성가대가 없는 경우도 많다. 그렇다고 매번 똑같은 순서일 필요는 없다. 예배 시작 전에 찬양을 잘하는 남자 집사님에게 조가를 부탁하는 것도 의미가 있다. 고인이나 가족들이 음악과 찬송을 좋아한다면 찬양이 넘치는 장례 예배가 참여한 모든 성도들에게 부활의 소망을 더욱 간직하게 한다. '너무 사람 중심의 예배가 아닌가?' 하는 생각이 드는가? 주님께서도 안식일을 위하여 사람이 있는 것이 아니라 사람을 위하여 안식일이 있다고 말씀하셨다. 예배는 하나님께 드리지만 예배에 집중하도록 한 사람 한 사람을 생각하는 예배가 되어야 한다.

장례 예배에 앞서서 임종 예배를 드리기도 하는데, 주의할 점은 '임종 예배'라는 단어를 아직 당사자가 생존해 계실 때는 굳이 넣을 필요가 없다는 것이다. 임종 예배를 드리고도 오랫동안 생존하시는 경우가 종종 있기 때문이다. 가족들이 그 단어를 사용한다고 해도 목회자가 그 말을 굳이 할 필요는 없다. 호흡기를 떼고 이제 곧 돌아가실 수밖에 없는 상황이라면 예배 시작에 사용할 수도 있겠으나, 그런 경우라도 자주 사용할 필요는 없다. 이런 경우에는 가족들이 무척이나 민감한 상태에 있고, 가족들마다 다들 생각이 다르기 때문에 더욱이나 조심해야 할 것이 바로 단어 사용이다.

사시는 동안 어렵고 힘들게 보낸 분들, 쓸쓸하게 생을 마감하는 분들은 더욱더 정성스럽게 준비해야 한다. 예를 들면, 홀로되신 싱글 맘들의 장례식 같은 경우에는 더욱더 신경을 써야 한다. 애도하기 위해 오신 분들도 싱글 맘들이 많기 때문에, 남의 일이 아닌 자신의 일로 받아들이는 마음이 다른 분들보다 훨씬 강하기 때문이다. 순서에 있어서 다른 분들의 장례 예식과 달리 하나라도 빠진 것이 있으면 의아해 하고 오해하기 십상이다. 목회자가 준비하는 데 있어서 조금이라도 소홀한 모습이 보이면 더 예민하게 받아들이기 쉽다는 것을 이해해야 한다.

언젠가 장례를 준비하는데 급하게 준비하다가 조가 순서가 빠졌다. 그때 예배를 인도하시던 목사님께서 그 자리에서 혼성 사중창을 만드셨는데, 인도하시는 목사님이 피아노 반주를 하셔서 더욱 의미 있는, 오히려 훨씬 준비된 예배처럼 보였다. 순발력 있는 목회 감각이 빛을 발하는 순간이었다.

일만 하지 말고,
일이 되게 하라

마크 트웨인은 일찍이 "나를 고통스럽게 하는 것은 성경 말씀을 내가 이해하지 못하는 것이 아니라 내가 성경 말씀을 이해한다는 사실이다"라는 말을 했다.

목적이 이끄는 회의

목회자 회의 시간이다. 목회자들이 모여서 계획을 세우고 담당자들을 정해서 맡긴다. 그런데 그들이 나와서 부교역자끼리, 팀장끼리 의논을 한다. 방금 전에 함께 회의를 하고 나왔는데 담임목사님의 말씀에 대한 이해들이 다 제각각이다. 분명히 같은 말을 들었는데 해석은 자기 방식대로, 본인 나름대로 이해한 것이다. 이런 일들이 종종 있다. 담임목사님과의 자리가 어려워서 이해하지 못했는데 다시 묻지도 않고 나름대로 해석하고 있는 경우가 있다. 모르면 묻고 다시 확인하는 것은 대화에서 반드시 필요하다.

회의 진행은 일방적이어서는 안 된다. 일방적으로 지시하게 되면 그 자리에서는 이해한 것처럼 보여도 혼선을 빚게 된다. 회의를 할 때 분명한 목적과 방향을, 방법을 나누어야 하는 이유가 여기에 있다. 이유와 목적과 방향을 모르고 프로그램을 진행하면 각자의 해석대로 방향이 제각각이기 마련이다. 목적이 같으면 진행과 디자인, 그리고 배열이 모두 일치된다. 그런데 목적을 이해하지 못하면 진행과 디자인과 순서 등 모든 것이 조화를 이룰 수 없다. 그래서 회의는 무엇보다 먼저 목적을 공유하고 공감하는 것이 중요하다. 서로 분명히 이해된 것이 확인되어야 회의의 목적이 이루어진 것이다.

회의 분위기가 무겁고 딱딱하면 참석한 사람들이 긴장하면서 듣다 보니 내용을 제대로 이해하지 못하고, 이해하지 못했으면서도 마치 다 이해한 것처럼 묻지도 못한 채 회의장을 빠져나오는 경우도 있다. 그러므로 담임목회자는 여러 차례 확인을 해서 회의에 참석한 사람들이 상황과 계획을 분명하게 이해했는지 확인할 필요가 있다. 이해되지 못한 것에 대해서는 친절하게 몇 번이고 설명할 필요가 있다. 그리고 목회자나 회의 인도자가 언제든 친절하게 설명하고 이해시켜 줄 자세가 준비되어 있다는 것을 참석한 교역자와 성도들이 알아야 한다.

필요 이상의 추측을 예방한다

목회자의 행보 하나하나, 말 한마디에 대해서조차 성도들은 민감하다. 그래서 목회자의 말과 행동에 대해서 전혀 다른 식으로 해석하기도 하고 오해하기도 한다. 담임목회자는 그런 혼선을 피하기 위해서 교역자에게 무슨 일을 맡기든지, 팀장에게 무엇을 부탁하든지 작은 부탁 하나에도 그 이유를 지나치다 싶을 만큼 차근차근 설명해 주는 것이 필요하다. 어떻게 해야 하는지 방법도 세세히, 그러면서 일목요연하게 설명할 필요가 있다. 그리고 분명하게 이해했는지 확인하고, 진행사항도 중간 중간 확인해야 한다. 한마디 말해 놓고 다 이뤄졌겠지 안심했다가 막상 시작하려고 할 때 낭패를 볼 수 있다.

담임목회자가 모든 일을 다 할 수 없기에 부교역자에게 부탁할 때가 많다. 그런데 그때마다 이유를 상세히 설명할 필요가 있다. 분명하게 이유를 설명하면 목적한 대로 일이 진행될 것이다. 또 한 가지는 필요 이상의 쓸데없는 추측을 하지 않게 된다. 무엇을 해야 하는지에 대해서만 말하게 되면 들은 사람은 자기 나름대로 의도를 달리 생각하기 쉽다. 의도를 설명해 주지 않으면 일은 하지만 엉뚱한 방향으로 흘러가기도 한다. 예를 들어, "우리 교회에서 생활이 어려우신 분들을 알아보세요" 하는 담임목사님의 말씀에 부목사님이 '생활이 어려우신 분들이 얼마나 되는지 그 숫자를 알아보려 하시는가 보다' 하고는 각 구역장들에게 일일이 전화를 해서 알아보았다. 그런데 실제 의도는 아무도 모르게 어려운 분들을 도와주기 위한 것이었는데 모든 구역장에게 물어보았으니, 실제로 어떤 도움이 어려운 분들에게 전달되면 교회에서 도움을 준 것을 다 알게 된다. 교회에서 알면 어떠냐고? 몇몇 성도들은 아무리 어려워도 교회로부터 도움 받은 것에 대해서 예민하게 받아들일 수 있기 때문이다. 그런 성도들은 도움을 받은 것이 부담스러워 교회를 나오지 못하고 다른 교회로 옮기는 경우도 더러 있다. 그래서 교회에서 도움을 줄 때는 정말 오른손이 한 것을 왼손이 모르게 하는 것이 중요하다. 간혹 교회에서 장학금을 전달할 때 수혜자들을 교회에 나오게 해서 온 교인들 앞에서 장학금을 직접 전달하는 교회가 있다. 그러면 장학금을 받는 아이들과 같은 학교에 다니는 친구들이 '아, 저 친구가 어렵게 살아서 교회로부터 장학금을 받는구나' 알게 된다. 그렇게 되면 그 장학금을 받은 아이는 친구들 앞에서 자존심이 상하게 된다. 적어도 친구가 다니는 교회에는 갈 수 없다.

교회에는 이처럼 다양한 사람들과 다양한 경우들이 있기에 모든 말과 행동에 신중을 기해야 한다. 특히 목회자의 말 한마디, 행동 하나는 모든 사람의 주목을 받고 있다는 사실을 잊지 말아야 한다.

목회의 인턴십, 설명해 주는 목회가 되어야 한다

의사는 인턴십이 있다. 보통 회사에 가서 신입사원 생활을 하면 가이드가 있고, 매뉴얼도 있다. 그런데 교회에 매뉴얼이 있는 경우는 많지 않다. 그래서 교역자는 새로운 교회에 가게 되면 자기 스스로 교회의 분위기와 일하는 방식을 파악해야 한다. 그렇기에 담임목회자가 일을 맡길 때마다 그 일의 성격과 목적과 방향까지 자세히 설명해 준다면 인턴십 과정을 경험하는 효과가 있다. 일의 목적과 방향을 알게 되면 진행하는 모든 사람들이 동일한 목적의식을 갖고 추진하기 때문에 일이 한 방향으로, 효과적으로 진행되는 것을 본다. "이 장로님께 전화를 드리세요. 이럴 때일수록 전화도 더 많이 하고 자주 심방해야 합니다." "박 집사님에게 생각하신 대로 진행하시면 된다고 하세요. 제 생각이 집사님 생각과 똑같다고 말하면서 말이에요." "미리 준비해서 회의 때 계획을 발표하세요. 목회자가 앞서서 준비해야 잘하는 겁니다." 이렇게 몇 년을 사역하고 나면 비슷한 상황에서는 어떻게 처신하고 행동해야 하는지 자연스럽게 터득하게 된다. 팀장이나 부서장 같은 리더들에게 일을 맡기고 부탁할 때도 똑같이 항상 이유를 설명해 줄 필요가 있다. 그렇게 몇 년이 지나고 나면 성도들도 일을 맡았을 때 어떻게 해야 하는지를 알게 되고, 자연히 리더십이 건강해진다.

많은 목회자들이 교역자나 리더들에게 일을 맡기고 부탁할 때 이유나 목적을 설명하지 않고 진행한다. 교회는 회사와 달라서 현장에서 배우지 않으면 안 된다. 이론적으로 배울 수 있는 것은 한계가 있다. 목적과 이유를 설명하면서 프로그램이나 행사를 진행하면 불필요한 곳에 에너지가 소모되는 것을 미연에 방지하게 된다. 일의 목적과 방향을 잘못 알고 있으면 제각각 엉뚱한 해석을 하게 되고, 자기 나름대로의 방향으로 가다 보면 다시 시작해야 하고, 방향을 수정하다 보면 시간만 지체되는 것이 아니라 그동안 들여 왔던 노력들도 무위로 돌아가게 된다. 이렇게 되면 일을 하는 사람들은 짜증이 나게 되고, 수고에 비해서 효율성도 많이 떨어지는 것이다. 일을 하면서 즐겁게 할 수가 없게 되는 것이다. 분명한 목적과 방향을 공유하는 것은 그런 면에서 참으로 중요하다. 회의가 짧다고 다 좋은 것은 아니다. 필요할 때는 시간을 낭비한다고 생각하지 말고 서로 의견을 나누는 것도 필요하다.

목회자와 리더들은 성도들에게 어떤 내용을 전달할 때, 성도들이 한 번에 내용을 온전히 이해했다고 생각하지 말고 확인하고 또 확인해야 한다. 개인적으로 이야기하면 상대방이 이해했는지 알기가 쉽지만, 대중의 경우는 훨씬 이해의 폭이 좁다고 생각해야 한다. 그러므로 대중에게 어떤 내용을 전달할 때는 훨씬 상세하고 자세하게 반복적으로 말해야 한다.

사람들이 생각보다 말을 잘 알아듣는 것이 아니라고 전제해야 한다. 말이라는 것이 뉘앙스가 있고, 그 말을 하는 상황이 있고, 말하는 사람과 듣는 사람의 사정이 제각각 다르기 때문에 듣는 사람과 말하는 사람의 이해가 얼마든지 다를 수 있다는 것을 잊지 말아야 한다. 또 일과 프로그램의 내용만을 전달받아 일을 하다 보면 일을 하는 사람은 마치 자신이 심부름꾼처럼 느껴질 텐데, 왜 이렇게 하는지 설명을 듣게 되면 듣는 사람, 특히 부교역자 입장에서는 목회를 제대로 배우게 되는 훈련이 된다. 의사들은 인턴, 레지던트 시절에 수술대 옆에서 수술을 집도하는 과정을 지켜보면서 많은 것을 배우게 된다. 그런 과정이 없이 수술을 한다면 환자에게는 저주가 될 것이다. 의사들에게는 직접 수술을 집도하지 않는다 하더라도, 수술에 대해서 하나하나 보고 배우는 것만큼 중요한 시간도 없을 것이다. 보는 것만으로도 큰 훈련과 학습이 되지만, 직접 해 보는 것은 말할 것도 없이 최고의 학습이다. 목회도 현장에서 배우는 것이 최고의 경험이 되고 훈련이 된다. 일이 생길 때마다 그 시간에 배우지 못하면 좋은 훈련의 시간을 놓치는 것이다.

모르면 언제든지 전화하라

아무리 자세히 설명하고 가르쳐도, 또한 그동안의 경험이 있다 해도 모르는 경우가 언제든지 생긴다. 그런 경우에는 아무리 사소한 일이라도 모르는 일이 있으면 언제든지 전화해서 물어보라고 할 필요가 있다. 그리고 정말 너무 사소한 일을 물어 올 때도 짜증내지 말아야 한다. 혼선을 빚어서 수습하는 것보다 훨씬 효과적이다.

아무래도 담임목사가 교회와 교인의 사정을 제일 잘 알고 있기 때문에 담임목회자가 가장 좋은 길도 알고 있다. 별것 아닌 일 같아도, 교회에서 문제가 되고 이슈가 되는 것은 그 별것 아닌 일에서 시작되는 경우가 많다. 아무리 작은 일도 교회 전체적으로 큰 문제가 될 수 있는 여지는 얼마든지 있다는 것을 알아야 한다.

예를 들어, 어버이날에는 교회에서 점심 식사를 하지 않고 나가는 성도들이 많을 텐데, 교회에서 점심을 준비해야 하는지에 대한 결정이 쉽지 않다면 그동안 제일 경험이 많은 교역자에게 물어볼 일이다. 아니면 담임목회자에게 물어보는 것이 현명하다. 2천 명 분을 준비했는데 그날 교회에서 200명도 식사를 안 한다면 그 식사비용과 낭비는 그냥 해프닝으로 끝나지 않는다. 누가 이런 식으로 일을 처리했느냐고 반드시 그 누군가는 따질 것이고, 그렇지 않더라도 그 귀한 교회 재정이 낭비되니 얼마나 아깝고 죄송한 일인가? 정작 그날 수고한 성도들은 칭찬 한마디는커녕 꾸중과 책망만 듣게 될 것이다. 그렇게 되면 봉사하는 성도들은 힘이 빠지고 불평만 남게 된다.

'교회에 새로운 의자를 구입하니 기존의 의자를 치울 것인가? 기증할 것인가?' 정말 별것 아닌 일로 생각할 수 있다. 그런데 그 의자가 건축할 때 무척이나 비싸게 구입한 의자라면, 더군다나 어느 성도가 개인적으로 기증해서 구입한 의자라면 다른 곳에 기증할 때는 신중하고 또 신중해야 하는 것이다. 아무리 작은 물건이라 할지라도 교회와 리더십의 의견이 모아져야 기증할 수 있다. 교회의 물건이나 기자재를 몇 사람의 의견으로 쉽게 처분하고 기증한다면 교회의 물건이 함부로 다뤄질 수 있다.

팀장을 새로이 임명하는데, 부장을 임명하는데 담임목회자가 개입하지 않으면 꼭 임명되어야 할 사람이 누락되는 경우가 생길 수 있다. 물론 담임목회자가 놓치는 경우도 있겠으나, 교인 전체를 제일 잘 파악하고 알고 있는 사람이 담임목회자다. 그러므로 담임목회자의 의견은 언제든지 반영되어야 교회 전체적으로 무리가 없게 된다.

일을 하지 말고, 일이 되게 하라

교회 사역이 '어쩔 수 없이 해야 할 일'이라서 하게 되면 은혜는 없고 불평만 남기 쉽다. 헌신하는데 은혜가 없다면 사역은 기쁨이 될 수 없다. 마르다는 기쁨으로 예수님을 섬겼다. 그런데 그 기쁨의 헌신이 '왜 나만 수고하고 마리아는 말씀을 듣고 있지? 나는 뭐지?' 하고 마리아에 대한 불만이 생긴 순간, 기쁘게 헌신하려고 했던 마음이 불평의 헌신이 되었다. 결국 마르다는 예수님께도 불평하게 된다. 교회 사역에서 일에 대해 불평이 생기면 사람에 대해서 불평하게 되고, 그 모든 불평이 결국엔 목회자와 교회에 대한 불평으로 바뀌게 된다. 제일 좋지 않은 것은 하나님에 대해서도 불평하는 사람이 될 수 있다는 것이다.

> "마르다는 준비하는 일이 많아 마음이 분주한지라 예수께 나아가 이르되 주여 내 동생이 나 혼자 일하게 두는 것을 생각하지 아니하시나이까 그를 명하사 나를 도와 주라 하소서"(눅 10:40).

그래서 목회자는 '회의 중심의 목회'가 아닌 '대화 중심의 목회'를 이끌어 가는 것이 중요하다. 추상적인 말이 될 수도 있겠지만, '사역을 처리하는 것'이 아니라 '사역이 되게 하는 것'이 중요하기 때문이다.

목회를 하면서 끊임없이 대화하고 의논하는 것은 무척 중요하다. 목회자가 모든 일을 단독으로 결정하는 것이 아니라, 의논하고 묻기도 하고 설명하면서 진행하면 부교역자나 리더십은 담임목회자가 자세히 설명하며 부탁을 해 주니 자신이 존중받고 있다는 느낌마저 갖게 된다.

목회자가 간혹 놓치는 것이 있는데, 성도들은 헌신하고 싶어 한다. 그렇지 않으면 주일에 푹 쉴 수 있는데 왜 헌신을 자처하겠는가? 목회자가 못하는 일을 성도가 도와주기도 하지만, 성도들이 하고 싶어 하는 헌신을 할 수 있도록 협력하는 것이 목회자의 역할이다. 헌신하는 성도를 세우는 것이 목표가 아니라, 헌신을 통해 주님을 섬기는 기쁨을 선사하는 것이 목회의 목적이다. 그러기 위해서는 대화 중심의 목회가 되어야 한다. 축구 팀이 승리하려면 선수들 사이에도 서로 신호가 잘 맞아야 한다. 팀플레이는 선수들 간의 원활한 의사소통을 통해 가능하다. 경기 중에도 서로 대화를 통해서 팀워크를 만들어 가는 것이 중요하다. 무엇이 필요한지, 무엇이 부족한지 서로 조언하고 요청하고 협조를 구하는 모든 것이 팀플레이다.

목회도 마찬가지다. 일을 처리하기 위한 회의가 아니라, 주님의 뜻에 맞추어서 은혜로운 사역이 될 수 있도록 목회자와 성도 사이에 열린 대화가 있어야 한다. 무엇을 원하는지, 어떤 목적이 있는지, 왜 해야 하는지, 더 좋은 방법은 무엇인지 끊임없이 대화와 연구를 통해 발전시켜 나갈 때 헌신의 기쁨은 두 배가 된다.

방향을 제시하는 목회

불경건한 자의 거짓된 회개에는 양심이 작용하여 두려움을

일으키는 현상이 있다. 그러나 경건한 자의 진정한 회개는 양
심이 작용하여 사랑을 불러일으키는 것이다. 불경건한 자의
슬픔은 악인의 슬픔이지만, 경건한 자의 슬픔은 어린아이의
슬픔인 것이다. 진정한 회개는 하나님의 긍휼을 깨닫는 데서
솟아나온다는 사실이다.

켄트 휴즈, 「성공병으로부터 자유로운 목회」

릭 워렌 목사의 「목적이 이끄는 삶」이 성경 다음으로 많이 팔린 책이
라고 한다. 이 책이 세계적인 베스트셀러가 된 이유는 무엇일까 나름대
로 생각해 보았다.

현대 사회는 포스트모더니즘의 시대라고 한다. 역사상 가장 발전한
시대인 것은 분명한데, 사상과 신앙에 있어서는 다원주의 시대다. 포스
트모더니즘의 대표적인 사상 중에 하나는 "절대란 절대 없다"이다. 이
말 자체가 모순인 것을 발견하였는가? 절대란 절대 없다는 것도 이미
'절대'라는 것을 인정하는 말이니 모순일 수밖에 없다. 현대인의 사상
속에는 어느새 '영원한 진리는 없다'는 생각이 자리하게 되었다. 진리
는 상황에 따라서 얼마든지 바뀔 수 있다고 말한다. 미국 사람들이 말하
는 테러리스트를 테러를 일으킨 사람의 나라에서는 영웅으로 본다는
것이다. 정의에 대한 개념은 상황에 따라 다르다는 것이다.

「정의란 무엇인가」라는 책에서는 정의가 과연 무엇인가에 대한 질
문을 계속 던진다. 실제로 있었던 일인데, 배가 침몰하여 구명보트에 몇
명의 남자만이 살아남았다. 몇 주가 지나도 구조선은 오지 않고 물도 없
어 다 죽게 생겼다. 결국 제일 약한 한 명을 죽여서 그 피로 나머지 사람

들이 살아남았다는 이야기를 읽었다. 한 사람을 죽여서라도 나머지 사람이 사는 것이 옳은 것인가? 저자는 질문한다. 그리고 대답은 주지 않는다. 당신은 어떻게 생각하는가? 방법이 없다면 다 죽어야 하는 것이 옳은가? 아니면 한 사람을 죽여서라도 많은 사람이 사는 것이 옳은가? 무엇이 정의인가?

동의하지 않는 사람이 있더라도 분명한 진리는 '사람을 죽이는 일은 시대를 초월하고, 장소를 불문하고, 경우를 불문하고 안 되는 일'이라는 사실이다. 전쟁에 대해서, 사형제도에 대해서는 여기서 다루지 않겠다. "사람을 죽이는 것은 법적으로 안 되는 일이지. 이것이 안 지켜지고 있는 나라도 있는가?" 물론 지켜지지 않는 나라가 있다. 선진국에서도 '다수를 위한 소수의 희생'을 마치 당연한 것으로 생각한다. "그럼, 다 죽어야 옳다는 말인가?"라고 반문할 사람이 있을지 모르겠다. 한 사람의 생명을 귀하게 생각하지 않는 나라에서는 다수의 희생도 언제든지 용납될 수 있다는 사실을 잊어서는 안 된다. 히틀러의 유대인 학살은 한 정신병자의 생각으로 이루어진 것이 아니다. 수많은 사람들의 암묵적인 동의 속에서 진행된 것을 우리는 역사 속에서 뼈아픈 교훈으로 안고 있다.

우리는 이런 다원주의 시대, 진리는 얼마든지 변할 수 있다는 포스트모더니즘의 사상 속에서 구원이 오직 예수에게만 있는 것은 아니라는 시대적인 흐름 속에 살고 있다. 이런 상황에서「목적이 이끄는 삶」은 핵폭탄처럼 모든 사람에게 하나님의 분명한 목적이 모든 인생에게 있다는 진리를 터뜨려 주었다.「목적이 이끄는 삶」은 적어도 방향을 제시해 주었다. 믿는 사람, 안 믿는 사람 모두에게 말이다.

다원주의는 방향이 없다. 그야말로 어디로 가든지 서울로만 가면 된다는 것이 다원주의다. '무엇을 믿는지는 상관없다. 믿는 것이 중요하다. 무엇을 하는가는 중요하지 않다. 열심히만 하면 된다' 는 것은 방향 감각을 상실한 이론이고, 무척이나 위험한 발상이다. 그런데 포스트모더니즘이 표방하는 것이 꼭 이와 같다. 열정은 어디에서나 환영 받는다. 그러나 옳은 일에 대한 열정이어야 한다. 하나님의 영광을 위한 열정이어야 한다. 열심 자체가 선한 것은 아니다. 무엇을 열심히 하는가에 따라서 좋기도 하고 나쁘기도 한 것이다. 바울이 회심 전에는 그리스도인을 죽이는 데 얼마나 열심이었는가? 돈키호테가 용과 열심히 싸웠는데 용이 아니라 풍차하고 싸웠던 것이다. 목적 없는 열심의 위험성에 대해서 세르반테스도 말하고자 했나 보다.

톨스토이의 「인생론」에 물레방아를 통해서 일을 하는 사람의 이야기가 나온다. 일을 하다 보니 물레방아가 중요하다는 것을 알게 된다. 그래서 물레방아를 연구해야겠다고 결심하고 보니 물레방아가 물이 흘러가면서 돌아가는 것을 알게 된다. 그래서 물을 연구하기로 한다. 어디서 물이 시작되었는지 알아야겠다고 생각한다. 그래서 물의 근원을 찾아 여행을 떠난다. 톨스토이는 이 사람이 목적을 잃었다고 말한다. 목적이 빗나간 열심의 위험성을 경고한다. 목적에서 너무 지나친 것이다. 물을 연구할 필요까지는 없었다.

진리는 생명이다

절대적인 진리가 없다는 포스트모더니즘의 생각이 가정을 위협하고 사회를 위협한다. 절대적인 진리가 없기에 한 남자, 한 여자하고만 사랑할 이유가 없다. 절대적인 진리가 없기에 남자와 여자만의 결혼이 도덕적이라고 생각하지 않는 것이다. 이런 시대에 목회는 인생에게 방향을 제시해야 한다. 진리가 무엇인지, 도덕이 무엇인지 가르쳐야 한다. 예수를 통해서만 구원이 있다는 기독교의 핵심 교리를 가르쳐야 한다.

진리는 생명이다. 영생으로 인도하는 길뿐 아니라, 이 세상에서 질서가 유지되고 발전하려면 진리가 진리로 여겨져야 한다. 생명이 귀하다는 진리가 훼손되면 목숨이 위태로운데 누가 열심히 살겠는가? 남의 것을 도둑질하면 안 된다는 진리가 무너지면 누가 열심히 일해서 모으고 저축하고 나누려고 하겠는가? 진리를 가르칠 사명이 교회에 있다. 목회자가 진리를 가르치는 것은 하나님 나라로 인도할 뿐 아니라 사회와 가정을 지키는 길이다.

인도의 그리스도인 사회운동가 비샬 망갈와디는 인도의 카스트 제도라는 신분제도 때문에 인도가 발전하지 않는 것을 개탄한다. 만약 인도에서 십계명만이 제대로 지켜져도 인도는 지금의 몇 배 이상 발전할 것이라고 주장한다. 인도에서는 지금도 브라만 계급의 사람이 불가촉천민이 벽돌로 집을 지었다는 이유로 죽여도 아무 호소조차 못한다고 한다. 딸이 태어나면 굶겨서 죽는 것을 직접 목격하고는 눈물을 흘렸다고 한다.

기독교 진리는 거룩한 지식일 뿐 아니라 생명이다. 진리가 없으면 사람이 죽는다. 가정에 진리가 없으면 가정이 파괴된다. 사회에 진리가 없으면 질서가 무너진다. 교회에 진리가 없으면 거기엔 하나님이 안 계신다.

목회는 진리를 외치고 또 외치는 것이다. 성도들에게 끊임없이 기독교 진리의 방향을 제시해야 한다. 복음의 깃발을 달고 다양한 프로그램과 구호와 신앙 운동으로 가정과 교회와 국가가 어디로 가야 하는지를 끊임없이 말씀하고 선포하고 외쳐야 한다. 인생에게 진리를 제시하고, 교회와 성도들에게 방향을 제시하기 위해서다.

영국은 '해가 지지 않는 나라'라고 했는데, 교회는 문이 닫혀 있지 않은 교회가 되어야 한다. 1년 내내 무언가를 외치고 있고, 무언가를 하고 있고, 그래서 어디론가 가고 있어야 살아 있는 교회다.

한 해가 지나고 나면 한 걸음 더 예수의 길을 걸었음을 알고 성도들 모두 뿌듯해 하는 교회를 꿈꾼다. 어느덧 성도들은 자신의 신앙이 한층 성숙해졌음을 느끼고, 목회와 교회의 지경이 넓혀지는 것을 확인하는 목회를 꿈꾼다.

사역의 지경이 넓혀져야 하는 이유는 무엇인가? 성도들의 필요가 그만큼 다양해지고, 시대가 교회에 요청하는 것이 많아진다는 것이다. 이전에는 교회 밖에서 학교나 기관이 하던 일들을 교회에서 감당하는 경우가 많아졌다. 이제는 더 이상 학교에서 삶에 필요한 진리를 가르치지 않기 때문이다.

목회의 비전이 무엇인가?

목회자가 한 교회에서 10년, 20년 목회를 하다 보면 열정이 식을 수도 있고, 매너리즘에 빠질 수도 있다. 그때마다 사도 바울의 고백처럼 내 몸을 쳐서 복종케 하지 않으면 달려갈 길을 마치기란 결코 쉬운 일이 아니다. '제대로 하지 않으면 하나님께 책망을 받을까 두려워서' 헌신한다면 바람직한 목회자로 볼 수 없다. 찰스 하지는 "온전한 회개는 두려움 때문이 아니라, 하나님의 사랑 때문"이라고 말한다.

목회의 비전이 무엇이냐고 물어보는 경우가 있다. 이 질문의 의도는 '특별한 사역을 하려고 하는지'를 묻는 것인데, 특별한 사역을 비전이라고 생각하기 때문이다. 목회자의 비전은 성도들이 생명의 길을 걷게 하고, 죄악을 깨닫고 진리의 삶을 살도록 하는 것이다. 말씀과 기도와 훈련을 통해서 어느덧 성도들은 진리와 거짓을 분별하게 되고, 목회자는 교회가 무엇을 해야 하는지 깨닫게 된다.

목회의 비전은 집을 나간 탕자가 돌아오도록 하는 것이다. 탕자가 재산을 탕진하고 자신의 죄를 뉘우쳤을 때 아버지에게로 돌아가리라 결심한다. 그러나 아버지가 자신을 용서할 것이라고 기대하기보다는 혼날 것을 두려워한 나머지 아버지에게 드릴 말씀을 외우면서 연습한다. 자신을 종으로라도 써 주셨으면 하는 기대를 안고 아버지에게로 돌아간다. 그런데 아버지는 오래전부터 아들을 기다리고 있었다. 여기서 아들의 진심 어린 회개가 시작된다. 아버지를 두려워했던 회개에서 사랑의 아버지를 경험한 회개를 하게 된다.

> "내가 일어나 아버지께 가서 이르기를 아버지 내가 하늘과 아버지께 죄를 지었사오니 지금부터는 아버지의 아들이라 일컬음을 감당하지 못하겠나이다 나를 품꾼의 하나로 보소서 하리라 하고 이에 일어나서 아버지께로 돌아가니라 아직도 거리가 먼데 아버지가 그를 보고 측은히 여겨 달려가 목을 안고 입을 맞추니 아들이 이르되 아버지 내가 하늘과 아버지께 죄를 지었사오니 지금부터는 아버지의 아들이라 일컬음을 감당하지 못하겠나이다 하나 아버지는 종들에게 이르되 제일 좋

은 옷을 내어다가 입히고 손에 가락지를 끼우고 발에 신을 신기라 그리고 살진 송아지를 끌어다가 잡으라 우리가 먹고 즐기자 이 내 아들은 죽었다가 다시 살아났으며 내가 잃었다가 다시 얻었노라 하니 그들이 즐거워하더라"(눅 15:18~24).

어떤 회개를 성도들에게 가르치는가? 예전에는 강단에서 목회자가 지옥을 이야기하면서 성도들을 위협하는 경우도 있었다고 한다. 죄에 대한 경고도 필요하다. 죄에서 돌이키지 않으면 지옥에 갈 수밖에 없다는 가르침도 필요하다. 그러나 성도들의 신앙이 가위 눌리듯 두려움 속에서 살도록 하라는 것은 아니다. 하나님께 나아가는 사람들의 모습은 무엇보다 기뻐야 한다. 믿음의 길에는 분명 기쁨이 있다. 아무리 환난과 어려움이 그 길에 있어도 승리의 길이요, 예비된 상이 있기에 기쁨의 길이다.

"믿음이 없이는 하나님을 기쁘시게 하지 못하나니 하나님께 나아가는 자는 반드시 그가 계신 것과 또한 그가 자기를 찾는 자들에게 상 주시는 이심을 믿어야 할지니라"(히 11:6).

은혜 받으면 헌금한다

풀러신학교에서 선교학을 듣는데 교수님이 갑자기 물으셨다. "선교사님들이 교회의 초청을 받아 설교를 잘하시면 성도들이 어떻게 하죠?" 교수님이 기대했던 대답은 '성도들이 감동을 받는다'는 것이었다. 그런데 그 자리에 있던 학생들이 일제히 "헌금을 하죠" 해서 폭소를 터뜨렸다. 그렇다. 은혜 받으면 헌금도 한다.

설교 강단은 성도들을 책잡고 꾸중하는 자리가 아니라, 복된 소식을 선포하는 자리다. 은혜를 끼치는 자리다. 곽선희 목사님께서 학교에서 그런 가르침을 주셨다. "헌금에 대해서는 말할 필요가 없습니다. 은혜 받으면 헌금하는 것입니다. 선교에 대해서 굳이 선교 가라고 말할 필요가 없습니다. 은혜 받으면 자연히 선교합니다. 산중 오지라도 갑니다. 설교는 은혜를 끼치는 자리입니다. 목회는 은혜를 끼치는 거예요." 정말 귀한 가르침이었다. 억지로 하도록 하는 것은 목회가 아니다. 기쁨으로, 즐거이 헌신하도록 헌신의 기쁨, 복음의 기쁨을 알려 주는 것이 목회다. 때로는 목회에서 악에 대한 전쟁을 선포할 때가 있다. 고난과 어려움 속에 있는 성도를 강력하게 권고하고 위로해 주어야 할 때도 있다. 그러나 그때에도 분명 목회자가 제시할 것은 방향이다. 복음이 말하는 것을 말하면 된다.

요즈음 설교에서, 교회에서 십자가가 사라졌다는 비판이 들린다. 번영신학이 교회와 설교의 중심 자리를 차지하고, 복음을 선포하기보다는 마인드컨트롤, 말의 힘, 상담과 심리학, 엔터테인먼트가 주인 자리를 차지한다는 말도 들린다. 모든 교회가, 대다수의 교회가 그렇다고 보지는 않는다. 오히려 훨씬 적은 수의 교회가 그렇다고 본다. 이럴 때일수록 복음적인 교회는 더욱더 복음을 강조해야 한다. 십자가와 구속의 은총은 설교와 신학, 모든 프로그램의 중심에 서 있어야 한다. 설교에서, 강단에서, 프로그램에서 십자가와 구속의 은총이 선포되지 않으면 그것은 설교도 아니요, 바람직한 교회의 프로그램일 수도 없다.

기본에 충실한 목회

성도에게 방향을 제시하려면 목회자가 나침반을 갖고 있어야 한다. 목회자가 앞장서서 솔선수범을 보여야 한다. 그러자면 목회자가 먼저 성실하고 신실한 목회를 해야 한다.

목회자의 기본적인 소양은 무엇인가? 정시에 출근하고, 별다른 사역이 없다면 적어도 정해진 시간에 퇴근하고, 심방을 열심히 하고, 성도들에게 유익한 프로그램을 계획하고, 최고의 시스템을 연구하여 도입하고, 설교 준비에 최선을 다하는 것이다. "이미 다 하고 있는데요"라고 말할 수 있다면 기본에 충실한 것이다.

성도들에게 방향을 제시한다는 것은 목회자가 열심히 하는 모습을 보이는 것이다. 게으름도 성향이다. 게으른 성향을 가진 사람이 있다. '이 정도면 됐지. 담임목사가 꼭 출근 시간을 지켜야 하나? 일 있을 때 가면 되지.' 이런 불성실한 생각을 아무도 모를 것이라 생각하는가? 누가 알고 모르고를 떠나서, 목회에 있어서 자세와 성품보다 중요한 자질도 없다. 최선을 다하려는 자세와 성품은 최소한만 하려고 하는 목회와 결과가 다를 뿐 아니라, 목회자 자신의 삶의 질에 있어서도 전혀 다를 수밖에 없다. 어느 한쪽은 승리를 경험하는 목회를 하게 될 것이다. 그러나 다른 한쪽은 승리를 경험하지 못할 것이다.

목표 발견형 vs. 목표 추구형

미국 조직행동학의 거장인 제임스 마치는 사람을 '목표 발견형'과 '목표 추구형'으로 구분한다. 목표 추구형의 사람은 목표를 정해 놓고, 분석하고, 연구해서 그 목표에 도달하는 유형의 사람을 말한다. 목표 발견형은 자신에게 주어진 일에 최선을 다하면서 새로운 목표를 계속 만들어 가서 이루어 내는 사람을 말한다. 목표 추구형의 사람도 성실한 사람이지만, 목표 발견형의 사람은 성실하면서도 창의적인 사람이다. 끊임없이 자기 자신에게 새로운 방향을 제시하는 사람이다.

한 교회에서 목회를 수십 년 이상 하다 보면 목회의 매너리즘에 빠지기 십상이다. 부교역자의 경우는 더 짧아서 3년만 지나도 다른 사역지로 옮기고 싶어 좀이 쑤셔 한다. 새로운 것이 없기 때문이다. 늘 하던 것을 반복하기 때문이다. 그럼 늘 새로운 목회지를 찾아 떠나는 것이 방법일까? 새로운 성도, 새로운 교회를 만나면 도전의식이 충전되는가? 아니다. 3년 지나면 똑같은 일이 반복된다.

목회자가 이렇게 지치고 힘들어한다면 성도들은 오죽하겠는가? 셀목자, 구역장을 10년 이상 하다 보면 녹초가 되어서 교회 사역에서 완전히 벗어나고픈 충동에 갈팡질팡하게 된다. 그럼 어떻게 이 난관을 극복할까? 자신의 결핍을 찾아야 한다. 부교역자는 설교할 기회가 많지 않기에 성경공부를 통해 말씀에 대한 통찰력과 은혜를 충만히 누려야 한다. 우물이 말랐는데 물을 길어 봤자 헛수고다. 목회자가 말씀과 은혜에 충만하지 않은데 성도들이 은혜 받을 수 없다. 성경공부를 통해서 교수 능력을 개발해야 한다. 성경공부 교재 없이도 언제나 두 시간 이상은 훌륭한 성경 강해를 할 수 있는 교수 능력이 있어야 한다. 교수 능력을 발전시키기 위해서는 꼭 박사학위가 필요한 것이 아니다. 중국에서는 친구가 1만 명이면 박사요, 책을 1만 권 읽으면 박사라고 한다. 수많은 성도들을 가르치고 양육하는 목회자는 이미 박사다. 수많은 책을 읽고 연구하는 목회자는 이미 박사다.

목회자는 자신의 부족한 점을 개발하는 것에 초점을 맞추어야 한다. 교인들의 필요를 채워 주는 목회뿐 아니라, 자신에게 있는 약점을 극복하고, 목양하는 데 있어서도 취약한 부분을 극복하는 일에 목적을 두어야 한다. 설교는 잘하는데 기도가 약한 목회자가 있다. 그렇다면 기도에 열정을 가져야 한다. 하나님과 소통하지 않고 성도들과 소통할 수는 없다. 행정 능력이 약하다면 행정 시스템을 공부하고 적용하면서 목회와 교회의 부흥에 새로운 활력소를 불어넣는 일에 최선을 다해야 한다. 무엇이든 잘할 수는 없다. 그러나 교회 사역과 관련해서 목회자는 모든 것을 알고 있어야 한다. 최선에 만족하지 말고 최고를 목표로 해야 한다. 새로운 목표를 발견하고 찾아야 한다. 목표에 대한 새로운 마음가짐이 필요하다. 개인적인 욕망이 목회자를 이끌면 지치기 쉽다. 목회자도 철저히 하나님의 목적이 이끄는 신앙생활, 주님이 이끄시는 목회를 해야 늘 새롭다.

바울이 말하는 면류관은 끝까지 최선을 다해서 달려갔을 때 얻게 되는 결승점에서의 상급이다. 운동선수가 전력질주를 하지 않고 천천히 걷거나 중간에 다른 곳으로 간다면 분명 면류관은 없다. 어느 선까지 최선을 다했다고 해서 상을 받을 수 있는 것은 아니다.

> "나는 선한 싸움을 싸우고 나의 달려갈 길을 마치고 믿음을 지켰으니 이제 후로는 나를 위하여 의의 면류관이 예비되었으므로 주 곧 의로우신 재판장이 그 날에 내게 주실 것이며 내게만 아니라 주의 나타나심을 사모하는 모든 자에게도니라"
> (딤후 4:7~8).

은혜가 은혜인 줄 알아야
은혜가 은혜 된다

믿음은 뿌리요 확신은 꽃이다. 뿌리가 없으면 꽃을 피울 수 없으며, 물론 뿌리가 있어도 꽃을 피우지 못하는 경우도 있다.

믿음은 생명이다. 그러나 확신은 생명 이상의 것이다. 그것은 건강이요 능력이요 힘이요 활력이요 활동이요 장부다움이요 아름다움이다. 우리 앞에 놓인 것은 '구원받느냐 받지 못하느냐'가 아니라 '특권을 누리느냐 누리지 못하느냐'의 문제이다. 그것은 평화를 누리느냐 누리지 못하느냐의 문제가 아니라 '큰 평화를 누리느냐 작은 평화를 누리느냐'의 문제이다. 그것은 최초의 형태와 최후의 형태 사이의 문제이다.

J. C. 라일, 「거룩」

목사는 노래를 불러야 한다

한국 교회의 목회 중에서 특이할 만한 점이 바로 '구호목회'다. 한국 교회에서 전해져 오는 말이 있다. 교회에 프로그램이 있을 때마다, 새로운 계획이 있을 때마다 '목사는 노래를 불러야 한다'는 것이다. 기회가 있을 때마다 외치는 것이다. 그야말로 노래를 부르는 것이다. 독특한 구호를 만들어서 시작하기 한 달 전부터 예배 때마다 외치게 하는 것도 좋다. 주보를 통한 광고와 영상 광고를 하기도 하지만, 이와 동시에 예배 시간에 함께 외치는 것도 좋은 효과를 낳는다. 일명 '참여적 광고'라고 할 수 있다. 보기만 하고 듣기만 하면 성도들이 수동적으로 보고 듣지만, 성도들이 직접 외치게 되면 광고에 직접 참여하는 '참여적 광고'가 되는 것이다. 수동적인 자세로 임하는 광고보다 참여적 광고가 기억에 오래 남고, 참여하도록 하는 데 있어서도 훨씬 좋은 효과를 주는 것은 당연하다.

성도들은 생각보다 집중력이 약해서 쉽게 잊어버린다. 수없이 광고했어도 교회에 전화를 해서는 언제 하느냐고, 누가 오느냐고 물어보는 경우가 다반사다. 설교를 통해서 성도의 마음속에, 심령 속에 예수의 정신을 심는 것이 목표라고 한다면, 목회자는 그야말로 광고 하나에도 구호를 외치면서 '기독교 정신을 심는 목회'를 하는 센스가 필요하다.

기독교 최고의 은혜

새 가족 심방을 간 적이 있다. 아침 출근 전에 해 달라는 요청으로 오전 9시 30분에 새로 이사 온 아파트에서 심방을 하기로 했다. 그 새 가족으로부터 심방 이틀 전에 연락이 왔는데, 오전 9시로 시간을 앞당겨서 심방해 달라는 요청이었다. 그래서 오전 9시에 가서 심방을 하고 30분 정도 예배를 드리고 돌아왔다. 그 다음 주일에 심방을 했던 새 가족이 나를 반갑게 맞아 주면서, "지난주에 목사님 심방을 통해서 얼마나 은혜를 받았는지 모릅니다" 하고 말했다. 마음속으로 생각하기를 '아, 그때 설교에 무척이나 은혜를 받으셨나 보구나' 하고 착각에 빠져 있었다. 착각도 자유라고, "목사님이 떠나시자마자 찬장이 무너져서 안에 있던 그릇이 다 깨졌습니다. 아시지요? 제가 30분 앞당겨서 예배드리자고 말씀드린 것 말입니다. 만약 원래대로 9시 30분에 예배를 드렸다면 예배드리는 중에 찬장이 무너지고, 그러면 저는 목사님께 민망하고, 목사님도 저희 집 첫 심방에 그런 일이 생겼으니 얼마나 당황스러우셨을까요? 그러니 하나님이 첫 심방 예배를 잘 드리라고 30분 앞당기게 하신 것 아니겠습니까?" 하며 껄껄 웃으시는데, 정말 놀랐다. '이것이 바로 해석 능력이구나.' 이사 오고 교회에 처음 등록해서 첫 심방에 그런 일이 일어났음에도 감사하며 은혜를 발견하는 모습에 감동을 받았다.

새 가족의 해석 능력이 놀랍다. 만약에 찬장이 내려앉은 일을 '교회를 옮기자마자 이런 일이 있어? 이 교회를 가지 말라는 하나님의 뜻인가 보다' 하고 해석한다면, 본인에게는 은혜가 되지 않고 교회적으로는 덕이 안 되는 일이다. 그리스도인에게는 어떤 일이 일어났는가보다 훨씬 더 중요한 것이 그 일에 대한 '해석 능력'이다. 실제로 일이 어려워서 어려운 것이 아니다. 그 일에 대한 해석에 따라서 어렵기도 하고 쉽기도 하다. 하기 싫은 심부름이라고 생각하면 짜증이 나지만, 운동이라고 생각하면 걷는 것도 즐겁다.

사람과의 관계가 힘들어서 어려운 것이 아니라, 어떻게 해석하느냐에 따라 힘든 관계도 꼭 힘들지만은 않다. 나를 힘들게 하는 사람을 원수로 생각하면 만날 때마다 괴롭다. 그 원수가 집에 있고 교회에 있으면 가정과 교회는 천국일 수가 없다. 그러나 훈련의 과정으로 생각하면, 하나님이 주신 즐거운 숙제라고 생각하면 어렵기만 한 것도 아니다. 주님의 뜻으로 알고 해석하면 분노에서, 좌절에서, 염려에서 해방된다.

해석으로 분노에서 해방되다

하나님은 상을 주시는 분이시지, 성도를 힘들게 하는 분이 아니시다. 우리 앞에 어떤 일이 닥쳐도 하나님이 허락하신 일이므로 은혜로운 해석을 해야 한다. 하나님의 허락 없이 우연히 일어나는 일은 없다. 그러므로 해석 능력은 곧 그리스도인의 신앙 그 자체라고 해도 틀린 말이 아니다.

사도 바울은 자신의 병을 고쳐 달라고 세 번이나 기도했다. 이에 대한 하나님의 응답은 '내 은혜가 네게 충분하다. 이 일에 대해서는 그만 간구하라' 였다. 이때 사도 바울은 하나님의 응답에 대해서 제대로 해석했다. 그리스도의 능력이 머물도록 육체에 가시를 주셨다고 해석한다. 하나님께서 각별하신 체험과 은혜를 주셨는데, 그 일로 인해서 자만하지 않도록 제어장치를 자신의 몸속에 두셨다고 해석한다.

고난 그 자체가 인생을 힘들게 하지 않는다. 고난은 어느 누구에게나 언제든지 있는 것이다. 고난에 대한 해석이 문제 해결의 관건이다.

> "나에게 이르시기를 내 은혜가 네게 족하도다 이는 내 능력이
> 약한 데서 온전하여짐이라 하신지라 그러므로 도리어 크게
> 기뻐함으로 나의 여러 약한 것들에 대하여 자랑하리니 이는
> 그리스도의 능력이 내게 머물게 하려 함이라" (고후 12:9).

강단에서, 훈련에서 선포되는 "해석이 은혜입니다"와 같은 명언과 은혜로운 말씀 한마디 한마디가 성도들의 뇌리에 심겨져서 힘든 일이 있으면 자연스레 먼저 '해석의 은혜'를 떠올리게 되는 것이다. 자신을

팔아넘기고 총리가 된 요셉 앞에서 벌벌 떠는 형들을 향하여서 요셉이 해석하는 하나님의 섭리를 기억하는가?

> "요셉이 그들에게 이르되 두려워하지 마소서 내가 하나님을
> 대신하리이까 당신들은 나를 해하려 하였으나 하나님은 그것
> 을 선으로 바꾸사 오늘과 같이 많은 백성의 생명을 구원하게
> 하시려 하셨나니"(창 50:19~20).

형들을 향한 배신감에 치를 떨기가 쉬운 상황이다. 이제 아버지 야곱도 죽었으니 그 앙갚음을 얼마든지 할 수 있는 상황이다. 그런데 요셉은 자신이 총리가 된 것은 형들에게 복수를 하기 위한 것이 아니라, 아버지와 형제들을 구원하기 위한 하나님의 섭리였다고 해석한다. 요셉의 해석 능력은 요셉을 복수심으로부터, 분노로부터 자유하게 했다. 이런 요셉의 해석 능력은 성도들에게 바로 적용되는 것이다. 나를 힘들게 하는 사람들에 대한 해석을 요셉이 해 주었기 때문이다. 이유를 알 수 없는 고난에 대해서도 요셉은 해석했다. 하나님의 때에 나와 가족을 구원하기 위한 하나님의 섭리가 바로 요셉의 해석이요, 성도들에게 얼마든지 적용 가능한 해석이다.

한국 사회 자체가 '슬로건의 나라'라고 할 만큼 도시 곳곳에 플래카드가 걸려 있다. 교회들도 다르지 않다. 그런데 교회 대부분의 플래카드를 보면 내용 설명과 강사 소개에 집중하고 있다. 차별화된 구호가 필요하다. 이런 멋진 구호를 통해 기독교 정신을 머릿속에 되새기고, 그리스도인으로서 당당히 살아갈 것을 다짐하게 하는 것이다.

'예기전가' 하는 교회

사랑하는 여러분, 시스템의 노예가 되지 마십시오. 마음을 여십시오. 성경을 얼마나 읽느냐가 중요한 것이 아니라, 어떻게 읽느냐가 중요합니다.

마틴 로이드 존스, 「생수를 구하라」

예기전가(예배하고, 기도하고, 전도하고, 가르치자)

사랑의교회에서 특별 새벽기도회를 한다면서 '특새'라는 단어를 사용했다. 그래서 사랑의교회 성도들은 "우리 특새한다"는 말을 자주 한다. 이것이 언어 사용의 묘미다. 똑같은 단어도 줄여서 말하거나 구호로 말하면 뭔가 특별해 보인다는 것이다. 좋은 발상이다. 발상도 발상이지만, 뭔가를 연구하고 개발해서 효과적으로 목회하려는 목회자의 열정이 멋지다. 짧게 한다고 다 좋은 것도 아니고, 길게 한다고 다 인상적인 것도 아니다. 건강한 목회 감각, 기독교 정신이 들어간 단어 사용이 중요한 목회 감각 중 하나다.

존 버니언의 「천로역정」은 아무리 봐도 구멍 난 냄비를 땜질하는 땜장이의 글 솜씨가 아니다. 그러나 성령이 역사하면 방언이 터지고 성령의 언어가 흘러나온다. 베드로가 설교할 때 5천 명이 모였다. 3천 명이 모였다. 모였을 뿐만 아니라 회개의 역사가 있었다. 베드로의 설교가 달라졌다. 언어 사용이 달라졌다. 성령 받기 전에 제자들이 예수를 반대하는 사람들을 만났을 때, 그들은 "하늘에서 불이 임하게 할까요?"(눅 9:51~56) 하고 물었었다. 그런데 성령을 받고 나더니 예수의 이름 때문에 능욕 받고 매 맞는 것을 기뻐하게 된다(행 5:41).

'사랑의교회에서 특새란 말을 사용했으니 우리는 하지 말아야지.' 그럴 필요가 없다. 똑같은 게 싫으면 얼마든지 응용하면 된다. 어느 교회에서는 '엘새'(엘리야 특별 새벽기도회)로 바꾸어서 사용하는 것을 본다. 아주 좋은 생각이다. 좋은 것은 얼마든지 접수하면 된다. 수용 능력이 성장 능력이다. 해 아래 새것은 없다. 베끼려고 할 필요는 없지만, 좋은 것을 받아들이는 것도 좋은 자세다.

위대한 사람들은 좋은 생각을 나누고 싶어 한다. 그만큼 성장했다는 증거다. 새로이 교회를 맡으면서 교회의 방향과 목회의 기본 방향을 보여 줄 구호를 만들고 싶었다. 목회의 기본이면서 신앙의 기본이 무엇일까 연구했다. 아무리 생각해도 예배와 기도와 전도와 훈련보다 더 중요한 본질은 없다는 생각을 했다. 그래서 앞 글자만 모아서 '예기전가'라고 이름 붙였다. "예배하고, 기도하고, 전도하고, 가르치자." 앞으로 목회의 방향과 교회의 방향으로 손색이 없다는 생각이 들었다. 서울 온누리교회의 'Act 29'가 선교적 방향으로 교회의 초점을 맞춘다는 좋은 구호인 것처럼 말이다.

좋은 것은 얼마든지 접수한다

시대가 원하는 리더십은 독불장군이 아니다. 성도들의 의견을 수렴하고, 필요를 알아차리는 목회가 되어야 한다. 이제 인터넷 시대에는 자료가 부족한 것이 아니라 좋은 자료를 선별하는 것이 더 큰일이 되었다. 책도 홍수처럼 많다. 좋은 책을 고르는 것이 능력이고 안목이다. 수용 능력이 성장 능력이 되었다.

많은 한국 교회들이 좋은 프로그램 있다고 하면 여기저기 따라다니며 배우기에 열심이다. 열정은 너무 좋다. 그러나 프로그램으로 교회가 부흥하는 것은 분명 아니다. 아무리 좋은 프로그램이라 해도 그 교회의 상황에 맞아야 한다. 어느 교회든지 프로그램이 잘 운영되는 것은 그 프로그램을 인도하는 리더의 역량 때문이다. 그러나 리더의 역량이 아무리 훌륭해도 교회의 상황에 맞지 않으면 효과를 발휘할 수 없다. 젊은 사람들에게 맞는 것이 있고 어른들에게 맞는 것이 있다. 기독교 교리에 맞는 것이 있고 그렇지 않은 것이 있다.

한동안 TD(Tres Dias, 3일)라는 천주교 영성 훈련이 개신교의 교리와 상황에 맞게 바뀌어서 진행되곤 했다. 그런데 시작되고서 얼마 있지 않아 교회에서 작은 소란과 소음이 들려오기 시작했다. 프로그램의 특성상 그 내용을 미리 알게 되면 기대감이 떨어지므로 비밀에 붙였다. 그래서 다녀온 사람들만 모여서 이야기할 수 있게 되었고, 다녀온 사람들이 다시 헌신자로 올라가고, 다녀온 사람들의 추천이 있어야 참여할 수 있기 때문에 교회 안에 다녀온 사람들의 모임이 별도로 형성되었다. 그런데 이로 인해 문제가 생기기 시작했다. 프로그램은 너무 좋은데, 다녀온 사람들만의 '재모임'(Re-union)이 문제가 된 것이다. 이런 좋은 프로그램이 있다면 본 교회의 실정에 맞게 체질 변화를 하는 것이 필요하다. 괜히 그대로 따라했다가 구설수에 오를 수가 있다.

TD는 천주교 영성 수련이기에 아직도 교회들마다 예민하게 받아들이는 곳이 많다. 그렇다면 굳이 개신교 목회자가 천주교의 영성 훈련을 다녀왔다는 구설수에 시달릴 필요가 없다. 교회 안에는 다양한 사람들이 다니기 때문에 작은 일 하나에도 민감하게 반응하는 사람들이 더러 있다. 그래서 행동 하나하나에 여간 조심스러운 것이 아니다. 요 사이에는 여기저기서 기도 운동이 생겨나면서 이단이다 아니다 말도 많다. 다녀온 것 자체를 문제 삼는 경우가 많다는 것을 목회자는 늘 생각하고 있어야 한다. 프로그램은 교회 실정과 상황에 맞게 얼마든지 다시 만들 수 있다. 잘 변환된 교회의 프로그램을 참고하는 것도 좋다. 중요한 것은 '자기 교회화' 하는 것이다.

지교회 중심의 프로그램

언제부턴가 한국 교회 안에 학교 프로그램이 많아졌다. 아버지 학교, 어머니 학교, 부부 학교. 또 클리닉이란 단어도 많이 사용한다. 부부 클리닉, 관계 클리닉. 학교에서 해야 할 일들이 제대로 이뤄지지 않고 가정을 위한 프로그램이 없다 보니 결국 교회가 이 모든 것을 감당하고 있다. 정말 너무 귀한 사역이고, 가정이 회복되고 부부가 회복되는 놀라운 일들을 결실로 맺고 있다. 그런데 이런 파라처치에서 하는 프로그램들이 분명 사명도 있고 결실도 좋은데, 참석한 사람들과 참석하지 않은 사람들 사이의 오해와, 참석한 사람들이 파라처치의 재모임 (Re-union)과 프로그램에는 헌신하는데 정작 교회에서는 헌신하지 않으면서 교회에 정착하지 못하는 단점이 있는 것도 사실이다. 똑같은 과정과 프로그램을 이수하고 참여한 사람들 사이에는 공통의 주제가 있기에 대화도 잘되고 관심사도 같아 너무 즐겁다. 그런데 교회로 돌아오면 참석하지 않은 사람과는 할 말이 훨씬 적다. 그래서 뭔가 신나지가 않고 답답하다. 결국엔 계속 교회 바깥 프로그램과 기관에 전념하게 되고, 그러다 보면 교회 안에서 뿌리를 내리지 못하는 아쉬움이 있다. 물론 모든 사람들이 그런 것은 아니다. 사람들마다 다를 것이다. 이런 좋은 프로그램을 기관에서 주관은 하되, 각 교회의 실정에 맞게 심어 주고, 분리시켜 주는 것도 좋은 방법이라고 생각한다.

처음 몇 년 동안은 프로그램을 창설한 기관에서 배우는 수밖에 없다. 그러나 어느 정도 정착되면 '교회화'(交會化) 하는 작업이 필요하다. 이에 대해서 찬성하는 사람들도 있을 것이고 반대하는 사람들도 있을 것이다. 이 모든 프로그램의 목적은 각 가정이 회복되고 교회가 부흥하는 것이다. 그렇다면 결국 각 교회에서 일꾼이 배출되고 교회에서 헌신하고 충성하도록 하는 것이 맞다고 본다. 그러자면 교회의 실정에 맞게 프로그램을 정착시키고 지교회 중심이 되어야 한다는 것이다. 선교도 결국 지역 교회의 자립이 최종 목표라고 한다면, 좋은 프로그램들도 결국 지역 교회에 맞게 정착시키는 것이 파라처치와 교회와의 협력 관계를 유지할 수 있는 방법이다.

Eventlism Church(행사 중심의 교회)

모차르트는 한때 후견인인 오스트리아 황제에게 음표가 너무
많은 음악을 만든다고 비판을 받은 적이 있다. 황제는 음표를
몇 개 줄이라고 했다. 모차르트는 줄였으면 하는 음표가 어떤
것인지 물었다. 우리는 십계명이 너무 많으니 일곱 번째 계명
같은 것은 없애도 괜찮다고 여기는 문화 속에 살고 있다.
　　　　　　　　　스티브 파라, 「영적 리더십을 발휘하는 아빠」

복음 중심의 프로그램

　부흥하는 교회가 있다고 하면 이런 생각을 하는 경우가 있다. '그 교
회는 무슨 프로그램을 하는가? 무슨 특별한 프로그램이 있나?' 그래서
직접 견학도 하고 프로그램을 도입하기도 한다. 그런데 대개 부흥하는
교회의 프로그램을 도입했다고 해서 똑같은 부흥이 일어나는 경우는
없다. 교회의 부흥에는 여러 가지 이유가 있다. 먼저는 프로그램의 중심
에서 강력하게 이끄는 리더십이 무엇보다 중요하다. 프로그램에 대한
소신과 확신 및 처음 시작한 사람의 열정을 동일하게 소유하기란 어렵
다. 대개의 경우 프로그램만 도입할 뿐, 그 정신과 열정을 간과하기 때

문에 결과가 똑같지 않은 것이다.

한국 교회에는 많은 행사와 프로그램이 있다. 새 신자들과 불신자들 및 신앙이 미지근한 사람들에게 도전을 주기 위해서, 그리고 복음에 접근하기 쉽도록 하기 위해서 프로그램은 아주 중요하고도 필요하다. 그런데 간혹 프로그램을 하다가 중심을 놓치는 경우가 있다. 바로 복음이다. 복음을 위해서 프로그램이 있는 것이다. 신앙을 위해서 프로그램이 있는 것이다. 주님과의 만남을 위해서 이 모양 저 모양으로 이 자리 저자리에서 계속 열심을 내고 도전을 주는 것이다. 그런데 목적과 수단이 뒤바뀌면 프로그램을 했다는 자체에 만족하기가 쉽다. 프로그램을 하는 이유에 있어서 분명한 복음의 기본 정신으로 돌아가야 한다.

예수님께서는 3년의 공생애 기간 동안 많은 일들을 하셨다. 그중에서도 열두 제자를 양육하는 일에 집중하셨다. 그러나 십자가를 지시는 바로 전날까지 세족식을 베푸시며 제자들에게 섬김을 당부하셨다. 이 땅에서의 처음이자 마지막으로 성만찬을 베푸시면서 주님을 기념하라고 하셨다. 어찌 보면 예수님께서도 많은 프로그램을 하셨다. 쉴 새 없이 제자 훈련과 치유 사역과 귀신을 내쫓고, 제자들과 믿는 사람들의 가정을 방문하시고, 마르다와 마리아와 나사로와는 특별한 우정을 맺으셨다. 새벽부터 늦은 밤까지 일하시고 섬기셨다. 그러나 어느 누구도 주님께서 행사나 프로그램 같은 이벤트(행사)에 집중하셨다고는 생각하지 않는다. 예수님께서 가르치시고 고치시고 귀신을 내쫓으시면서 제자들을 훈련하시고 가정들을 심방하신 이 모든 것들이 프로그램이다. 그러나 그 중심에는 오직 복음만이 자리했다.

Evangelism Church(복음 중심의 교회)가 되어야 한다

말씀으로 오신 주님께서는 오직 하나님 나라에 집중하셨다. 그러나 그것을 위해서 많은 이벤트를 하셨다. 사람을 많이 모으기 위한 이벤트가 아니었다. 그런데 오늘날의 많은 교회들이 '이벤트를 잘하면 많은 사람들이 교회에 올 것'이라는 기대를 한다. 그래서 오늘날 '행사 중심의 교회'(Eventlism Church)가 많다. 복음을 효과적으로 전하기 위한 이벤트가 아니라, 교회의 부흥, 즉 사람을 모으기 위한 이벤트를 하고 있다.

목적과 수단이 바뀌면 전혀 다른 이야기가 되는 법이다. 선행은 자체가 목적이 되어야지, 칭찬을 위한 수단이 되면 겉모양은 똑같아도 내용이 달라지고, 의미가 퇴색되며, 상급 받을 일이 아니게 되어 버린다. 다시 말해서, 선행에 따른 칭찬은 당연하지만, 칭찬을 위한 선행이 되면 그 선행은 착한 일이라고 할 수 없다. 목적과 수단이 바뀌었기 때문이다. 우리는 목적이 선할 때 착한 일이라고 한다. 복음을 전하는 것처럼 귀한 것이 어디 있는가? 복음을 전하는 것에는 분명히 상급이 있다. 그러나 상급을 위한 복음 전파가 된다면 의미가 퇴색된 것이다. 복음이 교회에 사람을 모으기 위한 수단이 되는 순간 예수 없는 복음이 되기 쉽다. 다시 말해서, 그것은 Evangelism(복음 전파)이 아니라 Eventlism(행사 중심)이다.

기도가 얼마나 귀한 일인가? 그러나 바리새인들은 유대인이 정한 기도 시간이 될 때 즈음이면 집을 나선다. 그리고 많은 사람들이 모이는 시장 중심에 이르렀을 때 무릎을 꿇고 하늘을 보며 기도를 한다. 많은 사람들의 주목을 받기 위해서다. 하늘의 언어, 하나님을 만나는 시간인 기도가 사람들에게 인정을 받기 위한 수단이 되었을 때 주님은 바리새인의 기도는 외식이라고 꾸짖으셨다.

복음적인 교회는 기도가 뜨겁다. 그러나 교회의 부흥을 위해서 기도가 수단이 된다면 그것이야말로 'Evangelism Church' (복음 중심의 교회)가 아니라 'Eventlism Church' (행사 중심의 교회)가 되는 대표적인 예라고 할 수 있다.

마파두부의 시작

마파두부 요리의 유래를 아는가? 1874년 중국 서남부의 쓰촨성 청두 북문 근처에는 예전부터 식당들이 많이 있었다고 한다. 성 주변에 짐을 운반해 주는 짐꾼들이 많다 보니 짐꾼들을 상대로 식당이 많이 모여 있었다. 어느 날 유채기름을 날라 주는 짐꾼 한 사람이 작은 쇠고기 덩어리를 하나 들고는 평소 잘 알고 지내던 천푸춘이란 식당 주인을 찾아와 그의 부인 천리우에게 "죄송하지만 오늘은 돈이 없어서 요리를 주문할 수는 없고, 이 쇠고기와 유채기름으로 두부를 좀 지져 주실 수 없나요?" 하고 부탁을 하더란다. 워낙 마음 좋기로 소문난 천리우라는 여인은 눈물이 쏙 빠질 정도로 맵고 뜨거우면서도 부드러운 맛을 내는 두부 요리를 즉석에서 만들어 주었다. 그런데 이 두부 요리가 소문이 퍼져 사람들 사이에서 엄청난 호응을 받게 되었다. 사람들은 천리우라는 부인의 얼굴에 곰보(천연두) 자국이 있다고 해서 이 요리의 이름을 일명 '곰보부인 두부' 라고 불렀다고 한다. 중국어로 '곰보' 라는 뜻의 '마' (麻)란 글자에 부인이라는 '파' (婆)를 붙여서 '마파두부', 즉 '곰보부인 두부' 요리라고 불리게 되었고, 130년이 지난 지금까지도

이 식당에는 원조 마파두부를 먹어 보려는 손님으로 발길이
끊이지 않고 있다.

정재윤, 「나이키의 상대는 닌텐도다」

마파두부 요리 이야기가 13년도 아니고 130년 동안 전해져 내려올
수 있었던 것은 한 여인의 작은 선행 때문이었다. 그러나 그 여인의 선
행이 가게의 장사를 위한 수단이었다면 아무런 감동도 줄 수 없었을 것
이다. 짐꾼에게 베풀어 준 마파두부 한 접시에 관한 이야기가 130년이
넘는 지금까지 전해 내려오는 것과 2천 년이 넘는 세월 동안 변함없이
성경과 함께 전해지는 십자가 사건의 공통점을 생각해 보았다. 그것은
선행이 주는 감동이다. 무조건적인 희생의 복음이 주는 감격이다.

> "너희 안에서 착한 일을 시작하신 이가 그리스도 예수의 날까
> 지 이루실 줄을 우리는 확신하노라"(빌 1:6).

'Eventlism'(행사 중심)에는 이런 감동이 없다. 그러나 '복음'
(Evangelism)에는 무한한 감동이 있다. 사람을 움직인다. 세상을 움직인
다. 지금까지 그래 왔고, 앞으로도 그럴 것이 분명하다. 복음은 사람의
마음을 움직이고, 삶을 변화시키고, 세상을 움직인다. 하늘나라로 인도
한다. 한국 교회가 'Eventlism Church'(행사 중심의 교회)가 아니라 오직
'Evangelism Church'(복음 중심의 교회)가 되기를 소원한다.
음악을 전혀 모르는 사람이 황제라고 해서 모차르트에게 음표를 빼
라고 했다는 것은 모차르트 입장에서는 코웃음을 칠 일이다. 목회자라

고 해서, 리더라고 해서 프로그램 자체의 효과를 기대한다면 복음의 중심에 있어야 할 그리스도가 보실 때 코웃음 정도가 아니라 분노하실 일이다. 우리는 분명 전문가를 인정해야 한다. 음악을 전공한 사람에게 음악을 맡겨야 한다. 목회 훈련을 받은 사람의 의견이 존중되어야 한다. 목회자는 복음의 중심에 계신 주님의 뜻에 의해서 움직여야 한다. 그리고 자신을 늘 복음에 비추어 목회를 조명하고, 개선하고, 인도함을 받아야 한다. 이것이 진정한 Evangelism Church가 되는 길이다.

매끈한 목사,
따끈한 목회

그리스도의 제자가 되기를 바라는 마음으로 복음을 누군가에게 전한 적이 있다고 말한 사람은 55퍼센트에 불과하다. 그리스도에게로 인도하려고 일부러 사람을 사귄 적이 있느냐는 질문에는 열 명 중 한 명만이 그렇다고 대답했다. "서로 신뢰하고 믿는 가운데 자신의 신앙을 함께 나눌 수 있는 불신자를 알고 있다고 대답한 사람은 다섯 명 중 한 명도 되지 않는다." 이 절박한 현실을 다른 말로 표현한다면, 한 해에 1.67명의 사람을 전도하는 데 회중 100명이 필요하다고 말할 수 있다.

그레그 옥던, 「세상을 잃은 제자도, 세상을 얻은 제자도」

웰컴 목회(Welcome Ministry)

인생에서 필요한 네 가지 끈이 있는데 이 끈을 가진 사람은 성공한다고 한다. 첫째, 매끈한 사람이 좋다고 한다. 까칠한 사람 말고, 밝고 명랑하고 자신감 넘치는 사람, 성품과 인상이 좋은 사람이란다. 둘째, 화끈한 사람이 성공한다고 한다. 이것도 저것도 아닌 사람 말고, 미루지 않고 내숭 떨지 않으며 속과 겉이 동일한 사람이 성공한다고 한다. 셋째, 질끈 참을 수 있는 사람이 성공한다고 한다. 실수나 결점이 없는 사람은 없다. 다른 사람을 쓸데없이 비난하지 않고, 잘못했을 때 얼른 인정하고 사과 잘하는 사람이 매력이 있다고 한다. 넷째, 따끈한 사람이 매력이 있다고 한다. 계산적이고 차가운 사람 말고, 인간미가 넘치는 사람, 베풀 줄 아는 사람이 결국 성공하더라는 것이다.

목회자는 세련될 필요가 있다. 언어가 거칠지 않고, 자세가 흐트러지지 않아야 한다는 측면을 말하는 것이다. 매끈한 목사가 되어야 한다고 믿는다. 그러면서도 권위를 내세우는 것이 아니라 한 사람 한 사람을 따뜻하게 대하는 따끈한 목회자가 되고 싶다.

서두에서 '인사가 만사다' 는 말을 했다. 교회마다 인사를 반갑게 하지 않는 교회가 없겠지만, 예배 시간의 시작을 담임목회자가 인사로 시작하는 교회가 많다. 예배를 시작할 때 서로 환영하고 예배하면서 부활의 아침을 반갑게 인사로 시작하는 것도 의미 있고 좋다. 교회들마다 독특한 인사가 많다. "내 옆에 앉아 주셔서 감사합니다", "당신의 인격과 상관없이 사랑합니다". 재미있게 인사하는 교회도 많다. '당나귀' (당신과 나의 귀한 만남) 하면서 인사한다고 한다. 이렇게 반갑게 맞이하는 환영의 인사를 매 주일 아침 예배마다 하게 될 때 모든 성도들의 분위기는 서로에 대해서, 새 가족에 대해서, 처음 와서 낯설어하는 사람들에 대해서 자연스럽게 환영하는 분위기가 조성되는 것이다. 이렇게 멋진 인사로 시작하는 교회의 목회를 나는 '웰컴(welcome) 목회' 라고 이름 지었다. 누구에게나 웃음을 지어 주고 어느 누구나 환영하는 목회를 꿈꾼다. 복음의 대상에 예외가 없듯이, 환영 받지 못할 사람은 아무도 없음을 표정과 자세에서부터 보여 줄 필요가 있다. 마치 돌아온 탕자를 끌어안아 주는 아버지처럼 담임목회자가 성도 한 사람 한 사람을 끌어안아 주는 목회가 된다면 얼마나 행복한 교회가 되겠는가. 새 가족으로 등록하는 식구 한 사람 한 사람을 볼 때마다 수십 년 전 자신의 모습을 발견하며 감격 속에서 눈물로 새 가족을 영접한다면, 등록하는 순간부터 새 가족들에게는 은혜의 시작이다. 웰컴 목회를 하는 목회자들을 웰컴한다.

이렇게 웰컴 목회가 필요한 이유는, 교회에는 다니지만 교회 사역에 깊이 참여하지 않기 위해 주일 예배만 드리는 '주변인'으로 머물려는 교인들이 참 많기 때문이다. 주변인들이 '중심인'이 되도록 하는 목회가 바로 웰컴 목회다. 새 신자를 환영하는 교회, 미지근한 주변인에게 불을 붙여 주는 목회가 웰컴 목회의 핵심이다. 교회를 오면 환영받는 분위기가 되어야 한다.

남자들이 많은 교회가 부흥한다

불과 30년 전까지만 해도 아빠들은, 남편들은 권위적인 모습이 강했다. 지금도 여전히 권위적인 가장들이 많이 있지만, 대개의 젊은 아빠, 남편들은 그래도 아내와 자녀들을 배려하는 가정적인 남편이요, 아빠인 것을 보게 된다. 그러다 보니 요즘의 젊은 남편들, 아빠들이 낮에는 직장에서 바쁘게 시달리다가 집에 들어와서는 가장 노릇까지 해야 하기에 지쳐 있는 것이 사실이다. 한편으로는 남자로서의 권위가 가정에서 많이 실추된 면도 없지는 않다. 이제는 남성들의 기운을 북돋는 목회가 필요한 시대다. 여성들을 무시하는 것은 아니지만, 남성들의 권위를 회복하는 목회가 필요한 시점이다.

예전이나 지금이나 비율로 보면 교회에서는 여성들이 남성들보다

압도적으로 많다. 교회의 프로그램도 여성들을 대상으로 하는 성경공부, 치유 프로그램, 생활강좌 등은 많이 개설되지만, 정작 남성들을 위한 프로그램은 많지 않다. 한국 사회에서 남성들이 회사 일에 바빠서 가정에서나 교회에서 제 역할을 하지 못하고 있다는 것이다. 그래서 남자들이 많은 교회가 부흥한다. 남자가 일하는 교회가 부흥한다. 예전이나 지금이나 여성들은 교회에서 항상 열심이다. 열심 있는 여성들은 많다. 반대로 헌신하는 남자들이 교회에서는 많이 부족하다는 사실이다. 그래서 남편들을 위해서, 아빠들의 신앙을 위한 기도 제목을 가진 가정들이 무척 많다. 이런 상황에서 남편들이 교회에 나오면 아내들은 기뻐서 춤을 춘다. 헌신된 남자들이 없다고 자꾸 여성 위주로 일꾼을 세우다 보면 남성들은 교회에서 더욱 설 자리를 잃어버리게 된다. 작은 일에서부터 남성들을 자꾸 일꾼으로 세워야 한다. 웰컴 목회는 이런 아빠와 남편들을 일꾼으로 헌신하게 하는 목회다. 주차장까지만 오는 아빠들을 본당으로 인도하는 웰컴 목회가 절실하다.

'No where'가 아니라 'Now here'다

환영하는 목회, 웰컴 목회는 그야말로 돌아온 탕자들을 위한 목회다. 일찍 돌아오는 탕자도 있지만, 말년에 돌아오는 탕자들도 많다. 뒤늦게 돌아온 탕자라고 해서 반지도 주지 않고 여전히 돼지가 먹는 쥐엄 열매나 준다면 집에 돌아올 이유가 없다. 아버지의 환영과 함께 아들의 옷을 입히고 반지를 끼워 줄 때 아들은 다시 아버지와 함께하게 된다. 마찬가지로 하나님의 집에 돌아온 탕자들을 일꾼으로 과감하게 세울 필요가 있다.

고 강영우 박사님이 입버릇처럼 하던 말씀이 생각난다. "No where 가 아닙니다. Now here입니다. 내가 설 자리가 없다(No where)고 생각하지 말고, 지금 여기서부터(Now here) 시작하는 것입니다."

발상의 전환이 이렇게 중요하다. '은퇴했으니 뒷짐 지고 구경이나 해야지' 하면 점점 의욕도 힘도 잃게 된다. 삶에 의욕도 없고, 신앙의 열정도 없으니 점점 기운이 약해진다. 자전거를 굴리지 않고 방치해 두면 사용하지 않았는데도 낡아져서 버리게 된다. 사명자는 사명에 열심일 때 건강할 수 있다. 헌신할 때 육적으로도 영적으로도 건강하게 된다. 요 사이는 80세는 기본이라고 할 만큼 노년층이 많다. 60세에 은퇴했어도 아직 인생의 4분의 1이 남은 거라고 생각해도 된다. 다시 시작해야 한다. 두 다리, 두 팔만 건강하다면 은퇴하고서도 얼마든지 해외 중·단기선교까지 섬기도록 할 필요가 있다. 은퇴했으니 설 자리가 없다고? 아니다. 지금부터가 시작이다. 경영학의 아버지 피터 드러커는 수많은 저서들을 남겼지만, 정작 그의 저작에서 베스트셀러들은 오히려 인생 후반에 저술된 책들이다. 그것도 70세가 넘어서 만든 책들이 오히려 공전의 히트를 치고 있다. 교회에 남자들을 일꾼으로 세워야 한다. 어르신들을 공경해야 한다. 소외된 사람들을 챙겨야 한다. 그래서 웰컴 목회는 모두를 위한 목회가 되어야 한다.

균형은 '똑같이' 가 아니다

헨리 나우웬이 이런 말을 했다. "그리스도를 위한 봉사만큼 그리스도를 향한 사랑과 충돌하는 것은 없다." 얼마나 이상한 말인가! 어쩌면 과장일 수 있다. 하지만 하나님을 위한 선의의 봉사가 하나님을 보는 비전을 방해하는 성향이 아주 강한 것은 사실이다.

달라스 윌라드, 「잊혀진 제자도」

교회는 학교가 아니다

설교의 핵심은 기독론이다. 모든 설교에 예수 그리스도가 중심이 되어야 한다. 요즘 설교에 대한 비판 중에 십자가가 사라졌다는 말이 많다. 십자가에 대해서, 죄에 대해서, 예수님을 통한 구원에 대한 핵심 진리가 설교에서 빠져 있다는 비판이다. 만약 그것이 사실이라면 심각한 것이다. 설교하면서 얼마든지 언어 습관에 대해서 말할 수 있다. 그러나 그것이 설교의 전부라면 그것은 설교가 아니라 강의다. 부부생활에 대해서 얼마든지 설교할 수 있다. 그러나 예수가 중심이 아니라면 그것은 부부 세미나다. 고통에 대해서 위로하고 대처하는 능력에 대해서 얼마든지 설교할 수 있다. 그러나 그것이 전부라면 그 시간은 힐링 클리닉이지 설교 시간은 아니다. 설교의 핵심이 예수 그리스도이시듯이, 교회의 주인은 그리스도이시다.

많은 가르침이 교회에서 이뤄지고 있다. 그러나 교회는 학교가 아니다. 교회는 좋은 프로그램을 개발하고 준비해야 한다. 성경공부 또한 매일 이루어져야 한다. 그러나 교회가 성경공부를 위해서만 존재하는 것은 아니다.

교회에서 의료 사역을 하는 경우가 있다. 교회에서 병원을 세우기도 한다. 한국 선교 초기에는 선교사들이 병원을 많이 세웠다. 한국의 유수한 병원 중 선교사들에 의해서 세워진 병원이 적지 않다. 지금도 생활고에 시달리는 사람들을 위한 무료 병원이 교회를 통해서 세워지기도 한다. 그럼에도 교회는 병원이 아니다.

교회 안에서 심리, 상담, 치유라는 말이 많이 사용되고 있다. 학교와 사회와 가정에서 이런 내용이 다뤄지지 않으니까 가정과 사회에서 삶의 위기를 겪는 사람들이 많다. 그래서 교회에서 그 필요를 알고 치유 프로그램과 가정, 상담 프로그램을 많이 진행한다. 바람직한 모습이라고 생각된다. 그럼에도 교회는 병원이 아니다. 육신의 질고를 가진 사람들에게 다가가고 도와주고 선교하면서 치료해 주지만, 그럼에도 교회는 병원이 아니다.

교회는 전도하는 것이 지상의 사명이다. 영혼을 살리고 구원하는 일은 예외 없이 모든 그리스도인과 교회의 사명이다. 그러나 교회가 선교 기관은 아니다. 선교에 남다른 열심을 가진 사람들은 "교회에서 왜 이리 선교에 열심이 없습니까?" 하며 비판적인 말도 서슴지 않는다. 맞다.

교회는 선교에 열심이어야 한다. 세상 끝날까지 땅 끝까지 전도해야 한다. 그럼에도 불구하고 교회는 선교 기관이 아니다.

교회는 이 모든 것에 균형을 이루어야 한다. 교육과 구제와 선교와 나눔과 훈련과 예배 어느 것 하나 교회에 있어서 중요하지 않은 것이 없다. 이 모든 일을 교회가 다 감당하려면 시간과 헌신과 예산 등을 적절하게 분배해야 한다.

'말씀파'와 '기도파'

성도들마다 열심인 분야가 다르고 관심 분야도 다양하다. 자신의 최고 관심이 교회의 최고 관심과 동일하길 바라는 성도들이 있다. '이 교회는 왜 찬양에 대해서 관심이 적을까?' '이 교회는 왜 장학금에 대해서 신경을 안 쓰는 걸까?' '이 교회는 선교사 지원이 왜 이렇게 빈약해?' 성도들 중에는 자신이 관심 갖고 있는 분야에 담임목회자가 관심이 없다고 생각되면 불만을 갖는 경우가 간혹 있다.

어느 교회나 '성경공부'파와 '기도파'가 있다. 담임목회자가 처음 부임하면 '말씀파'인지 '기도파'인지 유심히 관찰한다. 그럼 어떻게 해야 할까? 어느 편에 서야 하나? '주님 편'에 서면 된다. 교회 안에 말씀파는 뭐고 기도파는 무엇인가? 성경공부만 열심히 하면 건강한 교회인가? 기도만 열심히 하면 건강한 교회인가? 이것도 있어야 하고 저것도 있어야 한다. 이것도 버리면 안 되고, 저것도 포기하면 안 된다. 교회는 예배와 선교와 교육과 훈련과 교제 등 모든 것이 적절한 균형을 이루어야 한다. 각 분야에서 열심히 헌신할 일꾼들이 필요하다. 몸의 어느 지체 하나 포기할 수 없이 다 필요하듯이, 교회 안에서도 각양 은사를 가진 헌신자를 필요로 한다. 은사를 가진 성도들과 성실함을 겸비한 성도들이 적재적소에서 마음껏 헌신하도록 시스템을 구축하는 것이 목회자의 감각이다.

교회에는 마리아처럼 열심히 말씀 듣고 훈련하는 사람도 필요하고, 마르다처럼 어느 때든지 부엌에 뛰어들어서 헌신하는 사람도 필요하다. 마리아만이 영성의 사람이 아니다. 마르다도 주님을 사랑하는 영성의 사람이다. 말씀을 듣는 것만이 영성이 아니다. 영성의 핵심은 하나님을 사랑하는 것이다. 하나님을 사랑하는 사람은 말씀도 열심히 연구하고 은혜도 많이 받는다. 하나님을 사랑하는 사람은 부엌일이라고 해서 허드렛일이라고 여기지 않고 솔선수범하여 앞치마를 두르고 열심히 섬기는 사람이다. 청소는 직원들이 하는 것이라고 구경하고 있는 것이 아니라, 먼저 걸레 들고 다니면서 얼마든지 교회를 청소한다. 이처럼 교회의 모든 프로그램은 사랑의 영성이 있어야 가능하다. 사랑이 없으면 청소도, 식당 봉사도 못한다. 구원받은 사람은 못할 일도 없고, 안 할 일도 없다.

잘되는 것은 더 잘되도록

균형이란 '모두 똑같이'가 아니다. 약한 곳에 더욱 힘을 실어 주고, 잘하는 곳은 더욱 격려해서 계속 잘하도록 하는 것이 균형 잡힌 목회 감각이다.

한국 교회는 많은 프로그램을 준비해야 한다. 성도들에게 교회의 비중은 무척이나 크다. 교회의 역할 또한 많다. 그래서 성도들과 교인들의 필요를 충족시키기 위해서 교회는 부단히도 노력한다. 그러는 와중에 잘되는 프로그램도 있고, 해도 안 되는 프로그램도 있다. 목회의 균형감각은 잘되는 것을 계속 발전시켜 나가는 것이다. 종전에 하던 대로 계속하는 것이 아니라, 잘되는 것은 계속 새로운 발전 방향을 모색한다. 잘되는 것은 박차를 가해서 계속해서 업그레이드가 되어야 한다. 성도들이 느끼기에 '이전하고 똑같네'라는 생각이 들지 않도록 노력해야 한다.

하다 보면 기대와 달리 안 되는 프로그램도 있다. 그렇다고 쉽게 프로그램을 포기하지 않아야 한다. 열심 있는 성도가 한 사람이라도 있으면 끝까지 밀고 나가야 한다. 그러나 대다수 성도들이 '이제 그만 해도 되겠다. 너무 힘들다, 그만 했으면 좋겠다' 하는 포기하고 싶은 마음이 들 때면, 그리고 교회 전체적으로 무리가 되는 프로그램이라면 그때 다른 프로그램으로 전환하는 것이 필요하다. 프로그램을 그만 하기로 결정이 났을 때조차도 "안 하기로 했습니다"는 말보다는 "다른 방향으로 전환했습니다"라고 말하는 것이 듣기에 편안하다. 말 한마디라도 교회가 포기했다는 인상을 줄 필요는 없다. 이것은 말장난이 아니라 센스다. 교회에서는 탁월하게 잘하는 것도 중요하지만, 지속성을 가지고 하는 것은 더욱 중요하기 때문이다. 그래서 교회마다 지켜 오던 전통을 지키는 것도 중요하다. 시대에 따라서 새로운 것을 도입하는 것도 필요하다. 다만 균형감각을 발휘해서 적절한 때와 적합한 방법을 찾는 것이 목회감각이다.

늦지도 말고, 서두르지도 말고

교계 사회에서 유행처럼 번지는 프로그램이 있다면 바로 도입하지 않는 것이 현명하다. 몇 년을 지켜보고 복음적이고 교회에 적합한지를 예의 주시해야 한다. 시간이 지나면 저절로 교계 사회에서 검증이 되기 때문이다. 검증이 되고 난 후에 교회에 도입하면 어려움을 겪지 않게 된다. 섣불리 교회의 분위기와 형편과는 전혀 맞지 않는 프로그램을 도입했다간 예상치 못한 어려움이 생길 수도 있기 때문이다. 오히려 늦었다 싶을 때가 가장 적합한 시기다. 너무 앞서 가지도, 너무 뒤처지지도 말아야 한다. 전통적인 것이라고 다 시대에 뒤처지는 것은 아니다. 새로운 것이 항상 좋은 것도 아니다. 새로운 것인가 전통적인가가 중요한 것이 아니라, 복음적인지 교회에 적합한지를 먼저 고려해야 한다. 복음적이란 말은 많은 사람의 호응이 아니라, 많은 사람들에게 꼭 필요한 것이다. 교회에 적합한 것은 사람들이 선호하는 관심 때문이 아니라, 없어서는 안 될 프로그램을 말한다. 목회자는 성도들이 좋아하는 것을 제시하는 것이 아니라, 필요한 것을 제시해야 한다.

아무리 복음적이라고 해도, 교회에 적합하다 해도 때를 기다리는 지혜가 필요하다. 목회자가 바뀔 때마다 프로그램이 바뀌면 교회는 풍랑에 요동치는 배처럼 성도들을 멀미나게 한다. 그리고 결국엔 성도들의 열정과 관심을 식게 만들어 버린다. 진중하고 신중한 선택과 준비가 필요하다. 목회자와 리더십이 중심을 잡고 푯대를 분명히 하고 나아가야 한다. 프로그램이든 어떤 새로운 형식을 도입하고 시스템을 운영하는 것이든, 좋아서 하는 것이 아니라 필요해서 해야 한다. '늦지도 말고 서두르지도 말도록' 말이다.

공감(共感)해야 소통(疏通)하는 것이다

한편으로는 냉혹한 현실을 냉정하게 받아들이면서도 다른 한 편으로는 최종 승리에 대한 흔들림 없는 믿음과 냉혹한 현실을 이겨내고 위대한 회사로 우뚝 서고야 말리라는 맹세. 이 이중성을 '스톡데일 패러독스'라고 한다. 그 명칭은 베트남 전쟁이 한참일 때 '하노이 힐턴' 포로수용소의 미군 최고의 장교이던 짐 스톡데일 장군의 이름에서 따왔다. 스톡데일에게 물었다. "견뎌 내지 못한 사람들은 누구였습니까?" "아, 그것은 간단하지요. 낙관주의자들입니다. 그들은 '크리스마스 때까지는 나갈 거야. 부활절 때까지는 나갈 거야. 그러다가 상심해서 죽지요." 이건 매우 중요한 교훈이다. 결국에는 성공할 거라는 믿음, 결단코 실패할 리 없다는 믿음과 그게 무엇이든 눈앞에 닥친 현실 속의 가장 냉혹한 사실들을 직시하고 이겨내고자 하는 규율은 서로 모순되는 것이 아니다.

달라스 윌라드, 「잊혀진 제자도」

요 사이 많이 사용되는 단어 중에 하나가 '소통'이라는 단어다. 영어로는 communication이란 단어가 여기에 해당한다고 본다.

인터넷 시대에 얼마나 많은 지식들이 공유되고 있는가? 이제 정말 중요한 것은 내용의 양이 아니라 질이다. 그리고 더욱 중요한 것은 그 많은 내용을 제대로 활용하고 전달하는 것이다. 세대에 맞게, 감각에 맞게, 내용에 맞게 전달하고 사용하는 것이 필요하다. 그래서 아무리 귀한 정보이고 유용하다 해도 소통이 제대로 이뤄지지 않으면 서로가 공감할 수 없고, 공감할 수 없으면 감동을 줄 수가 없고, 영향력을 끼칠 수가 없다. 예전에는 공감할 수 없어도 '권위에 순종해야 한다'는 말이 통했다. 그래서 소통이 되지 않아도, 이해가 되지 않아도 그럭저럭 일은 진행되었다. 그러나 이제는 시대가 달라졌다. 윗사람이라고 해서 아랫사람에게 무조건적인 복종을 강요할 수는 없다. 공감하지 않고는 소통할 수 없다. Communication의 com은 보통 '함께'라는 의미다. 즉, 소통은 '나는 당신과 함께야. 나는 당신 편이야'라는 의식을 바탕으로 이뤄진다.

우리나라 말에 '한 솥밥 식구'라는 말이 있다. 예컨대, 직장 동료를 일컬어서 하는 말이다. 영어의 회사(company)라는 단어도 '한 식탁에서 먹는 사람들'이란 의미다. 다시 말해서 '우리는 같은 식탁 공동체'라는 의미다. 그래서 소통은 동지의식을 바탕으로 이뤄진다. 같은 한 솥밥 먹는 식구라는 공동체 의식이 있어야 소통도 잘되는 것이다.

스톡데일 패러독스

상사와 부하직원 사이에도 소통이 중요해졌다. 부모와 자녀 사이에도 대화가 훨씬 중요해졌다. 목회자와 성도 사이에도 소통이 이뤄져야 한다. '옳으면 무조건 해야 해' 하는 가르침은 이제 고루한, 시대에 뒤떨어진 말이 되어 버린 지 오래다. 이런 시대의 흐름이 신앙과 교회에도 그대로 적용되고 있다. 성경과 신학에 대해서 궁금증을 가지면 "그냥 믿어. 믿다 보면 알게 돼" 하는 말에도 '아, 그런가 보다' 하고 수긍하던 시절이 있었다. 그러나 요즘 같은 시대에는 이와 같은 대답을 불성실한 대답으로 여긴다. 무식한 신앙인으로 치부되고 말 것이다.

'믿으면 다 잘될 거야'라는 막연한 낙관주의를 신앙이라고 여기는 것도 실은 지극히 위험한 생각이다. 이런 막연한 신앙의 낙관주의를 극복하는 방법이 소통이다. 목회를 하면서 '기도하면 다 잘될 거야. 내가 엉뚱한 일을 하는 것도 아니고, 목회를 하는데 하나님이 돌보실 거야' 이런 생각과 믿음으로 끝까지 최선을 다해서 목회하겠다는 결심과 확신이라면 굳이 뭐라고 탓할 수 없지만, 철저한 준비와 목회 감각은 뒤로 한 채 막연한 기대감만을 가지고 있다면 그것은 위험한 발상이 아닐 수 없다. 긍정주의, 낙관주의는 현실을 극복하려는 도전정신이 함께할 때 의미가 있다는 것이 스톡데일 패러독스라는 말이다. 이것을 신앙에 적용하면, 신앙은 사실을 직시하는 것이다. 사실을 무시하는 것은 신앙이 아니다.

베드로가 갈릴리 바다에 뛰어들 때 그는 먼저 주님께 물었다. 왜 물었을까? 믿음을 가지고 뛰어들면 되는데 말이다. 물에 뛰어들면 빠진다는 사실을 무시하지 않았기 때문이다.

> "베드로가 대답하여 이르되 주여 만일 주님이시거든 나를 명하사 물 위로 오라 하소서 하니 오라 하시니 베드로가 배에서 내려 물 위로 걸어서 예수께로 가되" (마 14:28~29).

모세는 홍해를 건너기 전에 하나님께 부르짖었다. 그리고 하나님께서 명령하신 대로 지팡이를 바다 위로 내밀었다. 마찬가지로 무작정 홍해에 뛰어들면 빠진다는 사실을 무시하지 않았기 때문이다. 동시에 하나님께서 명령하시면 홍해도 갈라지게 한다는 믿음도 가졌기 때문이다. 이것이 신앙의 패러독스다. 애굽의 군사들은 하나님에 대한 믿음도 없으면서 물에 빠진다는 사실을 무시하고 이스라엘 사람들을 따라 홍해에 들어갔다가 수장된 것이다.

> "여호와께서 모세에게 이르시되 네 손을 바다 위로 내밀어 물이 애굽 사람들과 그들의 병거들과 마병들 위에 다시 흐르게 하라 하시니 모세가 곧 손을 바다 위로 내밀매 새벽이 되어 바다의 힘이 회복된지라 애굽 사람들이 물을 거슬러 도망하나 여호와께서 애굽 사람들을 바다 가운데 엎으시니 물이 다시 흘러 병거들과 기병들을 덮되 그들의 뒤를 따라 바다에 들어간 바로의 군대를 다 덮으니 하나도 남지 아니하였더라 그러나 이스라엘 자손은 바다 가운데를 육지로 행하였고 물이 좌우에 벽이 되었더라" (출 14:26~29).

부러진 화살, 끊겨진 다리

목회자는 깨어서 성도와 공감해야 하고, 의견을 공유해야 한다. 그래서 심방이 중요하다. 현장에서 성도와 함께하지 않으면 목회는 부러진 화살을 갖고 있는 것과 같다. 성도와의 대화의 통로가 없다면, 아무도 목회자에게 와서 성도들의 상황을 이야기해 주고 기도를 요청하지 않는다면 목회는 가운데가 끊겨진 다리와도 같은 것이다. 공감할 수 없다면 성도에게 아무 영향력도 끼칠 수가 없게 된다. 성도들은 가정의 어려움을 목회자에게 이야기하고 기도를 부탁하고 싶은데, 목회자가 어려워서 혹은 부담을 주게 될까 봐 기도 제목을 나누는 것조차 꺼려하기도 한다. 그러므로 자연스런 대화 속에서 그 필요를 알아차리는 것이 목회자에게는 무엇보다 중요한 목회 감각이다.

새 가족을 환영하는 만찬 순서 같은 경우에는 시간이 걸리더라도 새 가족들이 교회에 오게 된 이유를 한마디씩 하게 하는 것도 좋다. 그럼 대개 열심히 하겠다는 결단을 이야기한다. 사람은 말에 대한 책임을 지려고 하기 때문에 없던 열심도 생긴다. 새 가족으로 왔어도 구경하지 않고 참여하게 된다.

서로의 짐을 지라, 그리고 자기 짐을 지라

담임목회자와 부교역자와의 소통도 중요하다. 한국 사회는 어른들에 대한 무조건적인 공경이 미덕으로 생각된다. 세월이 지났어도 이 사실은 아직도 건재하다. 반대의견을 제시하는 것 자체가 죄송한 생각이다. 그래서 되도록 어른들이 말한 것에 토를 달거나 반대의견을 제시하는 것을 꺼려한다. 때로는 효과적이지 않은 계획이라고 생각하면서도 아무 말 안 하고 잠자코 있기도 한다. 이럴 때는 먼저 어른이 다가가야 한다. 담임목회자가 먼저 묻지 않는데 먼저 의견을 제시하기도 쉽지 않은 한국 사회의 문화적인 틀을 인정하여 담임목회자가 먼저 묻고 의견을 나누는 분위기를 만들어야 한다. 담임목회자가 먼저 "이렇게 하려고 하는데, 어떻게 생각해요?" 하면 다양한 의견과 아이디어가 나올 분위기가 만들어진다. '뭐, 이미 다들 그렇게 하지 않나?' 하고 생각할지 모르겠다. 형식적으로 묻는 것은 소통을 위한 물음이 아니다. 그저 예의상 대답하는 것도 소통을 위한 대답이 될 수 없다. 동등한 입장에서 묻고 대답하는 소통의 대화가 가능할 때 좋은 아이디어가 생기고, 의견이 공유될 때 소통이 원활해지며, 목회가 활기를 띠게 된다.

목회를 향한 자신감은 목회자에게 어느 정도 필요한 훌륭하고 좋은 것이다. 그러나 대책과 방향이 없는 막연한 자신감은 공허한 것이다. 30대에게서 나올 수 있는 아이디어가 있고, 40대에게서 나오는 경험이 있고, 50대에게서 나오는 경륜이 있고, 60대에게서 나오는 지혜가 있는 것이다. 그러므로 목회자가 모여서 의견을 공유하면, 그 안에서 이미 세대 간의 소통이 이뤄지고, 종합적이고도 창조적인 아이디어가 생겨나게 되는 것은 당연한 일이다.

담임목회자는 명령하고 부교역자는 일을 하고 성도들은 목회자의 말에 이유도 모른 채 순종한다고 해서 바람직한 모습이라고 볼 수 없다. 자신이 맡은 것만 하기보다는 서로가 맡은 일에 대해서 함께 의논하고 정보를 공유하는 것도 목회의 기본적인 소통의 자세다. 자기가 맡은 공동체만 책임지고 자기가 맡은 사역만 한다는 생각을 버리라. 성도 중에 누가 도움을 청하든지, 내가 맡은 공동체가 아니라도 도와주는 것이 목회자의 자세다. '내가 맡은 공동체와 다른 목회자가 맡은 공동체는 다르다'는 콘셉트는 아예 생각지도 말라. '내가 맡은 공동체 식구인데 나한테 먼저 의논하지 않으면 어떻게 하라는 거지?' 이런 생각은 책임감도 주인의식도 아니다. 물론 다른 목회자의 책임 하에 있는 일에 대해서는 존중하고 우선권을 주어야 한다. 그러나 그럴 때조차도 목회자 편의 중심으로 흘러서는 안 된다. 목회자가 가져야 할 자세는 자신을 중심으로 성도를 생각하는 것이 아니라, 성도를 중심으로 자신을 생각하는 것이다.

"너희가 짐을 서로 지라 그리하여 그리스도의 법을 성취하라
만일 누가 아무 것도 되지 못하고 된 줄로 생각하면 스스로 속

임이라 각각 자기의 일을 살피라 그리하면 자랑할 것이 자기
에게는 있어도 남에게는 있지 아니하리니 각각 자기의 짐을
질 것이라"(갈 6:2~5).

자기 짐을 자기가 지는 것은 너무 당연한 것이다. 거기에 기쁨은 없
다. 그러나 똑같은 일이지만 서로가 서로의 짐을 들어 주는 것은 똑같은
힘이 드는데도 훨씬 신나는 사역이 될 것이다. 보살핌을 받는다는 것은
그렇게 기분 좋은 일이다. 반대로, '왜 저 사람은 목회자면서 내 짐에는
신경도 안 쓰지?' 이런 생각은 갈라디아서의 정신과는 반대되는 생각
이다. 상대방의 짐에 대해서는 기꺼이 도와주려고 하고, 나의 짐은 기꺼
이 지려는 자세가 건강한 신앙이다.

목회자 사이에도 서로의 짐을 들어 주려는 자세가 되면 목회는 신나
는 것이 된다. '상대방이 내 짐을 져 주겠지?' 하는 기대감은 버리고 나
의 짐은 내가 책임지려고 하는 성실성을 함께 가질 때 목회는 원활한 소
통이 가능해진다. 목회자는 자신이 맡은 공동체나 구역의 성도들에 대
해서 우선적으로 알아야 한다. 그래야 책임을 지고 일을 추진할 수 있
다. 그러나 성도의 입장에서는 가뜩이나 목회자에게 부탁하는 것도 어
려운 일인데, 가깝고 접근하기 쉬운 목사님에게 그나마 어렵게 부탁한
것을 "담당 목사님에게 말하십시오" 하는 식으로 사무적으로 대답한다
면 성도들을 여간 곤란하게 하는 것이 아니다. 그 성도에게 특별한 사정
이 있을 수도 있고, 특별히 부탁한 목사님이 해 주길 바라는 마음이 있
다면 공동체 목회자가 아니어도 미루지 말고 해 주는 센스가 필요하다.
담당 목회자는 '왜 내가 담당인데 나에게 먼저 말하지 않았지?' 하며

서운해 할 일이 아니다. 넓은 아량을 가지고 크게 이해해야 한다. '내 일을 대신해 주니 너무 고마운 일이지' 하고 말이다.

너무 당연한 일을 말하는 건가? 경험이 있는 사람이라면 목회자 자신이 맡은 공동체와 성도에 대한 의무감은 분명 긍정적인 생각이지만, 그 주인의식이라는 것이 모든 일에 있어서 담당 목회자가 우선되어야 한다는 생각은 오히려 공동체 의식을 하나 되게 하는 데 방해할 때가 있음을 간파해야 한다. 교회에서 목회자나 성도가 가져야 할 주인의식은 내가 주인이 아니라 예수님이 주인이요, 우리 모두는 동일한 종이라는 생각이다. 그러므로 자존심보다 서로를 향한 배려가 먼저요, 교회가 먼저다.

예수님은 주님이시고 주인이시다

목회의 원활한 소통을 위해서 부교역자가 놓치지 말아야 할 것은, 성도들에 대한 기도 제목이나 어려운 형편을 들었으면 얼른 담당 공동체 목회자에게 알려 주는 것이다. 동시에 담임목회자에게 보고하는 것이다. '담임목사님께서도 알고 계시겠지? 담당 목사님이 알고 있겠지?' 추측하지 말고 서로 알려 주는 것이 이중, 삼중으로 성도들을 돌보는 것을 놓치지 않는 자세와 태도다. 알고 있을 거라고 추측했다가 정작 아무도 모르고 있으면 돌봐야 할 성도를 놓치는 경우가 있을 수 있기 때문이다. 서로 정보를 공유하는 것이 목회에서도 무척이나 중요하다. 요 사이는 이메일, 문자메시지(SMS)가 있기 때문에 길게 대화하지 않아도 얼마든지 전달할 수 있는 매체가 많다. 이렇게 서로 챙겨 주면 이중, 삼중으로 안전장치를 두어 겹겹이 성도들을 돌보는 책임을 감당할 수 있게 된다. 목회의 소통이 원활할 때 성도들을 제대로 돌볼 수 있고, 교회의 분위기가 활기를 띠게 된다.

인터넷 시대이다 보니 젊은 세대들과 담임목회자가 대화할 수 있는 창구가 많다. Facebook이나 twitter 등에서 수만, 수십만의 사람들과 소통하는 시대가 되었다. 목회에 잘 활용하면 facebook(얼굴 책)이 faith-book(믿음 책)이 될 수도 있다. 그러나 목회자가 젊은 세대들과만 소통하다 보면 어르신들이 섭섭해 할 수 있다는 것도 생각해야 한다. 한 달에 한 번씩 담임목회자 서신으로 전교인에게 편지를 발송하는 것도 좋은 방법이다. 인터넷 시대일수록 편지나 서신, 심방을 통해서 어르신들을 잘 섬기는 모습을 보일 때 건강하고 균형 잡힌 교회가 된다. 고 옥한흠 목사님께서 종종 말씀하셨다. "담임목사가 젊은 사람들하고만 어울릴 생각하면 안 됩니다. 목회는 그렇게 하면 안 됩니다." 맞다. 어른만 있어도 안 되고, 젊은이만 있는 교회도 바람직하지 않다. 모든 연령대가 골고루 있어야 건강한 교회다. 집안에서 아기 울음소리가 들려야 사람 사는 냄새가 나듯이, 새 신자가 늘 찾아오는 교회가 좋은 교회다. 모든 세대와 새 가족과 불신자와 소통하는 교회가 건강한 교회다.

사례비를 세어 주는 사모님

1990년 제리 스터닌이 빈곤 아동들을 돕는 국제 기구 세이브 더칠드런에 있을 때, 베트남 정부가 베트남 아동들의 영양실조를 퇴치해 달라고 의뢰를 받고 베트남에 갔다. 빈곤층 아이들 중에 몸집이 큰 아이들을 조사해서 긍정적인 면들을 찾기로 했다. 몸집이 큰 아이들은 영양이 좋은 상태라는 것을 반증하는 것이므로, 그 부모들은 자녀들에게 하루에 네 번의 식사를 제공하는 것을 보았다. 전체 식사량은 일반 가정과 똑같았지만, 두 번이 아닌 네 번에 나누어서 제공한 것이다. 건강한 아이들의 부모는 필요에 따라 직접 음식을 먹이는 등 적극적인 방식을 사용했다. 아플 때도 음식을 거르지 않도록 신경 썼지만, 일반 가정들은 그렇지 않았다. 건강한 아이들의 부모는 논에서 작은 새우나 게를 잡아와 아이들의 밥에 섞어 먹였다. 고구마 잎까지 섞어 먹였다. 형편없어 보이는 음식이 아이들에게 단백질과 비타민을 충분히 공급했던 것이다.

칩 히스 & 댄 히스, 「스위치」

은퇴하신 어느 목사님의 이야기를 듣고 눈물을 흘린 적이 있다. 사모님과 사별하시고 후배 목회자들과 이야기를 하시는데 "이제는 아내가 없으니까 월급을 세어 주는 사람이 없어서 재미가 없어" 하시더란다. 매월 사례비를 받아서 사모님께 드리면 사모님께서 "여보, 수고하셨어요. 교회에 참 감사하네요" 하시면서 적은 사례비지만 일일이 세어 보시면서 좋아하시던 사모님이 그립다는 말씀이셨다. 지금은 통장으로 자동이체가 되는 시대에 살고 있다. 봉투에 현금을 넣어서 사례비를 드리면 그 사례비를 세어 보시던 시대였으니, 참 오래전 일이다.

Family Business

평촌교회 림형석 목사님과 이야기를 나누면서 "목사님, 이 정도 큰 목회를 하시니 제게 해 주고 싶은 말씀 없으세요?" 하고 여쭈었다. 그때 목사님이 "가정에 잘하세요. 나는 아들이 고등학교를 졸업할 때까지 야구 시합 한 번도 가서 봐 준 적이 없어요. 학교에서 발표회를 그렇게 많이 하고 부모님들을 초청했는데 한 번도 가 본 적이 없어요. 아내만 갔지. 그렇게까지 할 필요는 없었는데. 그래도 목사는 목회에 최선을 다해야 합니다. 목회가 잘되어야 가정이 잘됩니다. 교회에서 존경받는 목사가 가정에서도 존경받습니다" 하고 말씀하셨다.

최선의 목회를 해야 한다. 목회에서 존경받는 목회자가 되어야 한다. 그러나 가정을 소홀히 하라는 말은 아니다. 아무리 바쁜 일정이라 해도 왜 가정이 생각나지 않았겠는가? 왜 사모님, 자녀들이 늘 눈에 밟히지 않았겠는가? 목회란 시간을 다투며 사역할 때가 많고, 그야말로 눈코 뜰 새 없이 바쁜 것이 사실이지만, 그럼에도 목회자는 늘 가정을 챙겨야 한다. 목회는 일반 사무직과 달리 그야말로 '패밀리 비즈니스'

(family business)다. 목회자 혼자서 목회하는 것이 아니라는 말이다. 심방을 할 때도 사모와 함께해야 할 때가 많다. 그런데 심방 가기 전에 부부싸움을 하고 나서 심방하려면 심방한 가정에도 미안하고, 목사님과 사모님도 면구스러운 것이다. 절대 싸운 것을 내색하면 안 되니까 말이다.

결혼하고서 멀리 이태원에서 교육전도사를 하던 시절이다. 섬기던 교회의 1부 예배가 7시 30분이어서 6시에는 준비해서 교회로 출발해야 한다. 가뜩이나 바쁜 아침에, "여보, 어떤 옷이 어울려?" 아내가 묻는다. 마음속으로는 '아니, 주일에 교회 가는데 어떤 옷이 무슨 상관이 있어?' 급한 마음에 짜증이 나지만, "응. 지금 입고 있는 것이 좋으니까 빨리 갑시다." 여자들은 어디 가려고 하면 챙길 것도 많고 할 일도 많다. '이제 다 되었나 보다' 하고 주차장으로 먼저 가 있으면 아내가 구두 두 개를 들고서는 "여보, 어떤 구두 신을까? 어떤 핸드백이 좋을까?" 하고 묻는다. 그러면 더 이상 참지 못하고 소리를 고래고래 지른다. "늦었는데 빨리 가는 게 중요하지, 신발을 뭘 신든지 뭐가 중요해. 얼른 차에나 타." 주일 아침부터 교회 오는 내내 붉혀진 얼굴로 말도 하지 않고 간다. 물론, 교회에 도착하면 세상에 그렇게 인상 좋은 전도사님 얼굴을 하고 성도들을 맞아 준다. 아내도 태어날 때부터 사모였다는 듯이 방긋 웃으면서 하루 종일 사역을 함께한다. 이 이야기를 어떤 장로님께 말씀드렸더니, "목사님께서 그러셨다니 위로가 됩니다. 저는 아직도 그러거든요" 하면서 호탕하게 웃으셨다. 지금 생각하면 부족한 전도사 남편의 실체를 세상에 공개하지 않은 아내에게 감사할 따름이다.

목사님, 어디 가세요?

목회자는 하늘에서 내려온 사람이 아니다. 목회자도 똑같이 어머니의 모태를 통해서 나왔다. 다만 목회자의 소명을 받았을 뿐이다. 모든 인생이 겪는 갈등과 고뇌를 똑같이 겪는다는 말이다. 심지어는 예수님께서도 인간의 연약함을 다 몸으로 겪으셨다고 말씀하신다.

> "우리에게 있는 대제사장은 우리의 연약함을 동정하지 못하
> 실 이가 아니요 모든 일에 우리와 똑같이 시험을 받으신 이로
> 되 죄는 없으시니라"(히 4:15).

그러므로 목회자는 자신의 인간적인 연약함을 인정하고, 스스로에게 엄격한 인격적인 훈련을 해야 하고, 태도와 습관에 대해서 채찍을 가해서라도 준비하고 훈련되어야 한다. 성도들도 목회자를 하늘에서 내려온 존재처럼 생각해서는 안 된다. 목회자를 존경은 하되 너무 큰 기대를 하지는 말아야 한다. 오히려 인간적인 연약함을 보게 되면 "우리 목사님도 이런 면이 있으시네" 하고 감싸 주고 덮어 주는 모습이 필요하다.

청년 시절, 모교회 목사님이 월요일은 교회 사역도 내려놓고 휴식하시는 날인데 양복을 입고 어디로 가시는 것을 보았다. 얼른 달려가서 인사를 하면서 "목사님, 쉬는 날이신데 정장을 하시고 어디 가세요?" 그랬더니, 목사님께서 귓속말로 "목욕탕" 하시는 것이다. 목욕탕을 가고 싶은데 동네 목욕탕을 갔다가는 성도들을 만날 수도 있으니 버스를 타고 멀리 다른 동네로 가서 목욕을 하고 오신다는 것이다. 게다가 양복까지 입고 말이다. 지금 젊은 목회자들은 성도들과 스스럼없이 목욕도 하

고 사우나도 한다고 들었다. 보수적인 생각인지는 몰라도, 그렇게 바람직하게 보이지는 않는다. 언젠가 선배 목사님과 청년들과 함께 지하철을 타고 있었다. 선배 목사님께서 이런저런 이유로 나를 책망하시면서 훈계를 해 주셨다. 기분 좋은 훈계였고, 귀한 가르침이셨다. 그런데 옆에 있던 자매가 그 모습을 보고는 "목사님도 혼나요?" 하는 것이다. 그 말을 들으면서 성도들의 목회자에 대한 기대감이 크다는 것을 느꼈다. 목회자도 부족할 때에는 훈계도 듣고 충고도 받고 실수도 한다. 그런데 성도들 중에는 목회자가 일반 성도들처럼 갈등을 경험한다는 생각을 하지 못하는 경우도 종종 있다. 성도들이 갖고 있는 목회자에 대한 환상 같은 기대감을 이용해서도 안 되지만, 부추겨서도 안 된다. 마치 천상에서 내려온 천사처럼 행동하고 말할 필요는 없다는 말이다.

권위는 솔직함에서 나온다

권위는 솔직함이다. 진솔함에서 권위가 생기는 것이지, 가식적인 모습을 가진 사람은 존경받는 목회자가 될 수 없다. 목회자의 실체가 거룩해야지, 거룩한 척하는 것은 아무 의미가 없다. 사람은 속일 수 있어도 하나님은 속일 수 없다. 성도들의 상대평가에 연연하는 목회자가 아니라 하나님의 절대평가를 늘 염두에 두어야 건강한 목회자가 될 수 있다. 그렇다고 해서 아무 말이나 가리지 않고 하는 조심성이 없는 태도와 진솔함과는 거리가 멀다.

목회자가 성도들과 앉아서 연예인 이야기, 어느 가정의 이혼한 이야기, 남편이 바람나서 가정의 평화가 깨어진 일을 재미 삼아 이야기하고 있다면, 이는 목회자로서의 자격이 의심된다. 목회자든지 성도이든지 영화나 음악도 가려서 보고 듣는 것이 필요하다. 특히나 영상은 한 번 보고 나면 뇌리에 잔상이 남아서 잘 없어지지 않는다. 게다가 계속 상상 속에 남아서 쉽게 사라지지 않는다. 때문에 이상한 영화를 보고 나면 설교를 들을 때나 성경공부를 할 때 집중하지 못해 예배에, 말씀 훈련에 방해가 된다. 목회자는 설교자다. 거룩한 말씀을 선포해야 하는데, 구별되지 못한 언행은 성도에게 본이 되지 않을 뿐 아니라 주일 강단의 은혜를 가로막는 행위라는 것을 잊지 말아야 한다. 한 우물에서 쓴 물과 단물이 동시에 날 수 없다. 그리스도와 벨리알이 어울릴 수 없다. 목회자로서의, 성도로서의 거룩함을 잊지 말아야 한다.

"샘이 한 구멍으로 어찌 단 물과 쓴 물을 내겠느냐"(약 3:11).

"그리스도와 벨리알이 어찌 조화되며 믿는 자와 믿지 않는 자가 어찌 상관하며"(고후 6:15).

진솔함과 거룩함은 다른 것이 아니다. 거룩한 사람은 진솔하다. 진솔한 사람은 거룩하다.

가정에서 존경 받는 사람이 참된 목자다

예수님께서 제자들과 3년 동안의 공생애를 지내셨다는 것은 예수님께서 자신의 모든 모습을 제자들에게 다 공개하셨다는 의미다. 함께 먹고, 마시고, 화장실 가고, 샤워하고…. 이런 예수님의 진솔한 모습 때문에 제자들의 예수님을 향한 존경이 사라졌을까? 그렇지 않다. 3년이나 함께 생활하면서도 예수님에 대한 제자들의 존경과 사랑은 식어지지 않았다. 그러므로 예수님은 삶을 통해서도 거룩한 하나님의 모습과 인격적인 인간의 모습을 보여 주신 것이다. 자신의 삶 전체를 노출했음에도 제자들이 흠을 찾을 수 없었다는 것은 예수님이 결코 '거룩한 체' 하지 않으셨다는 것을 공생애를 통해서 제자들에게 증명하신 것이다.

"아무도 보지 않을 때 나는 누구인가?" 마틴 루터가 한 말이다. 아무도 보지 않을 때의 나의 모습이 나의 실체다. 그러므로 겉으로 보이는 모습이 아니라 목회자의 실체가 존경받을 만한 목회자의 모습이 되어야 한다. 사람들이 평가하는 모습이 아니라 하나님이 평가하실 자신의 진짜 모습이 존경받는 성도의 삶이 되어야 한다. 자신의 실체를 제일 잘 알고 있는 사람은 아무래도 자신과 가까운 사람이다. 그러므로 실체를 알고 있는 사람에게 존경받는 사람은 정말 존경받을 만한 사람이다. 가까운 사람에게 인정받는 사람일수록 믿을 만한 사람이다. 그래서 가족에게 존경받는 아빠라면 진실한 사람이다. 가끔씩 만나는 사람에게야 얼마든지 친절하게 말하고 행동할 수 있지만, 매일 보는 가족들 앞에서는 가식이란 통하지 않기 때문이다. 가정에서 존경받는 목회자라면 그 인격은 충분히 증명되는 것이다.

사모님께 성도들이 맞춰 주라

그렇지만 목회자의 가정은 희생해야 할 것이 많다. 사모님의 몸가짐이 여간 조심스러운 것이 아니다. 사모님이 치마를 입으면 '왜 치마를 입느냐, 바지를 입어야지' 하는 성도가 있다. 바지를 입으면 '왜 사모님이 치마를 입어야지 바지를 입느냐' 하는 성도가 있다. 두레교회 김진

홍 목사님께서 사모님이 이렇게 성도들에게 시달리니까 교회에 선포를 하셨다고 한다. "앞으로 제 아내에게 이래라저래라 하지 마세요. 여러분의 취향이 다 다른데 어떻게 맞추겠습니까? 이제는 여러분이 제 아내에게 맞추세요. 그게 서로 편합니다. 그렇게 해 주시면 제 목회를 돕는 겁니다." 교인들이 사모님의 일거수일투족에 대해서 한마디씩만 사모님께 조언한다고 해도 사모님은 수백, 수천 마디를 듣게 된다. 물론 사모님은 기본적인 소양을 갖추고 몸가짐을 바로 해야 하지만, 교인들도 사모님을 이해하고 바라보는 것이 목회를 돕는 길이다.

미국에 초청을 받아 내가 먼저 미국으로 떠나고 아내는 한 달 뒤에 왔다. 그동안 아내는 동네 가까운 교회를 다녔는데, 처음 갔더니 그 교회의 새 가족 담당자들이 달려와서는 "처음 오셨죠? 환영합니다" 하며 반갑게 환영하더란다. 그래서 아내가 "아, 저는 사모인데요. 저희 목사님이 미국으로 가셔서 저도 곧 갈 거예요" 하고 말했다고 한다. 곧 갈 거라고 해서 그랬을까? 그렇게 환영하던 사람들이 "아, 네" 하더니 쌩 하고 가 버리더란다. 그래서 결국 아내는 그 다음 주에 다른 교회를 갈 수밖에 없었다. 다 그런 것은 아니지만, 이런 경우를 사모들은 종종 당한다. 목회자의 아내이기 때문에 대우해 주는 듯한 느낌을 많이 받는다. 인사를 잘하지 않는 성도들도 있다.

어느 날 어머니께서 교회를 다녀오시더니, "우리 교회에 청소하시는 아주머니가 글쎄 사모님이셨단다. 목사님이 중풍으로 돌아가시고 나서 교회에서 퇴직금도 제대로 못 받고 아들과 함께 나오셨다는구나" 하고 말씀하셨다. 기가 막힌 이야기다. 최일도 목사님이 부흥회에 오셔서 하시는 말씀 중에, 모녀가 반지하방에 누워서 죽어 가고 있다는 말에 가

보셨더니, 사모님이셨는데 목사님이 돌아가신 후 일을 다니시다가 중풍으로 사모님마저 병으로 누우시고, 딸이 직장 생활하다가 병이 나서 일어날 기력도 없어서 같이 꼼짝도 못한 채 모녀가 죽기만을 기다리고 있더란다. 그 모습에 기가 막힌 최 목사님이 사모님을 들쳐 업고 평소 잘 알던 가톨릭병원으로 가서 접수를 하는데, 사모님이란 말에 "아니 교회 사모님인데 교회에서 돌보지도 않았답니까? 개신교회에서는 목사님이 돌아가시면 그렇게 하나 보죠?" 하며 너무 기가 막혀 하는 병원 측의 말에, 최 목사님 등에 업혀 계시던 사모님은 중풍으로 말도 잘 안 나오는데, 하염없이 눈물을 흘리시면서 "그냥 가요. 그냥 가요"를 연신 외치시더라는 말을 들은 적이 있다. 이러한 이유로 "목사님 안 계시면 사모님은 끈 떨어진 연"이라는 말을 한다고 한다. 모든 교회가 그렇게 하는 것은 아니지만, 목회자의 가정이 경제적, 심리적으로 많이 위축되어 있는 것은 사실이다. 가정이 평안해야 목회자가 목회에 전념할 텐데, 물론 이런 염려 없도록 최선을 다하는 교회가 더 많다고 믿는다. 어쩌다 보니 푸념 섞인 말이 되었지만, "사랑하는 것은 책임지는 것이다"는 말을 하고 싶다. 목회자는 교인들을 책임지고, 성도들은 목회자를 책임져야 한다.

목회자의 자녀들은 목사가 아니다

목회자의 자녀들은 교회에서 많은 사람들의 주목을 받는다. 교회에서 성경 퀴즈 같은 것을 하면 목회자 자녀들은 양쪽으로 곤란을 당한다. 성경 퀴즈를 잘하면 "목회자 자녀인데 당연하지" 한단다. 잘 못하면 "목회자 자녀가 성경도 잘 모르네" 한단다. 그러니 어쩌란 말인가? 해

방교회 원로목사님이신 이승하 목사님이 꼭 이런 일을 겪으셨단다. 아드님이 성경 퀴즈에서 1등을 했는데 목사님 아들이니까 상을 안 주더란다. 목사님께서 부장집사님을 불러서 당부하셨다고 한다. "상을 줄 거면 같이 주고, 혼을 낼 거면 똑같이 혼내세요. 제 아들은 목사의 아들이지 목사가 아닙니다."

교회에서 성도들이 목회자 가정을 성도들 대하듯이 똑같이 대하는 것이 제일 좋은데, 이 사람 저 사람 한마디씩 하는 것이 목회자 가정을 힘들게 한다. 이런 상황들을 교인들도 충분히 이해해 주어야 목회를 돕는 것이 된다.

목회자 가정도 성도들을 긍정적인 태도로 대하는 것이 필요하다. 간혹 목회자와 사모의 말과 행동에 대하여 충고, 조언을 하는 성도들에 대해서 감사함으로 받고, 그때마다 하나님께서 훈련시키신다고 생각하면 훌륭한 태도다. 그리고 실제 비율로 볼 때 대개 그런 충고를 하는 사람은 100명 중 채 10명도 안 된다. 대다수의 성도들이 목회자를 존경하고 성심껏 대하는 것을 보고 더욱 힘을 내야 한다.

악역을 자처하지 말라

성도들도 목회자를 대할 때 사랑과 존경으로 기다려 주고 격려하는 것이 필요하다. 어떤 성도는 목사님의 일거수일투족에 대해서 다 일일이 고치려고 한다. 그래서 왜 그러시냐고 물었더니, "내가 이렇게 해야 목사님이 교만해지지 않지요. 나라도 이런 쓴 소리를 해야 합니다" 하시는 것이다. 대뜸 해 드리고 싶은 충고가 있었지만 참았다. 귀 있는 자가 듣는 것이기 때문이다. 충고를 들을 만한 분 같으면 그런 말을 아예 하지도 않을 것이기 때문이다.

군대에서 사병들을 전도하는데, 한번은 추운 겨울날 저녁 영하 20도의 날씨에 산꼭대기 보초 서는 곳까지 따뜻한 커피를 들고 올라갔다. 그런데 기껏 올라가서 전도했더니 그 사병 하는 말이 "저는 교회를 핍박할 것입니다. 교회는 핍박을 받을 때 부흥했거든요" 하는 것이다. 그가 예의라는 것을 조금이라도 알았다면 영하 20도 추운 날씨에 커피를 들고 전도하러 온 사람에게 그런 말도 안 되는 말을 하지는 않았을 것이다. 교회사에서 핍박이 오히려 교회를 부흥시켰다는 주장이 나오는 것은 사실이다. '순교자의 피로 교회는 부흥한다'는 말이 교회 역사 속에서 전해지고 있다. 그러나 그 청년이 놓친 것이 있다. 왜 저주받은 가룟 유다를 자처하려고 하는가? '내가 예수를 팔아야 예수가 십자가를 지고 이 세상을 구원하지?' 아니다. 가룟 유다가 아니어도 예수님은 얼마든지 세상을 구원하신다. 십자가의 방법이 아니어도 인류의 죄의 대가를 치르시고 구원하실 수 있으시다. 다만 가룟 유다의 악을 선으로 바꾸셔서 인류 구원의 대속의 대가로 치르셨을 뿐이다. 가룟 유다가 예수를 배신한 것을 자랑할 수 있는 이유는 없다. 핍박자가 교회 부흥에 공헌한 것이 아니다. 하나님의 은혜가 커서 교회를 향한 핍박을 오히려 부흥의 불씨로 사용하시는 것이다. 예수님은 모든 사람이 구원받기를 원하시지, 누가 가룟 유다 역할을 할 것을 기대하지 않으신다.

목사님을 겸손하게 만들려고 목사님을 성가시게 하고 일부러 쓴 소리를 할 필요는 없다. 악역을 자처할 필요가 없다. 하나님은 선하시다. 선하신 하나님의 택함을 받은 사람들은 선한 일에 힘을 사용해야지, 엉뚱한 일에 에너지를 쏟을 필요는 없다.

서로에 대한 존경이 사라진 교회에 예수님이 계실지 의문이다. 목회자도 가장이다. 교회의 리더들도 가장이다. 아무리 교회 안에 갈등이 있어도 한 가정의 가장을 서로 존경해야 한다.

> "형제를 사랑하여 서로 우애하고 존경하기를 서로 먼저 하며"(롬 12:10).

목회자도 부교역자나 성도들을 대할 때 인격을 잃어서는 안 된다. 어느 누구도 사람을 함부로 대하고 말할 수는 없다. 하나님의 형상이 없는 사람이 없기 때문이다. 무시해도 되는 사람은 세상에 없다. 교회 안에는 더욱이 없다. 모두가 형제요, 자매인 것이다. 서로의 약점이 있다면 당연히 덮어 주는 것이 믿음이고 사랑이다.

사울 왕이 기브온 사람들을 죽인 일에 대하여 하나님은 다윗 왕 때에 그 죄를 물으신다. 기브온 사람들은 여호수아 시대에 항복하고 이스라엘의 종이 된 사람들이다. 거의 500년을 이스라엘에서 종으로 살았다. 그런데 사울은 아무 이유 없이 기브온 사람들을 죽였다. 함께해 온 세월이 500년이 다 되는데, 어떻게 500년을 함께해 온 사람들을 죽일 수 있는가? 부산 호산나교회 최홍준 목사님께서 이런 말씀을 하셨다. "믿음이 없으면 의리라도 있어야지." 정말 당연한 말씀이다. 한 교회 안에서 함께해 온 세월이 얼마인데, 의리라도 있어야지. 맞다. 아멘이다.

세 가지를
준비하라

찰스 심슨은 〈목회 갱신〉이라는 잡지에서 재미있는 이야기를 했다. "상어가 조그마할 때 잡아서 가두어 놓고 키우면 수족관에 딱 적당한 크기로만 자란다고 하더군요. 다 자라도 기껏해야 15센티미터 정도랍니다. 하지만 바다에 풀어 놓으면 보통 2미터가 넘게 자란다고 합니다."

더치 쉬츠, 「더치 쉬츠의 회복」

세 가지를 준비하라

목사는 세 가지를 항상 준비하라는 말을 들어 왔다. 늘 설교가 준비되어 있어야 하고, 언제고 떠날 준비를 해야 하며, 언제든 죽을 준비가 되어 있어야 한다는 것이다.

한국 군대에는 '5분 대기조'라는 것이 있다. 전쟁이 발발하면 군대의 진지는 이미 적군이 다 파악하고 있어 10분 이내에 적군의 폭탄이 아군의 진지에 떨어지기 때문에 모든 군인들은 5분 내에 군대의 진지를 벗어나서 전투에 대비해야 한다. 그래서 5분 내에 진지를 벗어나는 '5분 대기조' 훈련을 한다. 목회가 꼭 '5분 대기조' 같다. 목회의 현장에는 갑작스러운 일들이 그만큼 많다는 것이다. 목회는 약속되고 준비된 사역만 하지 않는다. 다른 직업에도 예고 없이 준비해야 하는 일들이 없지는 않겠지만, 목회의 현장만큼 많은 곳도 드물다. 어떨 때는 정말 5분 내에 준비해서 뭔가를 해야 할 때도 있다. 한밤중에 자다가 벌떡 일어나 심방 가는 일도 왕왕 있다.

사역을 하다 보면 너무 중요한 일인데 사역을 맡은 담당자가 다른 약속 때문에 오지 못한다고 할 때가 있다. 아무런 연락 없이 오지 않는 경우도 간혹 있다. 성도들은 그럴 수 있다. 갑작스럽게 잡힌 회사의 중요한 회의나 가정에 급하게 처리해야 할 일 때문에 맡은 일을 하지 못할 때가 있다. 수요 예배 대표기도를 맡았는데 못 나오는 수도 있다. 이런 경우엔 보통 목회자가 대신할 때가 많다. 사전에 이미 약속되어서 열심히 하겠다는 다짐까지 받았는데 마음이 변해서 하지 않는 성도들도 얼마든지 있을 수 있다. 이런 경우에도 목회자가 언제든지 여유를 갖고 옆에서 도와줘야 한다.

'갑자기'도 '자연스럽게'

목회 센스가 가장 제대로 발휘되는 때가 바로 이런 목회자의 순발력을 필요로 하는 때다. 언제, 어느 순간, 무엇이든지 목회자가 맡아서 할 수 있는 준비가 되어 있어야 한다는 것을 일하는 방식에서 볼 수 있다. 갑자기 새 가족 만찬에서 목회자가 사회를 맡아야 할 때도 있다. 사전에 약속도 없이 목회자나 평신도 지도자들이 세례식에서 세례 받은 사람들에게 축하의 말을 한마디씩 해야 할 때도 있다. 갑자기 불림을 받아 올해의 각오를 말하면서 청중의 분위기를 부드럽게 만드는 말을 해야 할 때도 있다. 한마디라도 특별한 순서가 적절하게 들어가게 되면 기대 이상의 효과가 있다. 갑작스럽게 무언가를 맡을 때는 당황하기도 한다. 그런데 오랜 시간 훈련이 되다 보면 임기응변이 강해지고, 마치 준비되어 있었다는 듯이 훌륭하게 해내는 모습을 보게 될 것이다.

설교의 경우도 심지어는 몇 시간 전에 갑자기 설교를 부탁받는 일이 발생할 수 있다. 이런 경우에는 방금 전에 부탁받았다는 말을 하지 않는 것이 좋다. 성도들이 오해할 수 있기 때문이다. 목회자가 준비도 없이 강단에 서고 프로그램을 진행한다는 오해를 할 수 있기 때문이다. 목회의 상황이란 언제든 갑작스러운 일이 생길 수 있는데, 항상 그런 것처럼 성도들이 오해하도록 만들 필요는 없다.

장례 예배의 경우 교회에 오랫동안 출석하던 고인의 하관 예배를 인도한다고 생각해 보자. 보통 하관 예배는 간소하게 드리는데, 고인이 오랫동안 본 교회를 섬겼고, 무엇보다 찬양을 좋아했다면 특별한 순서를 준비하는 것도 좋다. 하관 예배에서 조가를 반주도 없이 한다는 것이 쉽지는 않지만, 무슨 순서든지 들어가면 전체를 부드럽게 만드는 것도 사실이다.

연말에 송구영신예배를 마치고 목회자들 전체가 강단 위로 올라가서 새해 인사와 함께 새로 맡은 공동체를 발표하고 각오를 말할 때 부교역자들이 미리 준비된 것처럼 공동체를 새로 맡게 된 소감을 위트 있고 멋지게 말한다면 새해를 앞두고 성도들은 무척이나 즐거워할 것이다. 목회자에게는 성도들을 웃길 줄 아는 소질이 있어야 한다는 것이 아니다. 성도들에게 웃음을 줄 수 있는 목회자가 교회를 즐겁고 행복하게 만든다는 것을 말하고 싶은 것이다. 그렇다고 해서 목회자의 권위가 실추

되는 것은 아니다. 권위는 본인이 세우는 것이 아니라 성도들이 세워 주는 것이다.

순발력은 이렇게 '갑자기'가 '자연스럽게'로 되는 것이다. 갑자기 준비한 프로그램과 말과 행동을 통해 전체 분위기를 자연스럽게 바꾸는 목회 감각. 멋지지 않은가?

이슈를 만들지 말라

이렇게 갑작스럽게 순서를 넣고, 담당자를 바꾸고, 새로운 요구를 하는 데는 다 이유가 있다. 목회 현장이란 곳이 그동안 준비할 때까지는 몰랐는데, 막상 시작하려고 보면 사회자가 있는 것이 더 좋다는 생각이 들 때가 있다. 그럼 '아차' 싶은데, 준비한 대로 진행하면 너무 아쉽고 후회스러울 때가 있다. 생각만으로 준비할 때와 실제 현장은 항상 똑같지가 않기 때문이다. 준비하면서 리허설을 할 때까지도 문제가 없었는데, 막상 시작되면 예기치 못한 일들이 교회 안에서도 얼마든지 일어난다. 그럴 때마다 발 빠르게 대처할 줄 아는 것이 목회 감각이다.

사역을 하다가, 프로그램을 진행하다가 갑작스러운 돌발 상황이 발생해도 조금도 당황함 없이 처음부터 그렇게 준비되었다는 듯한 여유 있는 모습이 필요하다. 어딘지 어색하고 매끄럽지 않게 진행될 때에도 자신 있게 인도하는 모습이 훨씬 자연스럽고 보기 좋다. 보는 사람도, 참여한 사람도 '아 원래 그런가 보다' 하고 당연하다는 듯이 진행하며 이끌어 가는 리더십도 필요하다. 목회자가 돌발 상황에 당황하면 '준비가 안 됐구나. 뭔가 문제가 있구나' 하고 성도들도 덩달아 당황하며 동요하기 때문이다.

이미 일어난 일에 대해서 마치 대단한 어려움이라도 생긴 것처럼 떠벌릴 필요는 없다. 교회 안에서는 별의별 일들이 다 일어날 수 있는데, 그것이 대단한 문제인 것처럼 근심하고 걱정하면서 교회 전체적으로 다루어야 할 것처럼 '이슈'로 확대하지 말아야 한다. 물론 교회 전체가 성도들과 함께 진지하게 다루어야 할 일도 있다. 그러나 대개는 목회자가 리더십 안에서 얼마든지 처리할 수 있다. 그러므로 긴급 상황이 생기면 목회자나 리더십이 먼저 차분하고 조용하게 일을 처리하는 여유도 필요하다.

안 하는 것 빼고 다 한다

목회는 못할 것도 없고, 안 할 것도 없다. 불법이 아닌 것은 다 할 수 있다. 은혜를 끼치기 위해서는 못할 것이 없다.

한 번의 프로그램, 예배 순서 하나하나에 최고의 것을 드리고자 하는 목회자의 목회 철학이 교회의 전체 분위기를 잔치 분위기로 만드는 것을 본다. 목회가 행복할 때 성도들이 행복하다. 성도들이 행복할 때 목회자는 보람을 느낀다. 구원의 은총이 프로그램을 통해서 노래되어질 때 희락이 있다.

목회는 안 하는 것 빼고 다 한다. 그것이 목회다. 교회에 휴지가 떨어져 있는가? 목회자가 줍지 않을 이유가 어디 있는가? 걸레도 얼마든지 들 수 있다. 권사님이 무거운 짐을 들고 오시는가? 얼른 가서 들어 주는 목사가 제대로 된 목사다. 자녀들의 결혼식 준비를 하는 장로님이 옷을 걷어붙이고 의자를 정리하는데 목회자가 구경하고 있는가? 그러면 주례할 때 무슨 말을 할 수 있겠는가? 목회자에게는 모든 것을 하려는 겸손한 자세가 있어야 한다는 말이다. 목회자가 교회의 모든 사역을 다 할 수는 없다. 주일 설교 준비를 앞두고 다음에 해도 될 심방을 할 필요는 없다. 그때는 주일에 말씀을 듣는 수백, 수천 명의 성도를 먼저 생각해야 한다.

확대하거나 극단적으로 생각하지 말기 바란다. 담임목회자가 해야 할 일이 있고, 부교역자가 해야 할 일이 있다. 성도들이 해야 할 일이 있고, 목회자가 해야 할 일이 있다. 교회 사이즈에 따라서 성도들이 감당해야 할 부분과 목회자가 감당해야 할 부분이 다르다.

교회가 커질수록 성도들의 헌신이 더욱 많이 필요하다. 성도가 적을 때는 목회자도 같이 팔 걷어붙이고 해야 할 일이 많다. 그러나 그런 때에라도 목회자가 말씀 준비를 충분히 할 수 있도록 하는 성도들의 배려가 필요하다.

목회자는 늘 하려는 자세를 가져야지, 안 하려는 자세를 가져서는 안 된다는 것을 강조하는 것이다.

순종하면 40일,
불순종하면 40년

마음이 내키지 않는데도 오직 순종하고자 하는 일념으로 의
무를 수행할 때 그것이 가장 분명한 순종입니다. 비록 제사가
불완전할지라도 거기 담겨진 순종은 열납되는 법입니다.
리차드 십스, 「꺼져가는 심지와 상한 갈대의 회복」

잘하는 사람, 잘할 사람

5분 대기조처럼 갑작스럽게 설교를 하고, 기도를 갑자기 부탁하고,
프로그램 사회자가 급하게 준비되었음에도 기대 이상의 효과를 보는
경우가 있다. 왜냐하면 현장에서 느껴진 필요이기 때문에, 그리고 가장
필요한 것이 채워졌기 때문에 그 이상 좋을 수가 없다. 목회는 현장에서
역사하는 것이다. 탁상공론은 목회에서 통하지 않는다. 목회의 현장에
서 이렇게 갑작스러운 일이 발생하는 이유는 목회의 '상황'이 수학 공
식처럼 '죽어 있는 현장'이 아니기 때문이다. 성도들을 목양하는 데 수
학 공식을 대입하듯이 목회할 수는 없기 때문이다. 변수가 많은 것은 목
회의 대상이 '상황'이 아니라 '사람'이기 때문이다. 목회 현장의 중심
에 사람이 있고, 인간관계가 복잡하게 얽혀 있는 '살아 있는 현장'이기

에 언제든지 수많은 변수가 있을 수 있다. 그래서 현장에서 갑작스럽게 만들어진 순서나 프로그램이 교회의 상황에 적합하고 잘 적용된다. 이렇게 현장에서 즉석으로 만들어진 순서와 프로그램을 그야말로 임상실험을 거친 의학과 의약품처럼 교회 안에 새로운 시스템을 만들고 계획을 세워 계속 유지되도록 하면 교회에 유익을 준다.

일을 해 보면 그저 '일을 하는 사람'이 있고, '일이 되도록 만드는 사람'이 있다. 일이 되도록 만드는 사람이 귀하다. 어떤 프로젝트를 맡았을 때 훌륭하게 완성하고 성취하는 사람이 '일이 되도록 만드는 사람'이다. 교회에서는 되도록 많은 사람에게 봉사의 기회를 주는 것도 중요하지만, 일을 완성시킬 수 있는 능력이 없는 사람을 일꾼으로 세울 수는 없다. 일내는 사람이 일을 할 줄 아는 사람이 되고, 일을 할 줄 아는 사람을 일이 되게 만드는 사람으로 만드는 것이 바로 교회의 훈련이 되어야 한다.

PD 의식을 가져라

목회의 현장에서 인간관계는 배제할 수가 없다. 어떤 사람을 대상으로 하는가를 늘 생각해야 한다. 어떤 사람이 하면 좋을지를 늘 고려해야 한다. 성도들의 달란트를 파악해서 적재적소에 배치해야 한다. 목회자에게 일을 맡길 때에도 목회자의 달란트를 고려해야 한다. 목회자마다 제각기 역량이 다르고, 달란트가 다르다. 어떤 목회자는 언제, 어느 순간이든 순발력 있고 재치 있게 사회를 잘 인도한다. 그런 목회자에게는 어느 순간이든 사회를 맡기고, 진행을 맡기면 된다. 그럼 이미 준비된 것처럼, 사전에 약속된 것처럼 일을 해내고 만다. 어떤 목회자는 분위기를 즐겁고 흥미진진하게 만드는 은사를 가지고 있다. 전체적인 분위기를 즐겁게 만들기 위해서는 이런 은사를 가진 목회자에게 부탁을 하는 것이 좋다. 이렇게 되면 갑작스럽게 준비된 프로그램이라도 전체적인 예배나 집회의 분위기를 한층 즐겁고 은혜롭게 만드는 것은 너무 당연한 결과인지도 모른다. 그러니 각 목회자들의, 성도들의 달란트를 파악하는 센스가 바로 목회 감각이다.

그러나 잘하는 사람만을 앞세우고 은사가 탁월한 사람들에게만 일을 맡기는 것은 또 바람직하지 않다. 탁월한 은사를 가진 사람을 세우되, 아무도 소외되거나 예외가 되지 않도록 균형을 이루는 것이 목회 감각의 최고봉이라 하겠다.

일꾼을 세울 때는 첫째, 열심히 하겠다는 사람을 세워야 한다. 자원하는 심령보다 좋은 일꾼은 없다. 둘째, 일을 잘할 수 있는 사람을 세워야 한다. 일을 잘할 수 있는 사람이 첫째가 아니라 둘째인 것이 의아할 수 있다. 그러나 교회에서는 성실성이 제일 중요하기 때문에, 성실성을 우선으로 고려하고 다음에 달란트를 고려하는 것이 맞다. 아무리 잘해도 성실하지 않으면 소용이 없기 때문이다. 셋째, 할 수 없는 사람을 훈련시켜서 일꾼으로 성장시키는 것이 훌륭한 목회 감각이다.

교회 안에서 사역 팀을 구성할 때 유명무실한, 자리를 주기 위한 사역이 아니라, 실제로 1년 중 해야 할 사역을 중심으로 구성하는 것이 필요하다. 그래서 사역 팀 이름만 들어도 팀의 역할과 사역이 무엇인지 쉽게 알 수 있어야 한다. 교내 봉사 팀, 내빈 영접 팀, 안경 선교 팀, 치유 기도 팀, 전문인 선교 팀, CD 사역 팀 등 철저히 사역 중심의 팀으로 구성할 필요가 있다.

팀을 구성하려면 팀장과 부장이 필요한데, 첫 번째는 자청하는 사람들을 세운다. 헌신하겠다는 것을 거절할 이유가 없다. 특별한 사유나 문제를 일으킨 경력이 없는 다음에는 말이다. 교회에서 혹은 사회적으로 물의를 일으킨 사람들을 리더로 세우는 것은 고려해 보아야 할 사항이다. 본인 자신을 위해서는 기회를 주는 것이 좋지만, 주변 사람들을 생각하지 않을 수 없다. 함께 일하는 성도들이 상처 받고 시험받을 것이 분명하다면 눈물을 머금고라도 사전에 조정하는 것이 필요하다.

목회자는 전체 사역을 종합적으로 바라보고 준비하는 PD(producer) 의식을 가져야 할 필요가 있다. PD가 프로그램 진행의 세세한 기술력이나 능력을 다 소유할 필요는 없다. 그러나 PD에게는 전체를 조화롭게 이끌고 나갈 능력이 필요하다. 목회자에게는 전체를 조화롭게 이끌고 나갈 능력이 필요하다. 각자의 역할과 능력을 파악하여 사역에서 전체적인 조화를 이루도록 하는 능력이 필요하다. 인터넷에서 "PD는 '판단'의 약자다"라는 재미있는 해석을 보았다. 목회자는 목회를 전체적으로 '판단'할 수 있는 능력과 소양을 길러야 한다.

목회는 강권이다 - '당연히'는 아니지만 '당당하게' 부탁하라

열심히 하는 사람들, 하겠다는 사람들을 우선으로 하여 일꾼을 세우지만, 늘 이들을 향한 격려와 훈련을 함께 병행해야 한다. 그리고 교회 사역을 많이 맡아서 일에 지치지는 않았는지 점검하는 것도 필요하다.

사역을 의뢰하다 보면 굳이 사양하는 성도들이 있다. 억지로 시키거나 부탁할 수는 없는 일이지만, 안 하겠다는 사람을 하게끔 만드는 것도 목회다. 적당한 시점에 강권하는 것이 필요하다. 주의 일에 헌신하는 것은 교회에 유익을 주는 것만큼이나 누구보다 섬기는 본인에게 더 큰 기쁨을 주기 때문이다.

교회가 부흥할수록 책임감 있는 소그룹 리더를 많이 세우는 것이 중요하다. 목회자의 손이 일일이 성도에게 미칠 수 없기 때문이다. 소그룹은 목적 없이 세우는 것이 아니라, 교회의 필요와 성도들의 필요를 기준으로 만드는 것이 중요하다. 이름뿐인 소그룹이나 사역 팀은 교회와 성도들의 열정을 식게 만들어 버린다. 일이 없는 그룹은 역동성이 없기 때문이다. 책임감만 있고 일이 없으면 믿음이 시들해진다. 일은 있는데 책임감이 없으면 사역과 팀이 침체된다. 사역도 주고 책임감도 주어야 한다. 사역에 대한 자부심도 중요하다.

담임목회자가 무엇이든지 다 진행하고 주도하려고 하기보다는 틈나는 대로 맡은 팀장들에게 프로그램의 사회를 보게 하고, 팀장으로서 이끌어 나갈 발언의 기회, 간증의 기회를 많이 주는 것도 좋다. 그렇게 하면 맡은 사람들이 일을 진행해 가면서 책임감을 갖게 되는 것이다. 그리고 사역만 하는 것이 아니라, 주보를 통해서, 간증을 통해서 팀 사역을 알리고 발표하게 할 때 사역 팀장의 수준이 향상된다. 사역에 대한 자부심이 생긴다.

목회자가 사역을 부탁하고 맡길 때에는 당당하게 맡겨야 한다. 목회자의 개인적인 일을 부탁하는 것이라고 생각하면 안 된다. 주님의 일을 맡기는 것임을 분명하게 인식하는 것이 중요하다. 언젠가 한 안수집사님에게 전화가 왔다. "오늘 한국에서 처제가 와서 가족들이 함께 저녁식사를 하기로 했는데, 오늘도 팀장 모임에 꼭 가야 하나요?" "아니요, 집사님. 한국에서 모처럼 처제가 오셨는데 집사님이 편한 대로 하세요." 그런데 저녁에 그 안수집사님이 오셨다. 오지 않아도 된다고 했던 목사 체면이 말이 아니었다. 그분은 사명을 선택했던 것이다. 목사는 가족을 선택하라고 했는데 집사님은 사명을 선택했다. 그래서 속으로 생각했다. '목회는 강권이구나. 성도들은 헌신을 부담스러워하는 줄 알았는데 사명감을 갖고 하는구나.' 성도들에게 부탁할 때, 당연한 것은 아니어도 당당히 부탁하면 성도들이 복을 받는다. 그러니 강권하라. 성도들이 참여하고 헌신하면 은혜 받으니 당당하게 강권하라.

> 참된 위대성과 참된 지도권은 다른 이들에 대한 봉사를 감소시킴으로써가 아니라, 그들이 비이기적으로 자신을 드림으로써 성취됨을 알아야 한다.
>
> 오스왈드 샌더스, 「영적 지도력」

　목사님들이 착각하는 것 중의 하나가 '성도들은 헌신하려고 하지 않는다' 라고 생각하는 것이다. 그러나 많은 성도들이 여건만 되면, 할 수만 있으면, 동역하는 사람끼리 마음만 맞으면 얼마든지 헌신하고 싶어 한다는 사실이다. 주일 예배도 실은 헌신의 마음이 없으면 쉽지 않다. 일주일 동안 쉬지 않고 일하다가 주말에 늦잠 자고 싶은 마음이 굴뚝같을 텐데, 예배를 드리겠다는 믿음 때문에 늦잠을 포기하고 예배를 선택하게 만드는 것이다. 너무 성도들을 과대평가하는 것도 조심스럽지만, 과소평가하는 것은 더 조심해야 한다.

다섯 명에게만 전도하고 오라

목회자는 성도들에게 최선이 아니라 최고를 강조해야 한다. 언제든지 은혜의 자리는 당당하고 자신 있게 권하는 것이 맞다. 물론 무례하지 않게, 그리고 무리가 되지 않도록 적당하게 강권하는 것이 필요하다. 또한 예외 없는 규칙은 세상에 없기 때문에, 아무리 강권하는 것이 필요하다고 해도 성도들의 상황에 따라 지혜롭게 판단해서 예외적인 상황이 있을 수 있다는 것을 고려해야 한다. 원칙을 지킨답시고 무작정 성도들의 상황을 물어보지도 않고 강권하는 것은 지혜롭지 못한 처사다. 그럼에도 다시 강조하지만, 강권은 성도들에게 축복이다. '최고의 적은 최선'이란 말이 있다. 최선을 다했다는 것에 만족해서 최고를 만들지 못하는 경우가 많다는 것이다. 우리는 최고의 것을 주님께 드리기 위해 힘써야 한다.

불신자를 전도하는 것, 신앙 열정이 식은 성도들을 부흥회에 초청하는 것, 몇 년째 예배만 드리고 다른 헌신을 하지 않는 성도들에게 헌신을 강권할수록 복이 된다. 예배에 참석하고 부흥회에 참석하면 은혜를 받으니까 당당하게 강권해도 된다. 전도하면 전도한 사람의 열정이 되살아나니 전도하도록 강권하라. 강권은 권유 받는 사람이 먼저 축복을 받고, 강권하는 사람이 축복을 받는다.

한 권사님이 십 수 년을 여전도회 회장에 식당 봉사에, 바자회 때면 며칠이고 헌신을 했다. 그렇게 지내다 보니 완전히 녹초가 되었다. 그래서 담임목사님을 찾아가서 "목사님, 앞으로 사역은 그만두려고요. 너무 지쳤어요" 하고 말씀드렸다. 그때 담임목사님이 권사님을 위로하면서, "권사님, 쉬시는 것은 얼마든지 좋은데요, 먼저 길거리로 나가서 다섯 사람에게만 전도지를 주면서 전도하고 오시면 몇 년 동안 사역을 쉬셔도 좋습니다" 하고 말씀하셨다. 권사님은 '얼른 다섯 명만 전도하고 그만 두어야지' 생각했다. 그런데 한 명 한 명에게 "예수 믿으세요. 우리 교회 오세요. 얼마나 은혜 받는데요" 하며 전도하다 보니, 그동안 사역에 지쳐 식었던 전도에 대한 열정, 복음에 대한 열정과 함께 예배에 대한 감사, 교회에 대한 감사, 목사님께 대한 감사가 가슴속에서부터 불타오르는 것을 경험하게 되었다. 그래서 교회로 돌아와서 "목사님, 왜 전도하라는 숙제를 주셨는지 알겠습니다. 제가 일하는 것이 아니라 헌신하고 있다는 생각을 못했어요. 제가 하고 있는 일이 영혼을 섬기는 것이라는 것을 잊고 있었어요. 감사합니다" 하고 말씀하셨다. 목사님은 권사님이 사역을 그만두는 것이 싫어서 다섯 명을 전도하라고 말씀드린 것이 아니다. 사역의 이유에 대해서 다시 한 번 생각해 볼 기회를 드린 것이다. 이것이 목회자의 강권, 강권의 축복이다.

인형도
앉히지 말라

사탄이 복음에 격분하는 것은 복음에 계시된 그리스도의 영광의 더없는 가치 때문이다. 사탄의 주된 관심은 우리를 비참하게 만드는 데 있는 것이 아니라 그리스도가 나쁘게 보이도록 만드는 데 있다. 그는 그리스도를 싫어하기 때문에 그리스도의 영광을 싫어한다. 그는 사람들이 그리스도를 영광스럽게 보지 못하게 하려고 온갖 짓을 다할 것이다. 복음은 사람들이 자신을 기뻐하는 데서 벗어나 그리스도를 기뻐하도록 그들을 자유케 하는 하나님의 도구다. 그러므로 사탄은 복음을 싫어한다.

존 파이퍼, 「하나님이 복음이다」

분명하게 선 긋기

목회하면서 어려운 일 중에 하나가 거절하는 것이다. 목회자는 누가 부탁하면 거절하기가 어렵다. 거절을 하려면 매몰찬 면이 필요한데, 목회자의 위치가 거절할 수 없게 만들고, 대다수 목회자의 성품이 거절을 어렵게 생각하기 때문이다. 비단 목회자가 아니어도 누가 거절하는 것을 쉽게 생각하겠는가? 아무리 합당한 이유가 있어도 거절하면 상대에게 미안한 마음을 갖는 것이 인지상정이다.

목회자는 되도록 품어 주고, 안아 주고, 용납해 주는 따뜻하고 풍성한 사람이 좋다. 그야말로 어질고 따스한 성품의 소유자여야 한다. 그러나 용납할 수 없는 것에 대해서는 무서울 만큼 절연해야 한다. 비단 목회자가 아니어도 이성 문제와 재정 문제는 그리스도인에게 큰 시험거리 중 하나다. 목회자가 이 두 문제와 연관되었다고 할 때는 교회 전체적으로, 사회적으로 물의를 일으키게 된다. 성실성이나 인격에 있어서 문제가 있다거나, 일을 이끌어 가는 수행 능력이나 리더십이 부족한 것도 작은 문제라고 할 수는 없지만, 이성 문제와 재정 문제에 목회자가 걸려 넘어지면 되돌아올 수 없는 강을 건너는 것이다. 목회자는 차를 타고 심방을 갈 때조차도 옆자리에는 사모 외에는 앉히지 않을 만큼 조심해야 한다. 옆자리는 인형도 앉히지 않을 만큼 엄중히 스스로에게, 그리고 다른 목회자에게 경고를 해 줄 필요가 있다.

라스베이거스 쪽으로는 차를 몰고 가지도 말아야 한다. 지나는 길이야 어떻겠는가마는, 혹여 도박장에는 구경이라도 갈 일이 아니다. 물론 라스베이거스 전체가 타락한 도시라고 말하지는 않는다. 그러나 목회자는 그만큼 오해의 여지를 남기지 말라는 따끔한 충고를 할 필요가 있다.

여성 성도가 목회자를 개인적으로 만나 상담을 받고 싶다고 요청을 하면 어떻게 해야 할까? 교회의 열린 장소에서 만나면 된다. 개인적으로 공개하길 원치 않는다는 이유로 밀폐된 곳에서 상담을 하는 것은 오해의 소지를 줄 수 있기 때문이다. 개인적인 생각으로는 교회에서 상담실을 별도로 운영하는 것도 무척이나 조심해야 할 일이라고 본다. 미국에서는 심리 상담 치료를 받았다가 오히려 의사나 상담가들과 발생하는 스캔들도 적지 않다. 상담하시는 분들이 자신의 이야기를 잘 들어 주니까 배우자와는 달리 경청해 준다는 사실 때문에 유혹에 넘어가기가 쉽다. 어떤 가정은 상담하다가 오히려 이혼까지 이르게 되는 경우도 있다. 상담을 하다 보면 자격이 부족한 상담가들 중에는 ``그런 배우자와 살지 마라. 왜 그런 대우를 받고 사는가. 혼자 사는 것이 정신 건강과 자녀들에게 더 좋겠다'고 충고하는 사람도 있다고 한다. 물론 모든 상담가가 다 그렇다는 것은 아니다. 정신 치료가 필요한 사람도 있을 수 있고, 안정제 등 의약 처방을 필요로 하는 사람도 있기 때문에 의학적인 도움은 필요하다. 그러나 어떤 경우든 반드시 의학적으로 접근해야지, 인간적인 기대감은 버려야 한다는 것이다.

대형 교회에서 비서의 역할에 대해서도 생각해 볼 필요가 있다. 대형 교회에서는 불가피하게 목회 비서가 필요하다. 이럴 땐 행정 목사를 많이 활용하고, 목회 비서는 사무에만 국한할 것을 제안한다. '그렇게까지 할 필요가 있을까?' 생각하는 사람들도 있을 것이다. 대형 교회 목회자들이 스케줄 관리하는 것에만도 비서가 별도로 필요할 만큼 바쁘다는 것을 모르는 바는 아니다. 그래도 오해받는 것과 유혹의 끈을 아예 차단하는 것이 훨씬 낫다.

자신을 신뢰하지 말라

어떤 여성들은 습관적으로 이야기를 하면서 옆 사람을 만지고 터치를 한다. 그런 사람들과 이야기할 때는 어떻게 해야 할까? 거리를 두고 말을 해야 한다. 그 사람이 민망해하지 않는 선에서 은근히 터치하는 것에 대해서는 피해야 한다. 별것 아닌 것으로 여기면 안 된다. 이성 문제는 목회자 개인의 문제로 끝나지 않기 때문에 조심에 또 조심을 거듭해야 한다. 교회를 생각하고 성도를 생각하면 지나칠 정도로 조심해도 나쁘지 않다고 본다.

> "이 집에는 나보다 큰 이가 없으며 주인이 아무것도 내게 금하지 아니하였어도 금한 것은 당신뿐이니 당신은 그의 아내임이라 그런즉 내가 어찌 이 큰 악을 행하여 하나님께 죄를 지으리이까 여인이 날마다 요셉에게 청하였으나 요셉이 듣지 아니하여 동침하지 아니할 뿐더러 함께 있지도 아니하니라 그러할 때에 요셉이 그의 일을 하러 그 집에 들어갔더니 그 집 사람들은 하나도 거기에 없었더라 그 여인이 그의 옷을 잡고 이르되 나와 동침하자 그러나 요셉이 자기의 옷을 그 여인의 손에 버려두고 밖으로 나가매"(창 39:9~12).

요셉을 통한 교훈은 목회자가 이성 문제에 대해서 어떤 생각을 가져야 하는지 분명한 기준을 제시한다. 첫째, 이성 문제에 대한 범죄는 개인적인 죄가 아니라 하나님께 대한 득죄임을 기억해야 한다. 둘째, 보디발의 아내와 아예 같은 자리에 있으려고도 하지 않았던 것처럼, 유혹의 빌미를 사전에 차단하는 것이 필요하다. 어떤 사람은 술의 유혹을 이기겠다고, 술집에서 술의 유혹을 이기는지 시험해 보겠다고 하는데, 그것은 인간을 모르고 하는 잘못된 생각이다. 죄는 절대 죽지 않는다. 죄인이 죽어야 한다. 유혹을 이기는 방법은, 죄를 얼마든지 이길 수 있다고 자신의 의지를 신뢰하기보다는 악을 피하는 것이 잘하는 것이다. 복 있는 사람은 죄인의 길에 서지를 않는다.

> "복 있는 사람은 악인들의 꾀를 따르지 아니하며 죄인들의 길
> 에 서지 아니하며 오만한 자들의 자리에 앉지 아니하고"(시
> 1:1).

성경에서 마귀를 대적하라는 말씀은 일부러 유혹의 중심에서 버텨본다는 말과는 다른 것이다. 오히려 유혹으로부터 멀어져야 한다. 주변에 있는 유혹의 요소들을 아예 근절하는 것이 필요하다. 셋째, 유혹을 뿌리쳐야 한다. 죄는 생각보다 적극적이다. 사도 바울도 자신 안에 두 가지 마음의 법이 존재한다고 말한다. 하나님의 법이 아닌 다른 법이 나를 다스리려고 하면 뿌리쳐야 한다.

> "내 속사람으로는 하나님의 법을 즐거워하되 내 지체 속에서
> 한 다른 법이 내 마음의 법과 싸워 내 지체 속에 있는 죄의 법
> 으로 나를 사로잡는 것을 보는도다 오호라 나는 곤고한 사람
> 이로다 이 사망의 몸에서 누가 나를 건져내랴"(롬 7:22~24).

마틴 루터의 말이 명언이다. "새가 지나가다가 내 어깨에 볼일을 본다면 내 잘못이 아니지만, 내 머리에 둥지를 틀도록 둔다면 그것은 나의 잘못이다." 죄가 내 생각 속에서, 마음에서 둥지를 틀도록 방치하면 그것은 전적으로 나의 문제이고 나의 죄다. 적극적으로 뿌리쳐야 한다. 다시 한 번 강조한다. '운전석 옆자리에는 아내만 앉을 수 있다. 인형도

앉히지 마라.'

사탄과 천사는 2퍼센트가 다르다

> 그리스도인의 궁극적인 시금석은 그가 진실로 용서함보다 하
> 나님을 더 소원한다고 말할 수 있느냐 하는 것이다. 우리 모두
> 주님의 용서함을 소원한다. 아주 좋은 일이다. 그러나 그것은
> 그리스도인의 체험 중에서도 매우 낮은 단계다. 그리스도인
> 의 체험은 "그렇습니다. 그러나 죄 사함보다 제가 더 원하는
> 것은 하나님 당신입니다"라고 말할 때 더욱 높아진다.
>
> 마틴 로이드 존스, 「믿음의 시련」

사탄은 51퍼센트의 악한 모습과 49퍼센트의 선한 모습을 가지고 우
리에게 다가온다. 문제는 천사도 51퍼센트의 선한 모습과 49퍼센트의
악한 모습을 가지고 나온다는 사실이다. 〈전설의 고향〉이라는 TV 드라
마에 보면 저승사자는 얼굴이 하얗고 핏기가 하나도 없이, 누가 봐도 저
승사자처럼 귀신같은 모습을 하고 나타난다. 그러나 사탄이 실제로 사
람을 유혹할 때는 "나 귀신이다. 사탄이다" 하고 유혹하지 않는다. 귀신
같은 모습으로 나타나 유혹하면 사람들이 쉽게 넘어가지 않기 때문이
다. 그래서 사탄은 천사의 얼굴을 하고 나타난다.

천사에게 악한 면이 49퍼센트나 있다는 말이 아니라, 천사의 손짓조
차도 거절하려고 하는 사람 안에 있는 죄성이 은혜의 손길을 거절한다
는 것이다. 다시 말해서, 분명히 옳은 일인 줄 알지만 나 자신에게 손해

가 생길까 봐 미루거나 거부하려는 죄성 때문에 천사의 선한 손길이, 주님의 선한 뜻이 반갑지 않게 여겨지는 것이다. 마찬가지로, 사탄에게도 선한 면이 49퍼센트나 있다는 말이 아니라, 우리의 죄성이 사탄의 유혹이 뻔히 악한 것임을 알면서도 사탄의 악한 술수를 달콤하게 여기고 사탄의 속임수에 말려든다는 것이다.

목회자도 예외는 아니다. 분명 주님의 뜻인 줄 알지만 미루고 싶을 때가 있다. 목회자의 인격과 품위를 떨어뜨리는 말과 행동을 하면서도 자신을 돌아볼 줄 모르는 경우가 있다. 도산 안창호가 한 말은 두고두고 생각할 명언이다. "우리 한국 민족의 최대의 적은 거짓이다." 러시아나 중국이 아니라 거짓 때문에 나라가 힘들어졌다는 것이다. 뻔히 아닌 줄 알면서 그 일을 한다면, 거기에 선한 결과를 기대하는 것은 잘못된 것이다. 정신분열의 증세를 판단하는 기준 중에 하나가 '같은 행동을 하면서 다른 결과를 기대하는 것'이라고 한다. 어떤 방법을 써서 안 되면 다른 방법을 생각하고 행동해야 하는데, 계속 같은 행동을 하면서 '왜 안 되지?' 하는 것이다. 그러니 계속 불안해 할 수밖에 없다.

불신앙과 타협하면서 은혜가 있기를 기대하는 것은 '신앙의 정신분열'이다. 선한 방법만이 선한 결과를 가져올 수 있다. 사탄은 결코 우리에게 선한 것을 줄 수 없다. 그것이 사탄의 본성이다.

사탄은 선한 일을 못한다

모세가 애굽 왕 바로 앞에서 물이 피가 되게 했을 때, 개구리가 온 애굽을 뒤덮게 했을 때 애굽의 술사들도 그렇게 했다. 그러나 개구리를 없애지는 못했다. 물을 맑게 하지는 못했다. 그것이 사탄의 역사와 하나님의 역사의 분명한 차이다. 사탄은 더 나쁘게 하는 일은 얼마든지 할 수 있다. 그러나 인간에게 선한 일을 할 수는 없다. 할 수 있다면 사탄이 아니라 천사다. 사람을 선하게 하는 일은 하나님만이 하신다.

어떤 청년이 사탄과 계약을 맺었다. 도둑질을 하거나 나쁜 짓을 할 때마다 나타나서 도와주겠다는 것이다. 처음에는 작은 도둑질부터 시작했다. 정말 사탄이 나타나서 도망가도록 도와주는 것이다. 대낮에 은행을 털어도 도와주었다. 감옥에 갇혔을 때도 나타나서 구해 주었기 때문에 점점 흉악한 도둑질과 죄를 저지르기 시작했다. 그런데 어느 날은 도둑질을 하고 감옥에 갇혔는데 밤늦도록 사탄이 도와주러 오지 않았다. 그러더니 다음 날 아침 교수형을 받기 전에야 나타났다. 너무 화가 난 청년은 "왜 이렇게 늦었어? 죽을 뻔했잖아"하고 말했다. 그러자 사탄이 "미안 미안. 이 주머니를 경찰에게 주면 너를 풀어 줄 거야"하고 말했다. 그래서 청년은 얼른 주머니를 경찰에게 주었다. 경찰이 주머니를 열더니 "여기 있었군. 한참 찾았네"하고 안에 있는 것을 꺼내는데 교수형에서 목을 매다는 밧줄이었다. 결국 청년은 교수형에 처해져서 일찍 삶을 마감했다.

악을 의지하고 선한 결과를 기대하는 것은 말이 안 된다. 사람이 악을 저지르면 악의 결과를 맞이하게 된다. 사탄을 의지하면 사탄의 마지막인 게헨나에 함께 가는 것이다. 삶을 사는 데 있어서 인간적인 방법과 하나님의 방법이 있다. 하나님의 방법대로 살면 천국이 상급이지만, 인간적인 방법은 사탄의 방법과 하나님의 방법의 중간쯤 되는 것이 아니다. 예수님 편이거나 사탄 편이거나, 둘 중에 하나다. 천국과 지옥의 중간도 없고, 예수님과 사탄의 중간도 없다. 어느 편에 설 것인지 결정해야 한다.

목회 감각은 절대적으로 선하신 하나님만을 의지하는 것이다. 신앙은 철저히 하나님을 의지하는 것이다. 이 책에서 많은 것을 다루었다. 원칙적으로 그대로 받아들여야 할 부분도 있고, 교회의 사정에 따라 다르게 적용할 부분도 있다. 중요하게 생각하고 받아들여야 할 것은 주제 하나하나에 스며들어 있는 한 목회자의 순수 열정과 부흥 열망이다.

공짜는 없다

어떤 임금이 학자들에게 세상의 진리를 모아 한 권의 책으로 만들라고 했단다. 그러자 신하들이 세상의 진리를 모아서 요약한 한 권의 책을 왕에게 주었다. 그러자 왕은 한 권도 많다면서 한 장으로 만들라고 했단다. 그래서 그렇게 했다. 그런데 한 권도 많으니 한 줄로 만들라고 했단다. 신하들이 왕에게 전달한 세상의 진리를 요약한 한 줄은 바로 '공짜는 없다'였다.

이 예화는 역설적인 가르침이 있다. '공짜는 없다'가 세상의 진리를 요약한 것이라는 의미는 분명 아니라고 본다. 배우지 않고, 노력하지 않고 얻으려는 왕에게 주는 교훈일 것이다. 공부에서 1등을 하려면 공짜는 없다. 엉덩이에 땀나게 공부해야 한다. 자기 분야에서 성공하려면 누구보다 앞서는 열정이 있어야 한다.

하나님의 최선을 구하다 보면 이를 막는 것이 자연적인 관점에서 볼 때 죄나 불완전한 것들이 아니라 오히려 옳고 선하고 고상한 것들임을 발견하게 된다. 우리 중 대부분의 사람들은 야비하고 악한 것들에 대해서는 굳이 옳고 그름을 논쟁하지 않는다. 그러나 우리는 좋은 것에 대하여 논쟁한다.

후안 마누엘, 「선과 악을 다루는 35가지 방법」

교회가 부흥하지 않으면 목회자의 탓으로 돌린다. 교회가 부흥하면 목회자를 질투한다. 놀랄 일도 아니다. 고난 가운데 있고 어려운 사람에 대해서는 누구나 동정심을 갖는다. 그런데 다른 사람에게 좋은 일이 있을 때는 힘들어한다. 많은 사람들이 부자가 되기를 원하면서 부자를 미워하고 시기하고 질투한다. 모순된 마음이다.

목회 감각은 마지막까지 긴장하는 것이다. 잘될 때도 긴장해야 한다. 뭔가 일이 안 풀릴 때도 긴장해야 한다. 세상에 공짜는 없다는 말은 틀리지 않다. 그러나 주님은 이렇게 분명하게 말씀하시면서 목회자를 중보하셨다.

"내가 진실로 진실로 너희에게 이르노니 한 알의 밀이 땅에 떨어져 죽지 아니하면 한 알 그대로 있고 죽으면 많은 열매를 맺느니라"(요 12:24).

거절도 잘해야 한다

조지 워싱턴 카버는 제1차 세계대전 중 토머스 에디슨이 비밀리에 카버에게 연봉 10만 달러, 또는 20만 달러, 아니면 미국 대통령 연봉의 다섯 배를 받는 어떤 일을 제의했다. "달리 할 말은 없었고 편지로 에디슨 씨에게 고맙다고 했다"고 말했다.

카버는 말년에 헨리 포드에게도 비슷한 제의를 받았지만 그 것도 거절했다. 그는 줄곧 앨라배마 투스키지 연구소에서 사 람들을 교육하고 훈련하면서 지냈으며, 여기서 그가 받은 돈 은 제의 받은 자리들에 비하면 너무나 적었다. 그를 이끈 것은 탐욕이 아니라 소명, 그리고 섬기는 사람들의 필요였다.

해리 L. 리더, 「다시 불길로 타오르게 하라」

깨끗한 사람은 자신 있게 목회한다

목회자는 재정 문제에 있어서는 결백해야 하고 청렴해야 한다. 한마 디로 투명해야 한다. 많은 교회에서 성도들이 목회자들을 사랑하는 마 음으로 선물을 주곤 한다. 선물은 받는 것도 잘 받고, 감사하는 것도 필 요하다. 내가 생각할 때 '주는 것은 받아도 된다. 그러나 달라고 하는 것은 안 된다'. 성도들이 주는 선물이라든지 감사의 표현 자체를 거부 하라는 것은 아니다. 기대하거나 욕심 내지 말라는 것이다. 어떤 사람은 감사 표현을 하는데 어떤 사람은 하지 않는다고 서운할 것도 없다. 성도 들이 감사를 표현하는 것을 당연한 듯 생각지는 말아야 한다.

목회자가 돈에 대해서는 일점의 욕심도 버려야 한다는 것을 말하고 싶다. 결코 욕심에서 자유할 수 없다. 욕심에서 자유하겠다는 것도 욕심 이다. 재물에 대한 욕심은 누구나 있다. 그러나 마음을 다스릴 수 없고, 재정 관리를 제대로 할 수 없다면 지나친 것이다. 위험 신호다. 돈에 대 해서 결백한 사람은 목회에도 자신감이 붙는다. 재물에 대한 유혹을 이 겨내면 목회에서 커다란 결실을 이루게 된다. 그리스도인이 받는 시험 중에 재물의 유혹에 대해서 말할 만큼 이것은 신앙의 결실, 목회의 결실을 위해서 반드시 넘어야 할 산이다.

> "가시떨기에 뿌려졌다는 것은 말씀을 들으나 세상의 염려와
> 재물의 유혹에 말씀이 막혀 결실하지 못하는 자요"(마 13:22).

목회자가 심방이라든지 결혼 주례에서 사례를 받을 수 있다. 그러나 당연한 것으로 생각해서는 안 된다. 어떤 교회에서는 담임목회자가 본교회 부흥회를 인도하고 사례비를 별도로 받는 경우도 있다고 한다. 어느 한 단면만을 보고서 그 목회자의 목회 전체를 평가할 수는 없다. 그러나 객관적으로 칭찬받을 일이 아니라면 바람직한 목회자상인지 다시한 번 생각해 볼 일이다.

존경하는 목사님 한 분은 어머님께서 소천하셨는데 교회에 알리지 않은 채 장례를 치르고 조용히 다녀오셨다. 그만큼 교인들에게 부담을 주지 않고자 하는 목회자의 마음을 읽을 수 있는 것이다.

> "잘 다스리는 장로들은 배나 존경할 자로 알되 말씀과 가르침
> 에 수고하는 이들에게는 더욱 그리할 것이니라 성경에 일렀
> 으되 곡식을 밟아 떠는 소의 입에 망을 씌우지 말라 하였고 또
> 일꾼이 그 삯을 받는 것은 마땅하다 하였느니라"(딤전 5:17~18).

목회자의 섬김에 대해서 성도들은 감사해하고 목회자를 격려해야한다. 교회의 형편이 어렵다면 목회자도 얼마든지 감당해야 하겠지만, 교회는 최선을 다해 목회자를 섬겨 목회자가 목회에만 전념하도록 힘

써야 한다.

땅콩 박사인 워싱턴 카버는 에디슨과 헨리 포드에게 어마어마한 연봉을 제의 받았다. 그럼에도 자신의 연구를 이어 갈 후학들을 길러내고자 하는 사명감 때문에 솔깃한 제의를 모두 거절했다. 목회자가 재물의 유혹을 이겨내야 하는 것은 당연하지만 쉽다고 말하지는 않았다. 재물의 유혹이든 다른 어떤 유혹이든 목회자의 사명을 기억해야 한다. 재물과 하나님의 은총을 비교하지 말라. 하나님의 상급에 욕심을 내야 한다. 하늘나라의 상급이, 성도들의 존경과 사랑이 그까짓 재물보다 못하지 않다.

교회 재정은 선심용이 아니다

목회자 개인적으로 받는 재물의 유혹도 있지만, 중·대형 교회의 담임목회자에게는 여러 곳에서 후원을 부탁하는 경우가 많다. 선교단체와 개인 선교사 및 기관들이 셀 수 없이 계속 편지를 보내고, 만남을 요청하고, 수많은 부탁을 해 온다. 이런 부탁은 담임목회자 개인적으로 들어 줄 수 있는 것이 아니다. 이런 부탁에 대해서 개인적으로 약속을 주거나 확답을 주어서는 안 된다. 재정에 관한 모든 것은 철저히 교회 리더십을 통해야 한다. 더군다나 목회자와 개인적으로 관련된 사람들, 친인척이라든지 학연, 지연 등으로 연관된 사람들에 대해서는 철저히 조심해야 한다.

선교사로 후원을 부탁하는 경우에도 그 사람의 신학적인 배경이나 선교지에서 실제로 사역하는 사람인지까지 알아보아야 한다. 가끔씩 선교지에도 없는 사람들이 선교 후원금을 부탁하여 많은 후원금을 보냈다가 교회 전체가 시험 드는 경우도 종종 있기 때문이다. 그렇게 되면 교회적인 시험과 손실도 크지만, 실제로 열심히 선교하는 선교사들에게 가야 할 후원이 선교지에 있지도 않은 사람들에게 잘못 전달되지 않도록 하기 위해서다. 교회들마다 선교 후원 액수가 크지 않은 것은 많은 선교사와 선교단체가 여러 교회에서 선교 후원을 받기 때문이다. 선교사 후원 단체를 한 곳으로 통일해서 선교사를 후원하는 창구를 하나로 하면 좋겠다는 생각도 들지만, 실제적으로 쉽지 않은 일이다. 모든 선교사들의 상황과 현지의 상황이 다 다르기 때문이다. 어떤 선교사는 많은 교회에서 후원을 받아서 넉넉하다. 어떤 선교사는 많은 재정적 도움이 필요한데 도움을 받지 못해 어려운 경우도 많다. 선교단체와 교회의 협력을 한번 생각해 볼 일이다. 선교단체는 선교에 대한 노하우가 있다. 교회는 재정이 있다. 선교단체와 교회가 좋은 협력관계를 유지한다면 선교단체는 선교에 힘을 실어 주고, 교회는 사명을 기쁘고 보람되게 감당할 수 있다.

인정보다는 교회를 먼저 생각해야 한다

교회 재정에 있어서는 사람들 사이의 인간관계보다 교회를 먼저 생각해야 하고, 성도들의 신앙을 먼저 걱정해야 한다. 거절하는 것에 대한 어려움 때문에, 목회자 자신이 인격적으로 맺고 끊는 것이 분명하지 못해서 이런 원칙들을 지키지 못한다면 재정에 관한 문제는 목회자 개인의 문제로 끝나지 않고 교회 전체의 문제로 확대된다는 것을 기억할 필요가 있다. 목회자의 거절하기 어려워하는 성품이나 상황을 핑계해서는 안 된다. 양들을 이리 떼로부터 지킬 때는 목숨을 거는 목자가 되어야 한다. 그러므로 목회자 개인만을 생각하면 거절하기가 어렵지만, 교회를 생각하면 얼마든지 예의를 갖추어서 거절할 수 있다.

신학교 동기, 잘 아는 선교사가 와서 선교 후원을 부탁하면 어떻게 해야 하는가? 그동안 여러 가지로 목회자에게 잘해 주었던 장로님, 교회 후배, 학교 후배가 와서 후원금을 부탁한다. 어떻게 해야 하는가? 아무리 가까운 사이이고 은혜를 입은 사람일지라도, 목회자를 통해서 부탁하도록 하지 말고 교회로 직접 후원 요청을 하도록 하는 것이 바람직하다. 정식 후원 공문서를 보내도록 하고, 리더십에서 다루어지도록 해야 한다. 그렇게 순서와 절차를 밟았다고 해도 목회자가 개입해서는 안 된다. 담임목회자가 리더십과 얼마든지 토론을 할 수는 있다. 그러나 결정은 교회가 하는 것이다. 재정에 관한 것은 특히나 리더십이 결정하게 하는 것이 바람직하다.

의견은 내지만 결정은 안 한다

어떤 목회자는 자신이 어느 정도는 교회 재정에 대한 최종 결정권을 가지고 있는 것을 공공연히 자랑 삼아 말한다. 교회 재정을 사용하는 데 있어서 담임목회자는 되도록이면 본인이 직접 결재하지 않는 것이 바람직하다고 본다. 재정 결정에 있어서 담임목회자는 리더십에게 의견을 제시하고 함께 토론하는 것이 필요하다.

교회의 상황을 제일 잘 아는 사람은 목회자다. 사역에 있어서 적재적소에 어떤 것이 필요한지도 담임목회자가 가장 많이 알고 있다. 그럼에도 리더십을 통해서 논의되지 않은 재정 사용을 목회자가 임의대로 결정하는 것은 언젠가 터질 시한폭탄을 안고 사는 것과 같다. 목회에서

'내 맘대로'라는 말은 아예 지워 버려야 한다. 재정을 그렇게 사용했다가는 아무리 훌륭한 목회를 해 왔어도 결국 가장 큰 약점으로 작용하기 마련이다. '황제적 목회'라는 말이 은근히 들리기 시작하는데, 로마가톨릭이 교황이라는 말을 쓰면서 질서가 무너진 것을 잊어서는 안 된다.

목회자에 대한 성도들의 기대를 결코 무시하지 말아야 한다. 목회자가 청렴결백하기를 바라는 것은 지나친 기대가 아니라 상식적인 것이다. 목회자가 부탁이나 청탁을 매몰차게 거절하면 쓴 소리를 들을 것이다. 인색하다는 소리를 들을 것이다. "교회가 선교하는 것에 왜 이리 인색한가? 어려운 사람을 돕는 것에 왜 이리 인색한가?" 하는 질문을 받을 수 있다. 교회가 선교와 구제에 열심을 내야 하는 것은 맞다. 그러나 아무리 옳고 좋은 것도 질서를 따르지 않으면 지속될 수 없다.

"모든 것을 품위 있게 하고 질서 있게 하라"(고전 14:40).

초대 교회가 한참 부흥하는데, 과부들을 대상으로 하는 구제에 대한 불평 때문에 교회가 소란해질 뻔한 일이 있었다. 헬라파 과부들이 구제에서 누락되었기 때문이다. 그때 사도들은 백 번 양보해서 구제를 담당할 일곱 집사를 자신들이 세우지도 않고 아예 교회에 일임했다. 그리고 모두 헬라파 출신들로만 선출했다. 이런 사실로 봐서, 초대 교회는 히브리파 사람이 재정을 맡든지 헬라파 사람이 맡든지 상관없이 깨끗하고 질서 있게 지출된다는 자신감이 있었다.

"형제들아 너희 가운데서 성령과 지혜가 충만하여 칭찬 받는 사람 일곱을 택하라 우리가 이 일을 그들에게 맡기고 우리는 오로지 기도하는 일과 말씀 사역에 힘쓰리라 하니 온 무리가 이 말을 기뻐하여 믿음과 성령이 충만한 사람 스데반과 또 빌립과 브로고로와 니가노르와 디몬과 바메나와 유대교에 입교했던 안디옥 사람 니골라를 택하여 사도들 앞에 세우니 사도들이 기도하고 그들에게 안수하니라" (행 6:3~6).

이 본문은 초대 교회가 얼마나 건강했는지를 보여 주는 증거다. 누가 맡아도 문제없이 잘되는 교회가 건강한 교회다. '내가 없으면 안 된다' 는 생각은 착각이다. 그리고 위험한 생각이다. 만약 그것이 사실이라면 교회가 건강하지 않다는 증거다. 높은 뜻 숭의교회 김동호 목사님이 자주 하시는 말씀이 있다. "담임목사가 바뀌어도 아무 문제없는 교회가 건강한 교회입니다." 그렇다. 내가 없어도 교회는 문제없다.

사역자는 자신이 완전히 보이지 않을 때까지 쇠하여야 한다. 그래서 아무도 그를 기억하지 않을 정도가 되어야 한다. 이것이 바로 진정한 사역자가 가져야 할 헌신의 자세이다.
오스왈드 챔버스, 「도움의 장소」

건강한 교회, 건강한 성도들을 위한 건강한 목회자가 필요하다. 그러나 절대적으로 모든 것이 하나님의 은혜다.

스님에게
시주를 해도 되는가?

참 회개가 없는 이유는 그들에게 처음으로 복음을 전한 사람들이 죄의 심각성을 충분히 다루어 주지 않았기 때문이다. 존 버니언이 한 말을 기억하자. "두려움을 느껴 본 적이 없는 사람은 은혜를 모른다. 지옥에 대한 두려움이 있는 곳에는 언제나 은혜가 있다고 말할 수는 없지만, 하나님에 대한 두려움이 없는 곳에서는 분명 은혜가 없다. 나는 자신의 죄를 슬퍼한 적이 없는 사람의 신앙고백을 그다지 신뢰하지 않는다.

A. W. 토저, 「임재 체험」

이단 문제, 발도 담가서는 안 된다

이성 문제, 재정 문제와 함께 목회자가 철저히 조심해야 하는 문제가 이단 문제다. 교회 사회에 큰 반향을 일으키는 운동이나 프로그램에 참석하는 것조차도 건강한 교단인지, 복음적인 운동인지를 꼭 확인해야 한다. 이런 운동이나 프로그램들이 몇 년이 지나서야 이단으로 밝혀지는 경우도 적지 않기 때문이다. 특히나 선교단체란 이름으로 재정이나 후원을 부탁해 오는 곳에 대해서는 그 배경을 알아봐야 한다. 이단들 중에서도 실체를 감추고 접근하는 경우가 많기 때문에, 외부 단체와 관련된 일에 있어서는 조심에 조심을 거듭해도 지나치지 않다. 교회가 이단에게 재정을 후원했다는 오해를 사거나 조금이라도 이단과 관련된 어떤 사실이 알려지면 교회에 큰 시험이 될 수 있다.

부목사님 한 분이 성도들과 심방을 하고 있었다. 심방을 마치고 식사를 하는데 동네에 다니며 쌀을 구하는 시주승이 들어왔다. 가게 주인도 그냥 돌려보내려고 하는데, 부목사님이 선뜻 1만 원을 꺼내서 시주승에게 주었다. 같이 심방을 갔던 한 성도가 깜짝 놀라서 교회에 돌아와 다른 목사님께 물어보았다. 목사님이 시주승에게 돈을 주어도 되는 거냐고 말이다. 돈을 준 목사님에게 있어 시주승은 단순히 먹을 것을 구하는 사람이라는 것이다. 스님에게 시주를 한 것이 아니라 돈이 없어서 힘들어하는 사람을 도와주듯이 도와주었다는 것이 목사님의 주장이다. 이 이야기를 들은 다른 목사님의 주장은 "좋습니다. 목사님이 순수하게 그저 어려운 사람 돕는다는 생각으로 도왔다고 합시다. 그래도 옆에 성도가 있었는데, 그 성도는 목사님이 스님을 도와준다는 것을 이해할 수 있다고 생각하십니까? 상식적인 일이라고 생각하십니까?" 였다. 목회자가 스님에게 시주를 해도 되는 것일까? 그리스도인이 절에 시주하는 것을 국립공원 입장료처럼 생각할 일인가? 사도 바울을 통해 주신 주님의 가르침이 여기에 적용된다고 본다.

> "그러면 네 지식으로 그 믿음이 약한 자가 멸망하나니 그는
> 그리스도께서 위하여 죽으신 형제라 이같이 너희가 형제에게
> 죄를 지어 그 약한 양심을 상하게 하는 것이 곧 그리스도에게

죄를 짓는 것이니라 그러므로 만일 음식이 내 형제를 실족하
게 한다면 나는 영원히 고기를 먹지 아니하여 내 형제를 실족
하지 않게 하리라"(고전 8:11~13).

　목사님의 믿음과 지식으로는 종교적인 일이 아니었다고 해도, 믿음
이 연약한 사람들을 위해서 조심해야 할 부분이 많다. 사도 바울 당시에
시장에 팔리는 고기들은 우상 신전을 통해서 나오는 고기가 많았다고
한다. 당시에는 고기를 먹는다는 것 자체가 우상에게 드려진 고기를 먹
는 셈이 되는 것이다. 사람들의 상식은 복잡하지 않다. 우상에게 드려진
고기는 우상과 연관되어 있다는 생각을 누구나 한다. 그래서 그리스도
인이 우상에게 드려진 고기를 먹으면 "그래도 되는 것인가?" 하고 의문
을 제기할 수밖에 없다. 우상에게 드려진 고기를 먹는다고 우상 숭배라
고 할 수는 없다. 그러나 믿음이 연약한 사람들은 그런 모습에도 시험에
들 수 있다. 그래서 사도 바울은 믿음이 연약한 사람을 위해서라면 평생
고기를 먹지 않겠다고 했다. 오늘날에도 제사상에 올라간 음식을 먹는
가족들이 "당신은 교회 다니면서 먹어도 돼?" 하는 의문을 가진다. 그
러므로 목회자가 우상과 관련된, 다른 종교와 관련된 일에 연루되는 것
은 조심하고 또 조심해야 한다.

예수면 충분하다, 복음이면 충분하다

　심지어 공자나 맹자가 한 이야기, 석가모니가 한 이야기를 굳이 설
교 시간에 할 필요는 없다. "설교에서 공자, 맹자를 언급하는 것은 문제
가 있다"라고까지 말하고 싶지는 않다. 그러나 일면 동의하는 부분이

있다. 유교나 불교의 가르침을 설교 시간에 인용한다면, 성도들의 생각 속에서 마치 복음이 주는 가르침이 충분하지 않다고 오해할 수도 있다.

주일 예배만으로는 성경 전체를 설교할 수도 없고, 성도들도 주일 설교만으로는 성경 전체의 교훈을 다 듣지 못한다. 적어도 수요 예배, 새벽 예배는 나와야 설교를 통해서 성경 전체를 한번 다룰 수 있다. 복음을 전하고 가르치기에도 시간이 모자란데 다른 종교의 가르침을 예화로라도 사용하는 것은 별로 권장할 일이 아니다.

중간은 없다

말씀을 듣는 성도들의 생각은 의외로 단순하다. 목회자의 가르침을 전부인 것처럼 생각할 수 있다. '신학 공부만 하신 분인데 어련히 알아서 전하시겠지?' 하고 기대한다. 그러므로 목회자가 설교를 통해서 주는 가르침과 말씀 하나하나가 성도들에게 여과 없이 전해진다는 사실을 잊지 말아야 한다.

삶에서도 그렇지만, 신앙생활에서도 옳고 그름의 문제로만 접근할 수 없는 일들이 많이 있다. 사도 바울의 경우 우상 신전에서 나온 고기를 먹는 것은 자신의 신앙으로는 전혀 문제가 되지 않는다. 그러나 고기를 먹는 바울의 모습을 보는 믿음이 연약한 형제에게는 전혀 다른 이해의 문제다. 그러므로 이것은 옳고 그름의 문제로 접근할 것이 아니다. 고기를 먹는 것이 죄이기 때문에 먹지 않는 것이 아니라, 믿음이 연약한 형제를 배려하는 마음 때문이다. 신앙적으로 아무 문제가 없다 하더라도, 나에게는 문제가 되지 않더라도 형제에게 걸림돌이 된다면 얼마든지 양보할 수 있어야 한다.

'기도 운동', '부흥 세미나'란 이름으로 모이는 곳에 참여하는 것도 목회자는 조심해야 한다. 이러한 운동들이 훗날 잘못된 이단 시비에 휘말리는 경우가 적지 않기 때문이다. 신학생들 중에서도 '기도 운동'에 관심 있는 이들이 적지 않다. 여기서 기도 운동이란 기도원이라든지 단체에서 기도를 돕는다면서 벌이는 세미나나 집회를 말하는 것이다. 그런데 복음주의 교단의 신학생들이 기도 운동 집회에 참여했다가 비디오에 얼굴까지 다 공개가 되었는데, 십 수 년이 지나서 그 기도 운동이 이단이라는 것이 밝혀졌다. 공장에서 수돗물을 팔면서 생수라고 하고, 이적과 기사가 많다고 하면서 금품을 갈취하는 일들이 비일비재했다는 사실이 훗날 다 밝혀졌다. 이제는 어엿이 한 교회의 담임목회자가 되었는데 이단 집회에 참여한 것이 밝혀져서 교회적으로 큰 시험이 된 경우도 있다. 한국 교회가 그동안 많은 이단 시비에 몸살을 앓았기 때문에 이단 문제에 대해서는 교회가 민감할 수밖에 없음을 알고 목회자 역시 민감하게 받아들여야 한다.

이성 문제, 재정 문제, 이단 문제는 아무리 조심해도 지나치지 않다. 이 세 가지 문제에는 중간 합의점이란 있을 수 없다. 천국과 지옥이 있을 뿐 연옥은 없는 것처럼, 복음과 이단의 중간도 없다. 예수님을 반대하면 이단이다. 예수님 반대편은 사탄의 편이다. 중간은 없다. 그러므로 선택해야 한다. 성도들 중에 이단과 관련된 적이 있었던 사람이 있다고 해서 이단 문제를 대충 얼버무리려고 해서는 안 된다. 이단 문제와 관련된 성도가 있으면 권고하고 빠져나오도록 해야 한다. 성도들에게 이단에 대해서는 강력하게 경고하고 훈련해야 한다. 목회자 자신도 이단에는 발도 담가서는 안 된다.

시간을 지키면
마음을 지킨다

> 시간을 지키지 못하는 사람들은 대개 경건하지 않다는 결론
> 에 도달했다. 하나님과 하나님의 교회를 섬길 때에 시간을 지
> 키지 못할 정도로 그토록 자기 절제가 안 되고 그토록 이기적
> 이고 그토록 타인의 시간에 대해 무감각하다면 영성도 제대
> 로 될 리가 없다. 다시 말하지만, 시간을 지키지 못하면 경건
> 하게 될 수 없다.
>
> A. W. 토저, 「내 자아를 버려라」

교회는 시간을 안 지킨다?

북한에서 탈출한 사람의 간증을 들은 적이 있다. 간증을 하는 사람
이 이렇게 서두를 꺼낸다. "보통 저를 초청할 때는 3일 집회로 초청하는
데 오늘 금요기도회 이 짧은 시간에 말하려고 하니 어떻게 해야 할지 모
르겠네요." 그러면서 간증을 시작했다. 약속된 간증 시간은 한 시간이
었다. 간증 후에 기도회를 한 시간 하기로 했다. 결론부터 말하면, 한 시
간만 하기로 했던 간증은 네 시간을 넘겨 결국 자정이 넘어서야 금요기
도회가 끝났다. 이런 일이 흔한 일은 아니지만, 시간 관리에 대한 부분

을 생각해 볼 필요가 있다.

30여 가정을 초대해서 새 가족 만찬을 한다. 새 가족들이 한 가정씩 일어나서 가족 소개와 교회에 대한 소감을 1분 정도씩만 말해도 한 시간이다. 거기에 식사하는 시간과 설교와 교회 소개와 인사말까지 한다면 몇 시간이 걸릴지 모른다. 특별한 부흥회나 세미나가 아니라면 식사하는 시간까지 포함해서 두 시간이 적당하다고 본다. 모임이 두 시간을 넘기면 벌써 성도들은 공포에 질린다.

예배에 참석하거나 프로그램이나 회의에 참여하는 성도들은 일종의 공포심이 있다. '도대체 오늘 이 모임이 언제 끝날 것인가?' 너무 길어지면 뭐라고 말을 하지는 못하지만 '다음부터는 이렇게 늦게 끝날 것 같은 모임엔 절대 오지 말아야지' 생각하기도 하는 것이 사실이다. 물론 예배가 은혜로우면 설교가 길어질 수도 있다. 성도들도 예배 시간에 대해서는 어느 정도 마음의 여유를 갖고 있어야 한다. 한 시간 이상 드려지는 예배는 참지 못하고 몸을 비트는 성도들이 종종 있는데, 그것도 과한 것이요, 훈련이 안 된 것이다. 그러나 예배를 인도하는 목회자나 기도하는 성도, 순서를 맡은 성도들은 철저히 준비하고 계획해서 준비 부족으로 예배 시간이 길어지지 않도록 늘 생각해야 한다.

준비가 부족할수록 길어진다

예배가 은혜가 넘치고 성령이 충만하면 조금 길어질 수도 있다. 그러나 시간이 길다고 늘 은혜가 충만한 것은 아니다. 예배 시간 이후의 상황들을 고려하지 않을 수 없는 것이다. 오늘날의 교회에서는 다음 예배 시간이나 주차장의 상황 등을 고려하지 않을 수 없다. 목회자가 시간에 쫓겨 설교 준비할 시간이 부족했거나, 그래서 급하게 준비한 설교이기에 오히려 설교가 길어진다면 그것은 반성해야 할 일이다. 기도하는 사람이 '기도는 그 자리에 임하시는 성령님이 말씀하시는 대로 기도해야지' 하면서 준비하지 않고 예배에 임하면 안 된다. 성령님의 임재를 자신의 불성실에 대한 핑계로 삼아서도 안 된다. 성령님은 예배 당시에만 임하시는 것이 아니라, 기도를 준비하는 시간에도 임하신다. 기도 순서도 예배에 포함된 하나의 순서인데, 기도하면서 준비해야 마땅하다. 너무 길게 기도하는 것은 준비가 안 된 경우다.

예배에 대한 준비가 부족해서 예정에도 없던 것을 하느라고 시간만 길어진다면 '시간이 길다 짧다'의 문제가 아니라 성실함에 대한 문제다. 그렇게 준비 부족으로 불필요한 것을 말하고 진행하다가 늦어지고, 지루해지고, 다들 힘들어하는데 "모든 것을 은혜롭게 생각합시다" 하고 무책임하게 말해서는 안 된다. 물론 준비 부족으로 이런 일이 있더라도 은혜롭게 받아들여야 하고, 문제로 삼기보다는 허물을 덮어 주고 격려하는 분위기로 이끌어 가는 것이 맞다. 그러나 책임을 맡은 목회자는 결코 준비 부족이나 불성실 때문에 그런 일이 일어난 것에 대해서는 늘 반성해야 한다. 성도들이 은혜롭게 받아들여 준다고 해서 불성실에 대한 책임까지 회피하려고 하면 안 된다.

예배의 요소와 함께 예배의 시간에 대해서 늘 생각해야 한다. 미리 준비하고 계획해서 전적으로 하나님께 영광을 돌리는 순서만이 정해진 시간 내에 드려지도록 최선을 다해야 한다. 준비가 부족할수록 예배가, 프로그램이 길어질 수 있다. 담당자가 순서를 확인하지 않아서, 프로그램에 대한 이해가 부족해서, 혹은 진행이 매끄럽지 않아서 길어질 수도 있다. 철저히 준비할수록 시간은 짧아진다.

시간을 지키는 예배, 마음을 지키는 예배

오늘날의 주일 예배는 두세 번의 예배가 드려지는 것이 보통이기 때문에 주차장의 상황과 교회학교의 상황을 고려해서 예배 시간을 생각하지 않을 수 없다. 예배 한 시간 안에 많은 순서가 있다. 기도와 찬양과 설교가 제일 많은 시간을 차지한다. 앞서 언급했지만, 설교는 철저한 준비가 있어야 한다. 내용만이 아니라 전달하는 방법에 대해서도 철저히 준비되어야 한다.

예배 시간에 성도들이 힘들어하는 순서 중 하나가 대표 기도다. 어렸을 때의 기억에도 보통 장로님들의 기도가 짧게는 5분에서 길게는 10분 이상이었다. 물론 기도도 은혜로우면 길어질 수 있다. 그러나 기도 시간은 한주간의 뉴스를 듣는 시간이 아니다. 교회 전체 사역을 보고하고 듣는 시간도 아니다. 무슨 말인지 눈치 챘을 것이다. 기도를 마치 뉴스 앵커가 된 듯이 교회 소식, 교계 소식, 나라 소식을 다루는 시간처럼 기도하는 경우가 있다. 어떤 경우는 기도를 하는 것인지, 설교를 하는 것인지 분간이 안 되는 경우도 있다. 이것 또한 성도들에게는 공포의 시간이 될 수 있다.

특히 임직식에서 축사와 권면의 시간은 공포 중에 공포다. 보통 축사를 두세 사람에서 많게는 다섯 사람도 하는데, 한 사람이 5분씩만 해도 25분이다. 그런데 한 사람이 10분 이상, 어떤 사람은 20분 이상 하기도 한다. 그러면 다시는 임직예배에 참여하고 싶지 않다. "좋은 글은 보탤 것이 없는 글이 아니다. 뺄 것이 없는 글이다"라는 말이 있다. 좋은 설교도 마찬가지다. 보탤 것이 없는 것보다 뺄 것이 없을 만큼 압축되고 농축된 설교가 좋은 설교다.

오래 기도해야 들으시는 것이 아니라고 성경에서 말씀한다. 중언부언에 대해서 경고하시면서 주님께서는 하나님께 진정의 기도를 드리라고 말씀하셨다. 신령과 진정으로 드리는 기도는 시간의 길이 문제가 아니다. 하나님께서 기도에 응답하시는 이유는 정성 드려 기도해서가 아니라, 주님의 이름으로 기도하기 때문이라는 사실이다. 기도하는 사람이 의로워서 응답하시는 것이 아니라, 주님의 보혈 때문에 응답 주시는 것이다. 오래 기도해서, 간절하게 기도해서 들어주시는 것이 아니다.

간증 같은 경우는 평신도들이 하는 경우가 많기 때문에, 교회 사역에 참여 의식을 높이고, 성도들의 신앙고백을 통해서 많은 도전을 줄 수 있기에 참 필요하고 유익한 시간이다. 그런데 간증을 원고 없이 하게 되면 3분 내에 정확히 끝낼 수 있는 사람은 많지 않다. 더군다나 예배 시간은 한정되어 있는데 조금이라도 길어지면 전체 예배 시간이 길어지기 때문에 철저히 계산하여 준비하는 것이 좋다.

선교사들이 오랜만에 귀국해서 선교 보고를 하는 경우에도 두 시간 이상이 걸리는 경우가 보통이다. 모처럼 고국에 와서, 한국 성도들 앞에서 선교 보고를 하는 선교사의 입장에서는 충분히 흥분된 마음 때문에 시간 가는 줄 모르고 길게 할 수 있다. 그러나 아무리 시간을 할애해도 그 많은 선교 사역의 보고를 끝낼 수는 없다. 모든 선교 사역을 말로 하려고 하면 일주일을 해도 부족하다. 그러므로 선교사님에게 미리 시간을 알려드리고 재확인하는 것이 중요하다. 성도들이야 모처럼 선교사님께서 사역의 열매에 대해서 열정을 가지고 선교 보고를 하시는데 뭐라고 말은 못한다. 그러나 목회자의 입장에서는 다음 날 출근하는 성도들을 배려하지 않을 수도 없다.

몇 년 만에 설교를 하는 선교사 같은 경우나 모처럼 타 교회 헌신예배에 초청된 목회자들은 하고 싶은 말이 많다. 그래서 하고 싶은 말을 다 하려고 아예 작정하는 사람들도 있다. 목회자는 늘 성도들의 사정과 상황을 고려하고 배려해야 한다. 외부 강사에게는 실례가 되지 않도록 설교 시간에 대해서 미리 말해 주는 것이 좋다. 예배 중에 벌떡 일어나서 나갈 성도들은 없기 때문에 목회자가 성도들이 경험하는 시간의 공포에서 벗어나도록 해야 한다.

시간은 금보다 귀한 신뢰를 지킨다

시간에 대해서 목회자가 철저히 지킬 때에 성도들의 의식과 태도도 바뀐다. 목회자는 예배, 프로그램에 대한 시간 관리도 철저하지만, 목회자가 본인의 시간 사용에 대해서도 명확하고 질서가 있어야 한다. 병환이나 어려움 등으로 시련 중에 있는 성도들에 대한 심방이나 만남은 어떤 스케줄을 뒤로하고라도 먼저 해야 한다. 그러나 교회의 목회와 직접 관련되지 않은 경우에는 최소화 할 필요가 있다. 시간관념이 없는 사람들과의 약속에 대해서는 사전에 만나는 시간에 대한 제한을 둘 필요가 있다. 목회자의 시간 관리는 곧 성도들을 돌보는 에너지와 연관이 되기 때문에 철저히 본인 스스로의 기준을 가지고 관리하는 것을 배워야 한다. 목회자가 시간을 지켜야 성도들의 마음을 지킬 수 있기 때문이다. 시간을 지키는 것은 신뢰를 지키는 것이다.

백도천경 –
백 번의 기도, 천 번의 말씀

> 자신의 죄를 가장 많이 깨달을 때 가장 죄가 적다. 자신의 무지를 깨달을 때 가장 지혜로우며(솔로몬), 자신이 가장 많은 지식을 쌓았다고 믿을 때 실상 가장 무력하다. 때로는 아무것도 하지 않는 것이 가장 많은 일을 하는 것이고, 가만히 서 있는 것이 가장 멀리 가는 것이다. 고난 중에 기뻐할 수 있으며, 슬픔 중에도 행복할 수 있다.
>
> A. W. 토저, 「나는 진짜인가, 가짜인가」

나의 죽음을 알려라

이순신 장군이 화살에 맞아 죽어 갈 때 자신의 죽음을 적들에게 알리지 말라고 부탁했다는 사실을 알 것이다. 자신의 죽음이 적에게 알려져서 적의 사기가 올라가고 아군의 사기가 떨어질 것을 염려했기 때문이다. 그러나 목회자는 자신의 죽음을 알려야 한다. 아니, 정확히 말하면 목회자가 죽은 사람이라는 것이 분명할 때 성도들의 존경을 받는다. 목회자가 죽었는데 누가 목회에 대해서 시시비비를 가리려고 하겠는가? 무슨 생뚱맞은 소리인가 할 텐데, 목회는 자신은 죽어 없어지고 오직 예수만 남아야 한다.

너무 근본적이고도 원론적인 이야기지만, 목회자가 제일 먼저 죽어야 할 것이 자존심이다. 자존심을 버려야 한다는 것은 '목회자가 이런 것까지도 해야 하는가' 하는 마음을 버려야 한다는 말이다. 종이 되어야 한다는 말은 결코 추상적인 말이 아니다. 요 사이 교회에서는 '종' 이라는 말이 높임말이 되어 버려서, 목회자를 가리켜 '주의 종' 이라고 하다 보니 어떤 사람은 '주의 종님' 이라고까지 한다. 그런데 종에 높임말을 붙이는 것이 오히려 어색하고 맞지 않는 표현이다.

예수님을 주님(the LORD)으로 섬긴다는 것은 내가 철저히 종이 된다는 의미다. 예수님을 '주님' 이라고 하니 그 말의 어감이 분명하게 전달이 안 되는 경우가 있다. 교회에서 늘 사용하던 단어라서 그저 무의식적으로 사용하다 보면 말의 본래적인 의미에 대한 생각은 못하게 된다. '주님' 이라는 뜻은 '주인님' 이란 뜻이다. 예수님이 우리의 주인이요, 주인님이시다. 예수님이 주인 될 때 우리는 종이라고 할 수 있다. 우리가 종이 될 때 예수님이 주인 되신다. 그러므로 예수님이 주인이시면 기도의 태도가 달라져야 한다. 어떤 사람은 기도하면서 종의 자세를 잊어버리고 잃어버리는 경우가 있다. "주님, 왜 그러셨어요. 왜 저입니까? 왜 우리가 이런 일을 당해야 하죠?" 한다. 이런 말은 종이 할 수 있는 말이 아니다. '왜?' 는 주인이 종에게 할 수 있는 말이다. 종이 할 수 있는 기도는 "주님, 어떻게 할까요? 무엇을 원하십니까? 어떻게 하면 기쁘시겠습니까?" 를 먼저 물어야 한다. 종의 기도는 '왜' 가 아니라 '어떻게' 가 되어야 한다.

나는 아들에게 가지만 아들은 돌아오지 않는다

목회에서도 다르지 않다. 주의 종이면 "왜 내게 이런 일이?"가 아니라, "이제 무엇을 할까요? 어떻게 할까요?"가 되어야 한다. 너무 추상적인가? 목회하면서 어려움을 경험한 사람은 선뜻 무슨 의미인지 이해가 될 것이다. 인생에 어려움이 닥쳐오면 우리는 묻는다. "왜 이런 일이 일어나야 합니까?" 그러나 종의 믿음과 자세는 그 이유를 알 수 없는 고난이 온다 할지라도, 다음에 해야 할 '어떻게'(how)를 묻는 것이다.

목회가 어려움에 처할 때 다윗의 '삶의 위기에 대한 자세'를 생각할 필요가 있다. 다윗이 우리아를 죽게 하고, 밧세바와 낳은 아들을 하나님께서 치셔서 죽게 되었을 때 다윗의 다음 행동을 주목해 보라.

> "우리아의 아내가 다윗에게 낳은 아이를 여호와께서 치시매 심히 앓는지라 다윗이 그 아이를 위하여 하나님께 간구하되 다윗이 금식하고 안에 들어가서 밤새도록 땅에 엎드렸으니 그 집의 늙은 자들이 그 곁에 서서 다윗을 땅에서 일으키려 하되 왕이 듣지 아니하고 그들과 더불어 먹지도 아니하더라 이레 만에 그 아이가 죽으니라 그러나 다윗의 신하들이 아이가 죽은 것을 왕에게 아뢰기를 두려워하니 이는 그들이 말하기를 아이가 살았을 때에 우리가 그에게 말하여도 왕이 그 말을 듣지 아니하셨나니 어떻게 그 아이가 죽은 것을 그에게 아뢸 수 있으랴 왕이 상심하시리로다 함이라 다윗이 그의 신하들이 서로 수군거리는 것을 보고 그 아이가 죽은 줄을 다윗이 깨닫고 그의 신하들에게 묻되 아이가 죽었느냐 하니 대답하되 죽었나이다 하는지라 다윗이 땅에서 일어나 몸을 씻고 기름

을 바르고 의복을 갈아입고 여호와의 전에 들어가서 경배하고 왕궁으로 돌아와 명령하여 음식을 그 앞에 차리게 하고 먹은지라 그의 신하들이 그에게 이르되 아이가 살았을 때에는 그를 위하여 금식하고 우시더니 죽은 후에는 일어나서 잡수시니 이 일이 어찌 됨이니이까 하니 이르되 아이가 살았을 때에 내가 금식하고 운 것은 혹시 여호와께서 나를 불쌍히 여기사 아이를 살려 주실는지 누가 알까 생각함이거니와 지금은 죽었으니 내가 어찌 금식하랴 내가 다시 돌아오게 할 수 있느냐 나는 그에게로 가려니와 그는 내게로 돌아오지 아니하리라 하니라"(삼하 12:15~23).

다윗은 아들이 죽음의 경각에 달렸을 때는 금식하며 울었는데, 정작 아들이 죽자 샤워를 하고 음식을 먹었다. 상식적인 생각은 아들이 죽게 되면 오히려 더욱더 슬퍼하는 것인데, 다윗은 아들이 죽자 일상으로 돌아왔다는 것이다. 그런데 실은 이것이 믿음의 모습이다. 기도의 제목을 놓고 응답하실 때까지 기도하지만, 이미 하나님께서 결정하신 일에 대해서는 "아멘" 하고 순종하는 것이 믿음이다. 하나님이 "Yes" 하셔도 아멘이지만, 하나님이 "No" 하셔도 아멘이다. 그것이 순종이다.

아들이 살아 있을 때는 자신의 죄를 회개하고 금식하면서 죽을 만큼 간절하게 기도했지만, 하나님께서 아들을 데려가셨으니 다윗은 "내가 아들에게는 가겠지만, 아들이 내게 오는 일은 이제 없다"고 하면서 하나님의 섭리와 결정에 순복한다. 이것이 고통과 고난에 대한, 그리고 목회의 위기에 대한 자세요, 종의 태도다. 그리고 일상으로 돌아가는 것이 믿음이다. 하나님께서 이미 결정하셨으니 슬픔을 뒤로하고 밥을 먹는 것이 믿음이다. 부모님이 돌아가시면 밥을 먹는 것도 죄송하다. 그러나 슬픔 때문에 일상으로 돌아가지 않는 것을 좋아할 부모는 없다. 다시 만날 소망으로 힘을 내어 일어나는 것이 믿음이다.

머슴론

종은 곧 노예다. 우리나라 말로 하면 '머슴'이다. 쉽게 말해서, 마당 쇠, 돌쇠가 머슴이요, 종이요, 노예다. 종이 할 수 있는 일, 섬김의 한계는 어디까지인가? 종이 주인을 섬기고 무엇을 기대할 수 있는가? 종이 최선을 다해서 섬기고 기대할 것은 칭찬이 아니라 다음에 할 일이다.

> "너희 중 누구에게 밭을 갈거나 양을 치거나 하는 종이 있어 밭에서 돌아오면 그더러 곧 와 앉아서 먹으라 말할 자가 있느냐 도리어 그더러 내 먹을 것을 준비하고 띠를 띠고 내가 먹고 마시는 동안에 수종들고 너는 그 후에 먹고 마시라 하지 않겠느냐 명한 대로 하였다고 종에게 감사하겠느냐 이와 같이 너희도 명령 받은 것을 다 행한 후에 이르기를 우리는 무익한 종이라 우리가 하여야 할 일을 한 것뿐이라 할지니라"^(눅 17:7~10).

종은 자신의 위치에 대한 분명한 정체성을 가져야 한다. 명성교회 김삼환 목사님은 목회자가 가져야 할 분명한 신학을 '머슴론'이라 정의하신다. 목회자는 철저히 머슴이 되어야 한다는 것이다. 머슴에게는 자존심도 없고, 가진 것도 없고, 기대할 것도 없다는 것이다. 무조건적인 순종, 그것만이 머슴이 생각할 것이다.

목회자가 성도들에게 심방을 가기 위해서, 프로그램을 알리기 위해서 혹은 적극적으로 참여하도록 독려하기 위해서 얼마나 전화할 수 있을까? 언젠가 얼마나 많은 시간을 전화했는지 확인해 보았더니 한 달에 100시간을 전화한 적이 있었다. 전화기를 붙잡고 살았던 한 달이었다. '내가 목사인가 전화 교환수인가?' 라고 착각될 만큼 전화통만 붙잡고 있을 때도 있다. 모든 교회가 그렇게 해야 한다는 말이 아니다. 목회자가 그렇게까지 전화기를 붙잡고 전화하면서 성도들의 참여를 구하는 열정을 성도들도 알더라는 것이다. "계속 전화하면 타성에 붙어서 성도들도 점점 흥미를 잃지 않을까요?" 이런 말은 또 다른 열정으로 전화하는 것을 대신할 때 할 수 있는 말이다. '못하는 것' 보다 혼날 일은 '안 하는 것' 이다. 한 달란트를 땅에 묻어 둔 종은 '못해서' 책망 받은 것이 아니라 '안 해서' 책망 받았다는 사실이다.

> 의욕 없이 사는 것과 정신없이 조급하게 사는 것은 사탄의 역사보다 더 악하다. 하나님께서는 이러한 삶에 대하여 심각하게 책임을 물으실 것이다. 의욕 없이 살아가는 것은 하나님께 대한 완전한 모독이다. 마찬가지로 조급한 삶은 힘없는 삶의 극단으로서 하나님께 큰 모독을 안겨드리는 삶이다.
>
> 오스왈드 챔버스, 「창세기 강해」

목회자가 전화 교환수 같으면 어떤가? 오히려 전화 한 통을 해도 감탄을 자아낼 만큼 제대로 해야 한다. 뭐를 하든 대충하는 것은 없어야 한다. 전화를 했다 하면 100시간도 할 수 있다.

백도천경

장신대학교 나채운 교수님의 휘호가 '백도천경'이라고 말씀하시는 것을 들었다. 국어학자로, 성경 번역자로 평생을 살아오셨기에, '백 번의 기도, 천 번의 말씀'이란 뜻이라고 들었다. 백 번을 기도하면 성경을 천 번은 봐야 한다는 말씀이셨다. 이 말씀을 전도에 한번 적용해 본다. 성도들을 위해서 기도하는데, 안 믿는 사람들을 찾아가는데 백 번을 기도해 주고 말씀을 천 번 전하면 왜 안 되겠는가? 조지 뮬러는 한 친구를 전도하기 위해서 수십 년을 기도했다고 하는데, 왜 안 될 것이라고 먼저 포기하는가? 전도는 모든 성도뿐 아니라 목회자에게도 예외 없는 사명이요, 주님의 지상명령이다. 그렇다면 교회에 열심히 나오던 성도인데 어느 날부터인가 나오지 않는다면 몇 번이나 찾아가야 할까? 백도천경이다.

교회를 위해서는 못할 것이 없다

몇 년 전에 방영된 〈선덕여왕〉이라는 역사 드라마에서 선덕여왕의 숙적(宿敵)인 '미실'이라는 여인은 신라의 실질적인 권력을 손에 쥐고 있는 여인이다. 아직 선덕여왕이 왕위에 오르기 전에 선덕여왕이 미실에게 묻는다. "당신같이 능력 있고 똑똑한 사람이 신라를 다스리고 있는데 왜 신라는 이렇게 힘이 없을까 궁금했는데 그 이유를 알았습니다. 당신은 신라의 주인이 아니기 때문입니다. 당신이 신라의 주인이라면 백성들의 어려운 형편을 모른 척하지 않았을 것입니다. 당신이 신라의 주인이라면 자신의 안위와 영광만을 위해서 살지 않았을 것입니다." 참 의미 있는 대사였다. 목사는 드라마를 봐도 설교가 생각나고, 은혜를 끼칠 것이 생각난다.

선덕여왕의 말인 즉은, 주인의식을 갖고 있는 왕이라면 백성의 안위와 평안을 먼저 생각한다는 것이다. 적어도 자신의 부귀영화보다는 백성을 먼저 생각하는 왕이 진정한 왕이요, 나라의 참된 주인이라는 것이다. 교회의 머리는 예수 그리스도이시다. 그래서 예수님은 먼저 희생하셨다. 참으로 만유의 왕이 분명하시다. 문제는 목회자와 성도들이다. 모든 성도들과 목회자는 주인의식을 갖고 있어야 한다. 자기 자신을 먼저 생각하기보다 다른 사람을 먼저 생각하고 배려하는 사람이 주인이다. "이 교회는 왜 이리 지저분해?"라고 말한다면 그 사람은 교회의 주인이 아니다. '손님의식'을 갖고 있는 사람이다.

주인의식을 갖고 있는 사람은 '내가 이곳의 주인이야' 하면서 주인 행세만 하는 사람이 아니라, 교회에 휴지나 쓰레기가 하나라도 떨어져 있다면 줍는 사람이다. "이 교회는 왜 이리 사랑이 없어?" 이렇게 말한다면 이 사람은 그 교회에 다닐지라도 주인의식이 없는 사람이다. 주인의식을 갖고 있는 사람이라면 사랑받기보다는 사랑하기를 먼저 하고, 대접받기보다는 상대방을 먼저 배려하는 사람이다. 주인의식을 가진 사람은 다른 사람을 탓하지 않는다. 누구를 탓하기보다는 먼저 자신이 할 일을 생각하는 사람이 주인이기 때문이다. 집에 불이 났는데 "누가 불을 질렀어? 조심해야지" 하면서 책망하고 책임부터 따질 사람이 어디 있는가? 당장 불부터 꺼야 한다. '내가 이런 것까지 해야 하는가' 하는 생각을 하는 사람은 주인이 아니다. 가정에서 필요 없이 등이 켜져 있다면 누구라도 먼저 끌 것이다. 지저분한 곳이 한 군데라도 있다면 먼저 치울 것이다. 그렇다면 성도들의 귀한 헌금으로 교회의 살림을 해 나가는데 교실에 켜져 있는 등 하나도 지나칠 수 없는 것이다. 목회자라도 해야 한다. 장로라도 해야 한다. 주인의식을 가진 사람이라면 누구든지 해야 한다. 교회를 위해서는 못할 것도 없고, 안 할 것도 없다.

부흥은
눈물 속에 있다

이 세상이 너무 슬퍼서 사랑하지 못하겠다거나 너무 기뻐서 사랑할 수밖에 없다는 것이 아니다. 요점은 어떤 한 가지를 사랑할 때 그것이 주는 기쁨은 그것을 사랑하게 하는 이유이며, 그것이 주는 슬픔은 그것을 더욱 사랑해야 할 이유라는 것이다. 영국에 대한 모든 낙관적인 생각과 영국에 관한 모든 비관적인 생각은 영국의 애국자에게는 서로 다를 게 없는 명분이다.

G. K. 체스터턴, 「오소독시」

눈물의 목회, 부흥을 이루다

체스터턴은 한 나라를 사랑하는 애국자에게는 조국의 낙관적인 면이나 비관적인 면이 애국심에 영향을 주지 않는다고 말한다. 이 글을 보면서 목회자가 성도를 사랑할 이유가 필요한가에 대해서 생각해 본다. 목회자가 성도를 사랑할 때 이유가 필요한가? 이유를 굳이 말하라고 한다면, 목회자의 능력이나 인격으로 사랑하는 것이 아니라, 하나님께 받은 넘치는 사랑으로 성도를 사랑하는 것이다.

눈물로 목회하는 한 목사님의 말을 들었다. 새 가족이 교회에 오면 일일이 한 사람 한 사람 대화를 나누고 듣기도 하면서 반겨 주는데, 특별히 그렇게 눈물을 많이 흘린다고 한다. 주일마다 담임목회자가 성도 한 사람 한 사람을 반갑게 맞아 주면 성도들에게서 이런저런 기도 제목이 나오고, 가정의 어려움들이 하나둘씩 고백되어 나온다. 그때마다 목사님은 진심 어린 말로 위로하며 격려하고, 자신의 일인 것처럼 끌어안고 기도하면서 함께 눈물을 흘렸다고 한다. 그런데 그 모습에 많은 성도들이 감동을 받고 등록을 하게 되면서 많은 사람이 모이는 교회가 되었다는 것이다.

사람들에게 "힘든 일 있지요? 힘들어 보입니다"라고 말해 보라. 그렇지 않다고 말하는 사람이 별로 없을 정도다. 아무리 경제적으로 넉넉하고 사회적으로 존경받는 직업을 갖고 있다고 해도 기도 제목 없는 집이 없다. 가정마다 삶의 애환이 있고, 슬픔이 있고, 기도 제목이 있다.

어려움을 겪는 사람에게는 누구나 흔히 할 수 있는 말로 위로하지 않는다. "힘들지요? 시간이 지나면 다 해결돼요. 모두 힘들어요. 힘들지 않은 사람은 한 사람도 없어요. 기도합시다" 같은 뻔한 위로가 아니라, 그 말 한마디에 진심과 사랑이 담겨 있으면 그 사랑에 녹지 않을 마음이 없다. 그 가정의 상황을 알고서 이해하면서 위로하는 것과, 그저 목사로서 책임감과 의무감을 가지고 기도해 주는 것은 전혀 다른 무게와 감동으로 성도들에게 전달된다. 성도들은 담임목회자가 자신의 가정을 위해 그동안 얼마나 기도했는지 아는 것이다. 그 마음이 성도의 마음속에 그대로 전달되고 느껴지는 것이다.

성도를 공감하는 목사

목회자의 눈물이 의미하는 것은 무엇일까? 그것은 바로 '공감'이다. '나도 당신의 아픔을 공감합니다. 느낍니다'는 메시지가 바로 눈물이다. 왜 눈물이 날까? 목회자가 성도의 영혼을 생각하고 가정을 생각하면 눈물이 나는 것이다.

나사로의 죽음 앞에 주님께서 우신 이유에 대해서 해석이 분분하다. 이미 그 죽음을 예견하신 주님께서 왜 우셨을까? 그 이유는 생각보다 단순하다. 나사로를 사랑해서다. 예수님이 늦게 오신 것에 대해서 안타까워하고, '예수님은 죽은 사람은 못 살리는가' 하고 의심하는 사람들에게 화가 나서 우시는 것이 아니다. 예수님의 능력을 믿지 못하는 나사로의 식구들과 주님의 능력을 의심의 눈초리로 바라보는 사람들을 쳐다보기 민망해서 우시는 것이 아니다. 나사로를 향한 사랑과 안타까움 때문이다. 그가 느꼈을 죽음의 고통과 아픔을, 옆에서 울고 있는 마르다와 마리아의 눈물을 공감하고 계셨기 때문이다.

> "우리에게 있는 대제사장은 우리의 연약함을 동정하지 못하실 이가 아니요 모든 일에 우리와 똑같이 시험을 받으신 이로되 죄는 없으시니라 그러므로 우리는 긍휼하심을 받고 때를 따라 돕는 은혜를 얻기 위하여 은혜의 보좌 앞에 담대히 나아갈 것이니라"(히 4:15~16).

예수님은 인간의 연약함을 체휼(體恤)하신 분이다. 몸으로 직접 겪으신 분이다. 하늘에서 영으로 내려오신 분이 아니다. 그렇기 때문에 "하나님은 하늘에 계셔서 우리를 이해 못하셔. 하나님이니까 그렇지"라고 말할 수 없다. 마음은 서로 통하는 법이다. 세 살짜리 아기도 누가 자신을 제일 좋아하는지를 안다. 그래서 아기들도 자기를 제일 좋아하고 예뻐하는 어른에게 제일 먼저 간다. 하물며 자신을 위해서 진심으로 눈물 흘리며 기도하는 사람에게 어찌 감동하지 않을 수 있겠는가?

눈물이 나지 않는 목자

장례를 치르고 온 가족들이 예배당에 앉아 있는 것이 보인다. 담임목회자의 눈에서 눈물이 흐른다. 누군가가 손수건을 강단 위로 올려 드린다. 성도들은 목자의 양이다. 수십 년의 세월을 담임목회자와 함께해 온 믿음의 동지다. 함께 울고 웃으며 지나온 세월이 얼마인가? 목회자도 먼저 하나님 나라에 가신 분을 생각하니 눈물이 난다. 보고 싶어서 눈물이 난다. 담임목회자가 우는 그 모습에 유가족들도 운다.

어느 목사님의 고백을 들은 적이 있다. 아직 은퇴가 한참 남았는데 사임하고 개척을 하겠다고 교회에 선포를 하셨다. 이유는 다른 것이 아니다. 처음 개척하고 교회가 성장할 때는 성도들의 기도 제목만 들어도 눈물이 났는데, 이제는 눈물이 나지 않는다는 것이다. 이것이 사임 이유의 전부다. 그래서 교회를 사임하고 다른 곳에 개척을 하셨다는 말씀을 들은 적이 있다.

눈물을 강조하는 것이 아니다. 목회자가 울어야 한다는 것을 말하는 것이 아니다. 성도들의 삶을 함께 끌어안아 주는 목자가 되어야 한다는 말이다. 이사야가 그랬다. 예레미야가 그랬다. 이사야와 예레미야 때에는 이스라엘이, 나라가 기울고 있었을 때다. 나라가 어렵고 교회가 어려우니까, 성도들이 힘들어하던 때니까 자연스럽게 울 수 있었는가? 아니다. 오히려 지금이 그때에 비하면 훨씬 더 많은 어려움과 슬픔의 때를 지나고 있다. 오늘처럼 기독교 신앙이 세상에서 위협받고 조롱당하며, 교회가 사회에서 손가락질당하고, 신문과 미디어에서 세상 사람의 입에 오르내린 적이 있었을까 싶다. 이사야와 예레미야는 국가적 위기 때문에, 성도들이 겪는 사회적 고통 때문이 아니라, 신앙의 위기 때문에 눈물을 흘렸다. 나라의 위기를 걱정할 것이 아니라 이스라엘의 불신앙을 염려해야 하는데 아무도 그 사실을 모르는 것이다. 그러니 울 수밖에 없다.

지금은 울어야 할 때다. 악한 것을 악한 것으로 여기지 않는 시대에 목회자의 눈에 눈물이 마를 겨를이 없다. 죽어 가는 북녘의 동포를 보면서도 '통일이 되면 우리 밥그릇이 위협을 받잖아. 우리가 어떻게 저 많은 북한 사람들을 먹여 살려? 그러다가 같이 망하지' 마음속에 애통이 사라졌다. 목회자는 성도들이 보지 못하는 것을 보아야 한다. 영어로 'compassion' 이란 단어는 '동정심' 이라고 번역한다. 고난(passion)을 함께(com) 느낀다는 말이다. 'Compassion' 은 성경에서 말하는 긍휼의 마음이다. 긍휼의 마음이란 고통당하는 사람들의 아픔을 외면하지 않는 것이다.

> "예수께서 대답하여 이르시되 어떤 사람이 예루살렘에서 여리고로 내려가다가 강도를 만나매 강도들이 그 옷을 벗기고 때려 거의 죽은 것을 버리고 갔더라 마침 한 제사장이 그 길로 내려가다가 그를 보고 피하여 지나가고 또 이와 같이 한 레위

인도 그 곳에 이르러 그를 보고 피하여 지나가되 어떤 사마리
아 사람은 여행하는 중 거기 이르러 그를 보고 불쌍히 여겨 가
까이 가서 기름과 포도주를 그 상처에 붓고 싸매고 자기 짐승
에 태워 주막으로 데리고 가서 돌보아 주니라"(눅 10:30~34).

제사장과 레위인이 고통 중에 있는 사람을 지나간 이유는 불쌍히 여
기지 않았기 때문이다. 'Compassion'이 없었기 때문이다. 'Compas-
sion'이 있는 목회자는 성도의 아픔을 공감할 수 있다. 제사장과 레위인
은 고통당하는 자를 보고도 무심하게 지나갈 만큼 무감각한 신앙인이
되었다는 것이다. 성도의 고통을 공감하지 못한다면 '고통 무감각증에
걸린 목사'다.

고통은 축복이다

나병의 무서움은 고통을 느끼지 못하는 것이다. 고통을 느끼지 못하
기 때문에 나병 환자들은 눈을 깜빡이지 않는다. 하루 종일 눈을 뜨고
있어도 아프지 않으니까 눈을 깜빡일 필요를 느끼지 못한다. 눈에서 피
가 나도 모른다. 그러다가 눈을 잃는 것이다. 손에 감각이 없으니까 물
건을 집을 때마다 있는 힘을 다 준다. 손에서 땀이 나고 진물이 나고, 허
물이 벗겨져도 모른다. 그렇게 하다가 손을 잃어버린다. 고통이 없는 것
은 축복이 아니라 저주다. 고통은 사람을 보호하기 위한 하나님의 보호
장치다.

나병은 통증 신호를 보내는 신경조직을 파괴한다. 통증을 느

끼지 못하는 사람들은 스스로 자기 몸을 해치게 된다. 감염이 시작되어도 통증 감각이 없기 때문에 상처 부위를 조심해서 다루라는 경고 역시 발동되지 않는다. "통증을 주신 하나님께 감사드려야 합니다. 제가 나병 환자들에게 주고 싶은 최고의 선물은 바로 고통입니다." 실제로 폴 브랜드는 3년 동안 인공 통증 시스템 개발 프로그램을 진행하면서 환자들에게 이 보호물을 선사하려고 노력했다.

도로시 클라크 윌슨, 「폴 브랜드 평전」

"너희를 박해하는 자를 축복하라 축복하고 저주하지 말라 즐 거워하는 자들과 함께 즐거워하고 우는 자들과 함께 울라"(롬 12:14~15).

'칼 있으마'(권위주의적인)를 가진 목사님이 계셨다. 권사님이 주일 날 손주를 안고 있으면 호통을 치는 분이셨다. "손주 보라고 권사로 임명한 줄 압니까? 당장 내려놓지 못해요?" 그렇지만 교회는 계속 부흥했다. 어려운 사람들을 돕기 위해 폐휴지와 빈 병을 모으는 일에 담임목사님이 손수 팔 걷어붙이고 앞장설 만큼 성실하신 분이셨기 때문이다. 바자회를 크게 열어서 1억 가까운 돈을 장학금과 불우이웃 돕는 일에 선뜻 기부할 만큼 어려운 사람을 돕는 일에는 누구보다 앞장서신 분이셨다.

권위적인 '칼 있으마'가 있는 분이셨지만, 긍휼의 마음을 가진 따뜻한 분이셨다. 한 권사님 남편이 사업을 하다가 부도가 나서 큰 아파트를 팔고 반지하 빌라로 이사를 갔다. 이 소식을 듣고 담임목사님이 심방을 가셨다. 평소에는 그렇게 강한 분이 예배를 드리기도 전에 눈물을 흘리시는 것이다. 목사님의 마음에 권사님이 겪으셨을 실패감과 좌절감이 느껴지는 것이다. 권사님도 목사님이 눈물을 흘리시는 것을 보면서 함께 엉엉 울었다. "목사님, 괜찮아요. 저는 괜찮아요. 이길 수 있어요."

성도의 고난에 눈물을 흘리는 목사, 목사를 존경하는 성도, 생각만 해도 감동이 밀려오지 않는가? 울어야 할 때 울지 못하는 것은 목회의 심각한 위기일 수 있다. 목회하면서, 성도를 섬기면서 왜 눈물이 없겠는 가? 우는 자들과 함께 우는 사람이 목회자다. 성도의 즐거움에 함께 즐거워하는 일이 목회다.

이 글을 보고 울지 않는 목회자를 정죄할 필요는 없다. 눈물을 강조하는 것이 아니라 성도와의 공감을 말하는 것이다. 성도를 이해하는 목회자를 말하는 것이다. 성도의 눈물을 가슴에 쓸어 담는 목회자가 건강한 목회자다.

축하를
잘하는 교회

신약성경에 기적이 없다면 믿기에 훨씬 쉬웠을 것이다. 그러
나 기적이 없는 신약성경은 믿을 만한 가치가 없다는 데 문제
가 있다. 기적이 없다면 우리는 그저 예수님을 스승으로 갖게
될 것이다. 그러나 기적이 있기에 우리는 구주가 있다.

그레샴 메이첸, 「기독교와 자유주의」

성도의 헌신을 그냥 넘어가지 않는 목회

서기관과 바리새인 몇 사람이 예수님께 표적을 보여 달라고 요청했
을 때 예수님은 요나의 표적을 말씀하셨다(마 12:29). 요나가 물고기 배 속
에서 회개하고 하나님의 메시지를 전했을 때 니느웨 사람들이 회개하
였다. 그런데 요나는 니느웨 사람들이 멸망하지 않고 회개하여 구원받
은 것이 마음에 들지 않았다. 요나서는 요나가 기록한 책이다. 그런데
요나가 자신의 그런 비뚤어진 마음을 그대로 기록했다는 것은 '니느웨
사람들이 망했으면 좋겠다' 는 자신의 잘못된 마음을 회개했다는 의미
이기도 하다. 요나의 회개를 정리하면, '니느웨가 망했으면 좋겠다' 에
서 '니느웨를 구원한 하나님을 찬양합니다' 로 바뀌었다. 저주가 축복

으로 바뀌는 것, 저주하던 마음이 축복하는 마음으로 바뀐 것이 회개다.

부흥하는 교회의 공통점이 하나 있다. '축하하는 분위기'다. 부흥하는 교회는 분위기가 긍정적이고 환하고 밝다. 그리 대단할 것도 없는 일을 기어이 드러내서 축하하고 격려하는 분위기다.

"이번 주 제직훈련 수료하신 분들 한번 일어나 보십시오. 그 노력을 치하하고 수료하신 것을 축하하고 싶습니다. 이분들을 향해서 열렬히 박수로 격려해 줍시다." 그럼 온 회중이 박수를 하고 축하해 준다. 다음 주일이면 "이번 주에 에콰도르로 선교 나가시는 분들 어디 계신가요? 일어나 주실래요? 이번 주에 생명의 역사가 이분들을 통해서 에콰도르에서 놀랍도록 펼쳐질 줄 믿으시면 '아멘' 하십시다. 이분들을 향해서 두 팔을 펴서 축복하고 통성으로 기도하겠습니다. 잘 다녀오시도록 격려와 응원의 박수로 힘차게 박수해 주시기 바랍니다." 또 다음 주일에 "이번 주에 여름 성경학교에서 수고하신 선생님들은 다 그 자리에서 일어나세요. 우리 아이들을 신앙으로 가르치고 늘 인도하시고 수고하시는 선생님들입니다. 오늘뿐만 아니라 앞으로도 식사 대접도 해 주시고, 만날 때마다 격려해 주세요. 수고하신다고 박수로 힘차게 격려해 주시기 바랍니다." 그 다음 주일은 "이번 주에 부흥회 기간 동안 수고하신 찬양팀원들과 성가대원들은 다 일어나 주세요. 집회 때마다 제일 수고하시는 분들입니다. 다함께 박수로 힘차게 격려해 주세요." 또 한 주 뒤에는 "한 해 동안 사역원에서, 부서에서, 팀에서 그리고 교회 안에서 수고하신 장로님들, 권사님들, 집사님들은 다 일어나 주세요. 1년 동안 군복무하시듯이 수고하셨습니다. 열렬히 박수로 감사합시다."

부흥하는 교회의 분위기를 배워야 한다

어떤가? 이렇게 매 주일마다 박수가 있는 교회가 있다. 너무 박수가 많아서 박수 받는 사람들도 식상하게 느껴질 것 같은가? 별로 감동이 없을까? 그렇지 않다.

매 주일마다, 행사 때마다 알게 모르게 보이는 곳, 보이지 않는 곳에서 수고하는 많은 손길들이 있다. 많은 사람들의 헌신과 섬김이 없이는 교회가 역동적으로 움직일 수 없다. 물론 교회를 헌신적으로 섬기는 사람들이 누가 알아주기를 바라고 헌신하는 것은 아니다. 오른손이 한 것을 왼손이 모르게 봉사하는 것이다.

> "사람에게 보이려고 그들 앞에서 너희 의를 행하지 않도록 주의하라 그리하지 아니하면 하늘에 계신 너희 아버지께 상을 받지 못하느니라 그러므로 구제할 때에 외식하는 자가 사람에게서 영광을 받으려고 회당과 거리에서 하는 것 같이 너희 앞에 나팔을 불지 말라 진실로 너희에게 이르노니 그들은 자기 상을 이미 받았느니라 너는 구제할 때에 오른손이 하는 것을 왼손이 모르게 하여 네 구제함을 은밀하게 하라 은밀한 중에 보시는 너의 아버지께서 갚으시리라"(마 6:1~4).

그렇다고 헌신하는 사람들을 격려하지 않는 것이 성경적이고, 그렇게 해야 그 사람들이 하늘에서 상급을 받는 것일까? 격려하고 박수하면 하늘의 상급을 빼앗는 것일까? 오른손이 한 것을 왼손이 모르게 하라는 것은 선행을 베푸는 사람의 자세를 말씀하는 것이다. 다른 사람에게 보이기 위해서, 사람을 의식하고 헌신하지 말라는 말씀이다. 드러나지 않게, 아무도 모르게 헌신하는 것이 목적이 아니라, 주님의 영광을 드러 내기 위해서 헌신하라는 말씀이다. 아무도 모르게 하는 것 자체가 목적 이라면 그것조차도 사람을 의식하는 것이다. 헌신은 누가 알든지 모르든지 하나님의 마음을 가지고 하나님이 기뻐하시는 일을 하는 것이다. 그러므로 예수님의 이 말씀은 교회에서 성도들의 헌신을 알아주지 말라는 말씀이 아니다. 칭찬하지 말고 격려하지 말라는 말씀은 더욱 아니다. 오히려 주님께서 백부장의 믿음을 칭찬하신 것처럼, 삭개오의 회개를 칭찬하신 것처럼, 베드로의 신앙고백을 칭찬하신 것처럼 칭찬하고 격려하는 것이 바른 자세다.

> "예수께서 들으시고 놀랍게 여겨 따르는 자들에게 이르시되
> 내가 진실로 너희에게 이르노니 이스라엘 중 아무에게서도
> 이만한 믿음을 보지 못하였노라" (마 8:10).

교회의 분위기가 칭찬하는 분위기, 축하하는 분위기가 되어야 한다. 구원의 기쁨을 함께 기뻐하고, 성도의 헌신을 격려하고 감사하는 잔치가 교회 안에서 날마다 일어나야 한다. 교회에서 얼마나 많은 헌신들이 있는지 교인들이 아는 것이 바람직하다. 부흥은 전적으로 하나님의 은혜이지만, 부흥하는 교회 안에는 수많은 성도들의 헌신이 있다는 것을 알아야 한다. 헌신하는 분위기가 되어야 하고, 그 분위기에 많은 사람들이 기꺼이 헌신에 동참해서 함께 하나님 나라의 상급을 받도록 해야 한다. 그래서 서로 알아주고, 격려해 주고, 서로 감사하는 분위기가 되어야 한다.

충성해 주셔서 감사합니다

식당에 가서 음식이 깔끔하고 맛있으면 그 식당 주인에게 얼마나 감사한지 모른다. 자기가 속한 곳에서 자기의 역할을 충실히 감당하는 모습을 보면 왠지 감동이 온다. 그래서 그런 식당에서 나올 때 사장님이 계시면 "정말 맛있었습니다. 음식이 정말 깔끔하네요" 하고 인사를 했다. 옆에서 아내가 "너무 유난스러워 보여요"라고 말하는 바람에 자제를 하려고 하지만, 사회는 자신의 역할을 충실하게 감당하는 사람들 때문에 깨끗하게, 질서 있게 지켜지는 것이다. 하물며 하나님 나라에서 자기의 역할을 감당하는 성도들의 헌신은 더욱 귀하고 감사한 일이다. 이렇게 감사하는 분위기, 축하하는 분위기가 가능한 것은 영혼을 귀하게 여기는 분위기 때문이다. 한 영혼이 천하보다 귀하게 여겨지는 교회가 바로 축하하는 교회의 모습이다.

교회에서 진행하는 사역과 프로그램마다 일손과 수고가 필요하다. 교회에 일손이 필요할 때마다 직원을 고용하고 교회 재정으로 일을 하려고 하면 교회 재정은 유지비용만으로 모자랄 것이다. 그렇게 되면 선교도 한번 못하고, 자녀들 신앙 교육도 제대로 못하게 된다. 새 가족을 섬기고, 주차장에서 주차를 안내하고, 식당에서 봉사를 하고, 교사를 하고, 성가대에 헌신하는 이 모든 일들은 성도 한 사람, 한 사람의 헌신으로 이루어지는 것이다. 그러니 얼마나 서로 감사한 일인가?

서로를 알아주는 교회가 좋은 교회다. 목회자는 성도의 수고와 헌신을 알아주고, 성도는 목회자의 섬김과 사랑을 알아주는 교회가 좋은 교회다. 그래서 칭찬이 넘치는 교회가 건강한 교회다.

교회는 칭찬 발전소

충고는 아끼고 칭찬은 아끼지 말아야 한다. 사실 충고는 심각한 경우가 아니고는 교회에서 많이 필요하지 않다. 그러나 칭찬은 교회에서 너무 많이 필요하다. 교회는 '칭찬 발전소'가 되어야 한다. 고래를 억지로 가르치려고 해서는 고래를 길들일 수 없다. 고래도 칭찬을 통해서 훈련된다고 한다. 고래를 윽박지르다가는 오히려 고래에게 혼난다. 그러나 고래를 칭찬하면 고래를 춤추게 할 수 있다. '그 사람은 안 돼. 사람이 꽉 막혀 있어.' 그럴수록 포기하지 말라. 오히려 칭찬을 통해 훨씬 쉽게 접근하고 마음을 열 수 있다. 그래서 목회자에게 꼭 필요한 은사 중의 은사는 격려의 은사라고 할 수 있다. 격려가 무슨 은사가 될 수 있을까? 뻔히 거짓말인 줄 아는데도 "젊어 보이세요. 예쁘세요. 능력이 대단하십니다"라고 말하면 싫어하는 사람이 없다. 하물며 교회를 위해서, 하나님 나라를 위해서 헌신하는 성도들을 보면 억지로가 아니라 저절로 격려의 말이 나온다. 일주일 동안 일하다가 편히 쉬고 싶을 주말에, 주일에 교회에 와서 하루 종일 봉사하고 돌아가는 성도들을 보면 감사의 눈물이 난다. 개인적인 일 같으면 그렇게 헌신하도록 강권하지 못한다. 성도들도 개인적으로 누구를 돕는다고 하면 한계가 있다. 그러나 주님의 일이라고 하니 기쁜 마음으로 할 수 있다.

세상에 얼마나 재미난 일들이 많은데, 졸린 눈을 비비며 대충 신은 슬리퍼를 질질 끌면서 와도, 귀걸이와 코걸이를 하고 와도, 남녀가 팔짱을 끼고 앉아 서로의 어깨에 머리를 기대고 예배를 드리고 있어도, 청년들이 엉뚱한 곳에서 춤추고 술에 취해 있는 것이 아니라 교회에 나와 있다는 것은 희망적인 것이다. 너무 귀한 것이다.

어른들도 마찬가지다. 대대로 불교 집안이어서 절에 가서 헌신할 사람들이 교회에 와서 헌신하니 얼마나 귀한가? 세상의 유흥과 쾌락에 흔들리지 않고 예배를 사모해서, 비록 주일에 예배만 드리고 가는 성도라 할지라도 얼마나 귀한 일인지 모른다. 감사한 마음을 가지면 한없이 감사하다. 성도의 헌신을 귀하게 보고 알아주는 목회자가 되어야 한다.

누구를 임명할 자격은 없지만, 이 책을 읽는 모든 독자들을 '칭찬 발전소 소장'으로 임명한다.

떠나기 싫은 교회가 좋은 교회다

> 광고계에 잘 알려진 윌리엄 번벅. "다른 회사에서 우리 직원들을 자주 뽑아 가는 것을 생각하면 항상 웃음이 나온다. 그들이 진정으로 지혜롭다면 우리 회사의 분위기를 뽑아 가야 하는데. 수족관에서 제일 좋아하는 관상용 어류는 상어라고 한다. 상어는 환경에 적응하는 능력이 뛰어나기 때문이다. 작은 상어를 잡아 어항에 넣으면 그 상어는 어항 크기만큼 자란다. 어항에서는 15센티미터의 상어도 바다에 풀어 놓으면 원래 자랄 수 있는 만큼 크게 자란다고 한다.
>
> 존 맥스웰, 「인재 경영의 법칙」

'떠나기 싫은 교회'에 대해서 들어 보았는가? 그런 교회를 경험해 보았는가? 그럼 정말 좋은 교회에 있었던 것이다. 교회에 있을 때는 몰랐는데 떠나 보니 좋은 교회에 대해서 들어 보았는가? 그런 교회는 정말 멋지고 괜찮은 교회다. 설교가 좋고, 격려가 많고, 추억이 많고, 정이 많고, 박수가 많은 교회에 있다가 이 모든 것이 없는 교회를 생각해 보라. 떠나 보면 너무 그리운 것이다. 좋은 프로그램이 많고, 음식이 좋고, 대접을 잘 받아서 좋은 교회가 아니라, 사역에 있어서나 방향에 있어서, 태도나 자세에 있어서 보탤 것이 없는 교회는 분명 건강하고 축복된 교회다. 떠나고 싶은 교회가 아니라, 할 수만 있으면 계속 남고 싶은 교회가 좋은 교회다.

삼성 이건희 회장의 이야기를 읽은 적이 있다. 이건희 회장은 임원을 비롯해서 삼성 그룹의 출신들이 삼성을 떠나서도 좋은 추억이 있는 기업을 만들려 했다고 한다. 삼성에서는 실제로도 떠났다가 다시 불러오는 경우도 왕왕 있다고 하니, 떠났다고 해서 함부로 말하고 행동했다가는 다시 돌아오는 것을 생각할 수 없다. 회사를 떠났어도 좋은 기억이 남도록 좋은 대우를 하려고 노력했다는 말이 큰 도전이 되었다.

한 교회에서 부목사로 섬기다 담임목사로 다른 곳으로 부임한 한 목사님이 계셨다. 어느 날 전에 섬기던 선배 목사님이 근처 지역으로 부흥회를 인도하러 오신다는 소식에 달려갔다. 그런데 섬기던 목사님을 뵙는 순간 와락 껴안으면서 엉엉 우셨단다. 선배 목사님께서는 깜짝 놀라서 물으셨다. "김 목사님, 무슨 일 있어요?" "아니에요, 목사님. 그냥요. 목사님 뵈니까 왠지 눈물이 나네요." 선배 목사님의 보호와 그늘 아래 있다가 담임목사가 되어 과중한 목회의 무게에 지쳐 있다가 자신이 섬기던 목사님을 뵈니 친정아버지를 만난 듯이, 친정어머니를 만난 듯한 기분이 드셨던 모양이다.

친정아버지 같은 목사

목회자에게는 이런 포근한 마음이 필요하다. '언제 만나도 내 편'인 그런 목사님을 모시고 사는 것은 성도에게 큰 축복이 아닐 수 없다. "사촌이 땅을 사면 배가 아프다"는 말이 있다. '가족이라도, 친척이라도, 나보다 잘되면 질투가 난다'는 것이다. 그런데 하나님께서 목회자를 세우실 때 주시는 마음은 '성도의 아픔을 내 아픔으로, 성도의 기쁨을 내 기쁨으로' 느끼게끔 만드셨다는 사실이다. 어느 교회는 목회자 회의를 할 때 성도들에게 좋은 소식이 있으면 목회자들이 자기 일인 듯이 자랑을 하며 보고를 한다. 성도 가정에 어려움이 있으면 같이 울면서 그 문제를 위해서 기도한다. 목회자만큼 성도의 즐거움과 기쁨을 나누는 사람은 없다. 이런 목양자를 만나면 성도들은 늘 즐겁다. 목사님 앞에서 이야기만 해도 좋아한다. 어떤 목사님과 이야기를 나누는 사람들은 자주 눈물을 흘린다. 목사님과 이야기를 나누다 보면 그 사랑의 마음이 전달되기 때문이다.

부흥하는 교회에서는 늘 멋진 이별을 한다. 부교역자가 담임목사로 청빙되면 목회자 전체가 이별 만찬을 갖는다. 그리고 예배 시간에 성도들에게 부교역자의 담임목사 청빙 소식을 알리면서 축하하고 축복한다. 그러면 주 중에 많은 성도들이 식사를 대접하면서 축하하고 축복한다. 이렇게 2~3주 동안 동료 목회자와 성도들과 충분히 이별의 시간을 갖고 마지막 예배 때 인사를 하고 청빙 받은 교회로 간다. 그래서인지 떠나면서 눈물 흘리지 않는 목회자가 없다.

성도들 중에는 멀리 다른 도시로, 다른 나라로 이사 또는 이민을 가는 가정이 있다. 주일 예배 시간에 광고를 통해서 축복하고 그 가정을 위해서 기도한다. 셀에서도 이별의 순서를 갖는다. 어떤 때는 성탄 예배가 끝나고 모든 목회자가 달려가서 다른 나라로 떠나는 가정을 위해서 축복해 주고 기도하는 모습에서 '목자의 심정'을 발견하게 된다. 그러니 떠나는 성도들마다 아쉬움에 눈물을 흘리지 않을 수가 없다.

이별은 중요하다. 잘 이별해야 한다. 축복하면서 잘 보내는 것만큼 중요한 것도 없다.

축복하는 이별

어쩌다 보면 이별을 힘들어하고 잘 못하는 경우도 본다. 목회자가 다른 교회로 이임(移任)하게 되면 서운할 수 있다. 그렇지만 서운함이 지나쳐 '더 좋은 곳으로 가기 위해서 우리를 버리고 간다'는 생각까지 한다면 그것은 너무 지나친 생각이다. 더 큰 교회로 가는 것 자체가 목적이 되어서 목회의 사역지를 옮기는 목회자도 떳떳할 수는 없다. 그런 목회자가 전혀 없다고 할 수는 없다. 그러나 그런 경우라 할지라도 이별을 잘해야 한다. 목사는 성도를 축복하고, 성도는 목사를 축복하면서 보낼 수 있어야 한다. '그 목사님 아니면 안 된다'는 생각이 귀한 마음이기도 하지만, 너무 지나치면 하나님보다 사람을 의지하는 것이 된다.

부교역자가 사역지를 옮길 때 담임목회자라도 성도들에게 환영하는 분위기를 만들어 주면 좋은데, 담임목회자조차도 부교역자가 떠나는 것을 서운해 하고 섭섭해 하는 경우도 있다. 그러면 떠나는 사람도 미안하고, 서먹하고 어색하게 된다. 그럴 경우 뒤에 남아 있는 사람들에게도 부담을 주는 것이다. '내가 갈 때도 이렇게 힘들겠구나.' 부담을 갖고 사역을 하게 만드는 것은 목회자에게도, 성도에게도, 교회로서도 바람직하지 않다.

함께 동역하는 동안에 잘해 주는 것도 중요하지만, 떠날 때 멋진 이별을 하는 것도 중요하다. 축복하며 떠나보내고, 축하하면서 떠나보내는 것이 덕이 된다.

다시 만나도 좋은 만남

베델교회에서는 정기적이지는 않지만 간혹 담임목사로 떠난 베델교회 출신 목사님들이 모이는 경우가 있다. 그러면 모처럼 함께 동역하던 동지를 만나서 반갑고, 불러 주셔서 감사해 한다. 이전에는 부교역자였지만 이제 어엿이 한 교회의 담임목사가 되었을 때, 손 목사님께서는 본인과 동등한 담임목사로서 대우하고 예의를 갖추신다. 그리고 그 안의 목회를 들으면서 격려하고 칭찬할 이유를 찾아내서서 기어이 칭찬을 해 주신다. 그렇게 해서 이제는 함께 주님의 교회를 섬기는 동역자로서 생각해 주신다. 다른 나라로 떠난 성도들도 손 목사님이 부흥 집회를 가셨다가 만나는 경우가 있다. 어떤 때는 같은 지역으로 떠난 성도들이 모여서 손 목사님을 초청할 때도 있다. 이렇게 축복하면서 이별할 때 더 축복된 만남으로 이어진다.

'이별을 어떻게 하는가'도 목회자의 그릇의 크기를 알 수 있는 기준이다. 상어가 작은 어항에 있으면 어항의 크기에 자기 몸을 맞추듯이, 그릇이 작은 사람은 클 수가 없다.

이별을 통해서도 교회의 분위기를 알 수 있다. '그 목사님, 그 성도님 아니면 안 돼' 하는 마음은 그 목사님이 있을 동안에, 그 성도님이 있을 동안에 가져야 할 마음이다. 마치 그 목사님이 없으면 안 될 것처럼 존경하고 사랑하는 섬김이 필요하다. 그러나 떠날 때에는 '더 좋은 분을 우리 교회에 보내시리라' 기대하고 기도하면서 떠나는 분을 향해서 축복하는 교회가 건강한 교회요, 멋진 교회다.

교회의 프로그램을 접수하려고 하기보다는 축복하고 격려하는 분위기를 흡수하고 배워야 한다. '부흥은 마음이다. 프로그램이 아니다.' 하나님의 마음에서 부흥이 시작되고, 부흥을 열망하는 교회, 성도를 축복하고 목회자를 축복하는 교회가 부흥한다.

뒤에서
앞서 가라

칠십 대의 나이에 걸어서 아메리카 대륙을 횡단한 할머니. 처음부터 대륙을 횡단할 생각은 없었다. "그래서 달성할 수 있었던 것 같아요." 이야기의 배경인 즉, 어느 날 할머니는 손자로부터 운동화를 선물로 받았다. 기쁜 마음에 "우리 손자가 사 준 신발 신고 다른 주(州)에 사는 친구를 만나러 가야지." 이번에는 저쪽 주(州)? 이것이 아메리카 대륙 횡단의 시발점이었다는 것이다. 처음부터 대륙 횡단을 해내고 말겠다는 각오나 특별한 용기가 있었더라면 절대 불가능했을 것이라는 이야기이다.

히스이 고타로, 「3초 만에 행복해지는 명언 테라피」

리더는 앞서 가야 한다

이 모든 목회 감각을 다 적용한다 할지라도, 목회자는 뒤에서 앞서 가야 한다. 목회는 일이 되게 하는 것이라고 말했다. '일만 만드는 사람'이 있고, '일이 되게 하는 사람'이 있다면, 목회는 철저히 '일만 만드는 사람'을 '일이 되게 하는 사람'으로 만드는 것이다. 이 모든 것을 다 한 후에 목회자는 뒤로 빠지는 것이다.

물론, 목회자는 최소한 한 달을 앞서서 생각해야 한다. 일주일 앞두고 부랴부랴 하려고 하지 말아야 한다. 목회자는 앞서서 생각해야 한다. 최소한 한 달은 앞서서 생각해야 한다. 아니, 1년 동안의 큰 행사와 계획이 머릿속에 들어와 있어야 한다고 한다. "무슨 사역이든지 여러분은 전문가입니다. 프로페셔널입니다. 언제고 자신의 사역에 대해서는 꼭 컴퓨터를 열어 보지 않고도, 요약 메모가 없어도 머릿속에 있어야 하고, 정리해서 언제든지 말할 수 있어야 합니다. 그래야 차를 타면서도, 길을 걸으면서도 기도할 수 있습니다. 가슴이 움직여야 합니다. 그래야 목회가 되는 것입니다." 사역에 있어서 항상 앞서서 생각하는 것이 필요하다는 말씀이다. 리더(leader)란 무엇인가? 인도(lead)하는 사람을 리더라고 한다. 리더가 일정을 따라가기 바쁘고 겨우겨우 버텨 나가면 리더라고 할 수 없다. 그런 형편이라면 교회의 리더라 해도 일을 처리하기 바쁘다. 그러면 인도하지 못하고 인도당하는 수밖에 없는 것은 당연하다.

클래스를 인도하던 중에 한 선교사님 말씀에 모든 사람들이 폭소를 터뜨렸다. "염소는 끌고 가려면 힘듭니다. 염소는 몰고 가면 쉽습니다. 남자도 끌고 가려면 어려워요. 뒤에서 몰고 가야 합니다." 목회도 마찬가지다. 목회자가 성도들을 억지로 끌고 가려면 힘들다. 뒤에서 섬김과 희생으로 밀어 주고 당겨 주어야 한다.

목회 감각의 안테나

사역만 앞서서 생각할 뿐 아니라, 사고에 있어서도 전체적이며 종합적인 사고를 할 필요가 있다. 사고는 발전한다. 지식에도 '잡학 상식' 이 있고, 그 다음으로 '상식'이 있고, 그 다음으로 '분석적인 지식', 더 발전하면 '종합적인 지식', 제일 좋은 지식은 '창조적인 지식'이라는 것이다. 일리 있는 말이다. 목회자는 종합적인 지식과 함께 창조적인 지식을 가져야 한다. 한마디로 얕은 지식으로는 좋은 설교가 나올 수 없다. 창조적인 지식이 나올 수 없다. 그러면 귀가 얇은 사람이 된다. 다시 말해서, 이런 프로그램이 좋다고 하면 이쪽으로 따라가고, 저런 프로그램이 좋다고 하면 저쪽으로 따라가다가는 배가 산으로 가듯이 교회가 엉뚱한 곳으로 흘러갈 수 있다.

예를 들면, 열린 예배가 좋은가, 전통 예배가 좋은가? 언제쯤 열린 예배로 드리면 좋은가? 이런 질문부터가 모순이 있는 것이다. 무엇이 열린 예배고 무엇이 전통 예배인가? 복음성가를 많이 부르면 열린 예배이고, 찬송가를 많이 부르면 전통 예배인가? 조용히 엄숙히 드리면 전통 예배이고, 웃으면서 밝고 활기차게 드리면 열린 예배인가? 예배를 생각할 때 무엇을 먼저 생각해야 하는지 알고 있어야지, 너무 경향과 추세에만 맞추려고 하는 듯 보인다. 예배 인도자가 경건과 은혜 중심의 예배를 인도하면 그것이 곧 열린 예배요, 전통 예배다. 열린 예배를 하겠다면서 예배의 형식을 갑자기 바꾸는 것은 성도 입장에서 보면 마치 부잣집 며느리가 시집와서는 시댁 어른 허락도 없이 하루아침에 자기 맘대로 집안 분위기를 바꾸겠다고 하는 것과 다름없는 일이다. 그런 일은 성도들에게는 당황스러운 일이다. 먼저 목회자와 성도들의 관계가 우선이지, 무슨 프로그램을 할 것인가는 그 다음으로 생각할 문제다.

예배에 대해서는 목숨을 걸 만큼 목회의 중심에 있는 것이 예배다. 그런 예배를 목회자의 성향이나 취향, 성도가 바라는 대로 예배의 형식이 바뀌고 순서가 바뀐다면 그 예배가 온전한 예배일 수 있을지 걱정이다. 예배의 중심은 누가 뭐래도 하나님께 온전한 영광이 돌려져야 한다. 하나님께 온전한 영광이 돌려지는 예배가 동시에 성도들이 은혜 받는 예배다. 그렇다고 해서 성도들의 이해와 상식을 고려하지 않으면 안 된다. 성도들이 모르는 찬양을 하면서 찬양에 은혜를 받기는 쉽지 않다. 성도들이 모르는 이야기를 예화로 사용하는데 은혜 받을 수 없다. 앞서 간다는 것은 충분히 성도들을 이해한다는 것이다. 성도들이 필요로 하는 것을 먼저 안다는 것이 앞서 가는 목회의 정의다. 목회자의 품에서, 생각에서 성도가 떠나면 목회가 아니다. 앞서 가는 것과 혼자 가는 것을 구분할 줄 알아야 한다. 인도한다는 것은 동상이몽이 되면 안 된다. 목회자가 앞서 간다는 것은 동떨어져 가는 것이 아니다. 목회자는 성도들을 공감하고, 성도들은 목회자를 공감할 때 앞서 가는 목회가 된다.

앞서서 준비하지만 뒤에서 인도한다

목회자가 무엇이 필요한지를 느끼고 알 때에야 비로소 제대로 준비하고 바른 방향으로 갈 수 있다. 나는 필요가 목회자의 연구와 수고를 결정하는 가장 큰 힘이라고 생각한다는 것을 고백하고 싶다. 성도의 필요를 앞서서 준비해야 한다. 많은 성도들의 요청을 받고서야 움직인다면 이미 늦은 것이다. 언제나 목회자가 앞서서 갈 수는 없다. 그러나 준비되어 있어야 한다. 무슨 일이든지 시작할 준비를 갖추고 있어야 한다. 목회자의 '목회 감각 안테나'가 성도들의 필요를 먼저 알아차려야 한다.

무엇이든지 때가 되면 바로 시작할 수 있도록 성도들을 준비시키는 일이 목회자가 가져야 할 도전 정신이다. 그럼에도 모든 것을 뒤에서 준비하고 계획해야 한다. 뒤에서 한다는 말은 혼자서 하는 것이 아니라, 성도들과 함께하지만 성도들이 먼저 섬길 수 있도록, 오히려 성도들이 더욱 앞장서도록 해야 한다는 말이다. 목회자가 다 준비하고 계획한다 할지라도 리더십이 하도록 해야 한다. 참여적인 목회는 그런 것이다. 목회자 한 사람이 다 주동해서 일을 하다 보면 리더십이 성장하고, 훈련되고, 튼튼해질 수 없기 때문이다. 리더십이 목회자 한 사람에게 의존하는 것은 바람직하지 않다. 리더십을 계속 훈련시키고 복음적으로 교회를 이끄는 일에 목회자와 리더십이 철저히 하나가 되어야 한다.

리더십을 훈련하면서도 목회자는 모든 프로그램과 계획에 대한 공로를 리더십에게 돌리는 겸손을 가져야 한다. 모든 것을 앞서서 계획하고 준비하지만, 철저히 리더십과 협력하면서도 목회자의 이름으로 하는 것이 아니라 교회 리더십의 이름으로 일을 진행하는 지혜가 필요한 것이다.

은혜 없는 부흥 없다

백열전구를 개발할 당시 토머스 에디슨의 연구 팀이 전구 하나를 만들려면 수백 시간이 걸렸다. 하루는 에디슨이 어렵사리 완성한 전구를 꼬마 심부름꾼에게 건네면서 위층 실험실에 갖다 놓으라고 했다. 그런데 꼬마가 위층으로 올라가다가 넘어지는 바람에 그만 전구가 계단에 떨어져 산산조각이 났다. 새파랗게 질린 꼬마는 손이 발이 되도록 빌었다. 그런데 웬걸. 에디슨은 오히려 꼬마를 달랬다. 그러고는 팀원들에게 몸을 돌려 다시 전구를 만들자고 말했다. 며칠 후 새 전구가 완성되자 에디슨은 더없이 강력한 용서의 증거를 보여 줬다. 그는 심부름꾼 꼬마를 다시 불렀다. "위층 실험실에 갖다 놓으렴."

레스 패로트, 「3 세컨즈」

은혜를 은혜 되게 하는 것이 목회 감각이라는 것을 서두에서 밝혔다. 어떤 사람이 "교회를 부흥시킬 수 있는 방법이 무엇입니까?"라는 질문을 던졌다. 처음 그 질문을 듣고는 '그것을 알면 제가 여기 있겠습니까? 세미나 다니는 것만으로도 바쁠 텐데요' 하며 생각했다. 그런데 곰곰이 생각해 보니, 교회 부흥에 대한 해답은 이미 성경에 나와 있고, 역사적으로 증명된 바 있다. 부흥은 전적으로 하나님의 은혜다. 실망스러운 대답인가? 아니다. 틀림없이 부흥은 전적으로 하나님의 은혜다. 그것을 알면서도 하나님의 은혜에 매달리지 않고 인간적인 방법을 찾아 헤매는 것이 문제다. 부흥하는 교회의 특징은 부흥을 위해서 인간적인 방법을 찾지 않는다는 것이다. 성공적인 사역이 따로 있는 것이 아니라, 열심히 기도하고 복음을 전하는 신앙의 기본기에 충실했을 때 하나님께서 부흥을 일으키신다. 그래서 부흥하는 교회는 한결같이 똑같은 고백을 한다. "하나님이 하셨습니다." 이 말은 겉치레 인사가 아니라 분명한 사실이다.

사역자가 자신의 눈을 성공적인 사역에 고정하는 것은 기독교 사역자에게 위험한 함정 중 하나이다. 그 이유는 성공의 욕

망이 우리의 마음을 빼앗아 예수 그리스도께 집중하는 것을
방해하기 때문이다. 성공적인 사역에 마음이 빼앗기면 우리
는 시간이 지나면서 신랑의 친구가 되는 대신에 주님을 대적
하는 자들이 된다.

오스왈드 챔버스, 「도움의 장소」

물론 부흥하는 교회의 특징으로 많은 것을 꼽을 수 있다. 탁월한 설교가 있다. 좋은 교육 시스템이 있다. 성도들을 모으는 은혜로우면서도 매력적인 훈련 프로그램이 있다. 그럼에도 그런 방법 때문에 부흥한 것이라고 말하는 교회는 아직 본 적이 없다. 교회가 부흥하고 성장하기 위해서는 방법적인 면에서 많은 도구들과 프로그램이 필요하다. 그럼에도 교회 성장과 부흥의 근원에는 철저히 복음이 자리하고 있음을 잊지 말아야 한다.

교회들이, 목회자들이 저지르는 실수 중의 하나는 방법을 찾아 헤매느라 정작 은혜에 집중하지 못한다는 사실이다. 성장하는 교회의 프로그램을 도입하면 똑같이 성장할 것이라는 착각을 하고 있다. 오히려 부흥하는 교회의 분위기를 흡수하고 배워야 한다. 복음에만 집중하는 분위기, 성도는 목회자에게 집중하고, 목회자는 성도들에게 집중하는 분위기 말이다.

한 사람의 회심이 교회의 부흥

다시 강조하지만, 교회 부흥은 전적으로 하나님의 은혜다. 그러므로 은혜에 집중해야 한다. 그러면 부흥은 자연히 따라온다. 성도들이 많이

모이는 것만을 부흥으로 생각하는 것은 오해다. 물론 교회가 부흥하면 많이 모이기도 한다. 그러나 많이 모이는 것 자체가 부흥의 표지가 되는 것은 부흥에 대한 오해다.

미국의 어떤 교회에서는 장기적으로 철저한 훈련을 통과한 소수의 정예 성도들에게만 멤버십이 주어진다. 그 전까지는 '예비 교인'이다. 거의 신학교를 졸업한 신학생 수준의 교육과 훈련, 아웃리치를 성실하게 마친 성도에게만 멤버십이 주어지기 때문에 정식 교인은 250명 정도다. 그런데 그 250명이 2,500명 성도를 가진 교회가 할 수 있는 일들을 한다는 고백을 들은 적이 있다. 일당백(一當百)이라는 말은 바로 이런 경우를 두고 하는 말일 것이다.

부흥은 성도들의 회심이다. 변화된 성도들의 삶이다. 요나가 다시스에서 니느웨로 돌이키는 것이 회심이요, 부흥이다. 니느웨를 저주하던 요나가 니느웨에서 말씀을 선포하는 삶으로 변화된 것이 부흥이다. 한 사람이 변화되면 한 민족이 변화되는 것을 보여 준 것이 요나서다. 요나가 변화되었을 때, 회심했을 때 12만 명의 니느웨 사람들이 구원을 받았다. 한 사람의 회심과 부흥은 결코 피상적인 일도, 추상적인 개념도 아니다.

목회자는 '한 사람의 회심이 교회의 부흥'이라는 마인드 콘셉트(mind concept)를 가져야 한다. 목회는 수많은 다수의 성도를 대상으로 하지만, 파고 들어가면 한 사람에게 최선을 다하는 목회가 결국 부흥하는 목회다. 99마리의 양을 두고 잃어버린 한 마리의 양을 찾으러 간다는 예수님의 말씀은 목회 감각의 진수다.

성경적인 목회는 한 사람, 한 사람에게 최선을 다하는 목회다. 이제 곧 다른 나라로 떠나는 성도들 한 사람까지 그저 인사 한마디로 보내는 것이 아니라, 직접 심방하여 그 가정을 축복하는 것에서 '한 사람의 목회'를 발견한다. 이혼 위기에 있는 가정을 치유하기 위해서 계속 심방하고 상담하는 목회를 통해 잃어버린 한 영혼을 향한 목자의 따뜻함을 느끼는 것이다.

집회 사례비를 받으면 어려운 교회를 돕고 선교사에게 헌금하는 그 모습에서 목회자의 순수함을 발견하고 감탄한다. 이런 목회야말로 은혜를 철저히 은혜 되게 하는 목회인 것이다. '한 사람의 목회'란 바로 이것이다. 한 사람을 향해서 최선을 다하는 목회, 목회자 한 사람이 철저히 하나님 앞에서 자기 자신을 드리고 최고의 목회를 위해서 달려가는 열정이 바로 '한 사람의 목회'요, 부흥하는 교회의 목회다.

생각은 그만, 이제 일어나 빛을 발하라

부흥의 방법이 무엇인가? 방법을 찾기 이전에 한 사람 한 사람에게 목회 감각을 가지고 실천하는 것이 필요하다.

한국에 대표적인 대기업이 많다. 그중에 동일한 업종을 다룬 두 대기업을 비교하는 회사 중역의 평가를 들은 적이 있다. 한 기업은 '회의 중심'이요, 다른 한 그룹은 '기획 중심'이라는 평가를 한단다. 회의 중심의 기업은 논의되지 않은 것, 결재를 받지 않은 프로젝트는 실행하지 않는다. 그래서 기획서 작성과 결재에만도 몇 달이 걸린다. 그런데 기획 중심의 기업은 일단 무슨 일이든 시도하고 시작하는 것을 목표로 한다. 회의는 시행착오를 거치면서 실제적인 문제를 가지고 한다. 결과적으로 기획 중심의 기업이 오늘날 더 크게 성장했다는 평가를 받고 있다.

물론 대기업의 성장을 이런 기업 철학 하나로 말하기에는 부족하다. 요약해서 말한 것이기에 다른 성장 요인들이 없다는 것이 아니라 표면적으로 드러나는 특징을 말한 것이다. 회의는 중요한 것이 아니니 회의는 이제 그만 하거나 간단하게 해야 한다는 뜻이 아니다. 회의만 해서는 아무 일도 일어나지 않는다는 말을 하는 것이다.

여기저기 다니며 '부흥 전략 세미나'에 전전하는 목회자들이야 없겠지만, 그런 세미나에 집중할 시간에 목회자의 손길을 필요로 하는 성도들을 찾아가는 것이 목회자의 건강한 신학이라는 것이다. 세미나가 유익하지 않다는 말로 오해할까 봐 걱정이다. '공부 잘하는 방법' 같은 책은 정말 볼 필요가 없다. 공부에 방법이 왜 없겠는가? 그러나 공부 잘하는 방법은 공부 잘하는 책을 보는 것이 아니라, 실제로 공부를 하는 것이다. 엉덩이에 땀띠가 나도록 공부하지 않고 좋은 결과를 기대하는 것은 어리석은 것이다.

'10억 만들기'에 대한 책이 오래전에 베스트셀러로 서점에서 인기가 좋았다. 그런데 정작 그 책을 쓴 사람도 그 책이 팔리기 전에는 10억이란 돈을 만져 본 적이 없다고 한다. 그 책이 잘 팔려서 아마 10억을 만졌을 것으로 보인다. 노력하지 않고 결실을 얻는 법은 없다.

한국에 유명한 족집게 과외 선생이 있었단다. 얼마나 유명한지 서로 과외를 받겠다고 줄을 서서 기다린단다. 이 선생이 과외를 하면 서울에서 제일 유명한 대학 세 군데 중에 한 곳에 반드시 입학한다는 것이다. 그래서 그 과외 선생에게 물어봤단다. "어떻게 가르치시기에 모든 학생들이 다 그렇게 유명 대학에 입학을 하지요?" 그러자 족집게 과외 선생이 유명한 말을 했단다. "저는 학생들을 가르치기 전에 시험을 봐요. 그래서 서울의 유수한 대학에 갈 실력이 될 만한 아이들만 가르쳐요." 그 랬다. 자기가 가르치지 않아도 좋은 대학에 갈 만한 아이들만 가르치기 때문에 백발백중 유명 대학에 입학한다는 말이다. 진짜인지 아닌지 모르지만 의미 있는 말이다.

목회자는 평생 훈련하고 배워야 한다. 훌륭하고 좋은 세미나를 통해서 새로운 아이디어와 도전을 받아서 목회의 도약을 기할 수는 있다. 그럼에도 생각보다는 실천이 먼저다. 예수님께서 머리 둘 곳도 없으셨다는 것은 바쁘셨다는 것을 말하고자 함이 아니라, 철저히 실천 중심의 삶을 사셨다는 것을 의미한다.

목회자의 사명은 '은혜를 은혜 되게 하는 것' 이다. 설교는 '은혜를 은혜 되게 하는 것' 이다. 교회의 모든 사역과 프로그램은 은혜롭게, 은혜 되게 하는 것이어야 한다. 그리고 이 모든 것은 한 사람을 향한 목회자의 사랑에서 시작된다. 거기에 교회의 부흥이 있다고 자신한다.

부흥하는 시스템은 따로 있다

마클린 슐라트는 뇌종양으로 내일을 기약할 수 없는 소년이었다. 어느 날 소원성취재단에서 연락이 왔다. 이 재단은 1980년 설립된 이후로 불치병을 앓는 많은 아이들의 소원을 들어주었다. 아이들 대부분은 유명 인사나 스포츠 스타를 만나거나 가족과 함께 디즈니월드에 가고 싶다는 소원을 빈다. 하지만 슐라트의 소원은 남들의 삶을 풍요롭게 하는 것이었다. 그래서 그는 자신이 누릴 수 없는 소원을 빌었다. 미주리 주 엘리스빌 초등학교 운동장에 등반용 암벽을 설치해 달라고 한 것이었다. 너무 연약해 설치 현장에 갈 수 없었던 슐라트는 암벽이 완성된 지 이틀 후인 2004년 4월 9일 세상을 떠났다. 엘리스빌 교장 데이브 네스는 "아홉 살배기 소년에게 소중한 교훈을 얻었다. 생애 가장 힘든 순간에도 우리는 자신이 아닌 남을 생각해야 한다."

레스 패로트, 「3 세컨즈」

교회 부흥은 전적으로 하나님의 은혜라고 말했다. 그렇다고 이 말이 목회자의 노력이나 교회의 최선과 시스템을 배제한 것은 아니라는 것을 목회자의 감각으로 알고 있으리라 믿는다. 그럼에도 다시 말한다. 교회가 부흥하는 것은 하나님의 전폭적인 은혜다. 폭발적으로 부흥하는 교회도 있다. 계속 성장하는 교회도 있다. 성도 숫자는 많지 않지만 세계 선교에 많은 역할을 하는 교회도 있다.

부흥하는 교회의 공통점은 은혜가 충만하다. 다시 말하면, 설교를 통한 은혜가 있다. 설교는 아무리 강조해도 지나치지 않다. 은혜 없이 교회가 부흥할 수는 없다. 이 말을 다른 말로 하면, 성도들이 은혜 받지 않고 교회가 부흥할 수는 없는 것이다. 성도들이 은혜를 받는 최고의 통로는 말씀이다. 설교를 통해서, 큐티를 통해서, 성경공부를 통해서 말씀의 은혜를 받는다. 그중에서 가장 큰 비중은 역시 설교다. 주일마다 선포되어지는 말씀은 은혜를 전달하는 강력한 수단이다. 그러므로 목회자는 말씀 선포에 목숨을 걸어야 한다. 교회와 리더십은 목회자가 말씀 선포에 최선을 다하도록 환경을 마련해 주어야 한다. 말씀 선포에서 성령의 불이 임해야 성도들의 마음에 부흥의 불이 타오른다.

설교는 목회자의 인격이다

부흥하는 교회의 설교를 말하는 것은 설교에 모든 것이 함축되어 있기 때문이다. 설교에 은혜가 있다는 것은 설교자의 화려한 말솜씨를 의미하는 것이 아니다. 설교는 설교자의 신앙 인격과 성실성을 보여 주는 것이다. 목회자가 열심히 준비하지 않은 설교에 은혜가 있을 수 없다. 그러므로 설교에는 목회자의 성실성이 그대로 묻어나게 되어 있다. 성경을 꾸준히, 열심히 읽지 않고 하나님의 말씀을 온전히 선포할 수는 없다. 심방에 열정이 없는 설교자가 성도의 삶을 적중시키는 설교를 할 수는 없다. 성도들을 끌어안고 고민하지 않는 설교자가 은혜를 끼칠 수는 없다. 항상 조국과 나라를 염려하고 세계 선교에 책임을 느끼지 않는 무책임한 설교자의 설교에 사람들이 모일 수가 없다. 그런 면에서, 설교는 목회자의 역량이요, 인격이요, 헌신이다.

소그룹 리더의 중요성

설교와 함께 교회의 시스템은 교회 성장과 부흥에 있어서 중요한 부분이다. 아무리 설교 말씀이 좋아도, 성도들을 계속 은혜 가운데 머무르게 할 수 있는 시스템은 교회에 꼭 필요하다.

부흥하는 교회의 목회는 '한 사람의 목회'다. 즉, 한 사람 한 사람에게 최선을 다하는 것이라고 할 수 있다. 그러나 목회자는 한 사람이고 성도는 수십, 수백, 수천 명이다. 그러므로 목회에 있어서도 효율적인 면을 배제할 수는 없다. 모세가 그 많은 이스라엘 백성을 일일이 재판하고 도와줄 수 없어서 십부장부터 천부장까지 세운 것을 본다. 이것이 성경에서 말하는 교회의 소그룹 시스템이다. 교인들을 한 명 한 명 섬세하게 섬길 수 있는 소그룹 시스템이 필요하다. 소그룹 리더의 중요성은 구약 시대부터 있었다.

예수님께서 공생애 기간 동안 제일 중요하게 생각한 것은 바로 열두 제자의 훈련이다. 열두 제자를 훈련시켜서 리더로 세우는 것이 공생애의 가장 큰 사역이셨다. 그 열두 제자를 통해서 세계적으로 선교가 이루어진 것이다. 기독교 역사가 2천 년 동안 이어져 온 것은 첫째는 하나님의 은혜요, 둘째는 열두 제자를 훈련한 것이라고 말할 수 있다. 열두 제자가 전적으로 하나님께 헌신하는 '작은 예수'가 되었을 때 2천 년 기독교 역사는 지속될 수 있었다.

소그룹 리더를 세우면 성도들을 효과적으로 섬길 수 있다. 목회자가 성도들의 고민을 들어 주는 것도 필요하겠지만, 성도들이 삶의 현장에서 겪는 일들을 이해할 수 있는 사람들은 함께 직장생활, 사회생활을 하는 성도들이다. 그러므로 소그룹 리더를 통해 성도들이 섬김을 받고 도전받을 필요가 있다.

셀 멤버 중 한 사람이 샌드위치 가게를 한다. 어느 날 가게 주인이 주방 기구에 대한 보증금도 받을 기회조차 주지 않고 한 달 뒤에 가게를 비우라는 통보를 해 왔다. 그 소식을 들은 셀 목자와 셀 식구들이 매일 저녁마다 퇴근 후에 샌드위치 가게에 모여서 기도했다. 한 달이 지나고 나가라고 했던 가게 주인으로부터 기다리라는 통보가 들려온다. 두 달이 지나고 가게 주인이 바뀌었다. 새로운 주인이 그 건물을 구입했다는 것이다. 그리고 새 주인은 샌드위치 가게의 월세까지 내려 주었다. 칠흑 같이 어두운 시간을 셀 목자와 셀 식구들이 함께해 주었기에 견디고 결국 승리할 수 있었다. 소그룹 리더가 이렇게 중요하다. 소그룹 리더가 적극적이고 열심히 하면 소그룹 전체가 활기차고 부흥한다. 소그룹 리더는 교회의 척추와 같은 역할을 한다. 소그룹 리더를 훈련하고 양육하여 예수님의 열두 제자처럼 세우는 것이 교회 부흥의 열쇠다.

준비하는 목회, 준비되어진 목회

믿음의 후손들을 양육하고 훈련하는 교육도 중요한 시스템이다. 연령별로 교육과 훈련을 위한 목회자가 필요하다. 각 부서를 섬길 부서장들이 필요하다. 식당을 전적으로 맡을 팀장도 필요하다. 이를 위한 리더십 회의가 필요하다. 재정이 투명하게 전달되고 사용될 팀이 필요하다. 모든 교회 회의를 은혜롭게 진행할 사람들이 필요하고, 그 방법이 교육되어야 한다. 바람직한 회의 문화가 교회에 정착되도록 훈련해야 한다. 주일학교가 이루어질 성경공부방이 필요하다. 계속적인 말씀 훈련은 세상 끝날까지 가르쳐 지키도록 해야 하는 성도와 교회의 사명이요, 목회자의 사명이다. 이 모든 것이 교회가 준비해야 할 시스템이다. 목회자는 교회 시스템을 리더십과 함께 미리 앞서서 청사진을 그려 놓고 준비해야 한다. '이것이 필요했구나' 생각하고 그때 준비하면 이미 늦었다. 목회자의 머릿속에는 아예 '설교와 시스템' 이 늘 자리하고 있어야 한다.

주일학교 교실이 꽉 차서야 준비하면 이미 늦었다. 미리 마련하는 것을 대책이라고 한다. 일이 발생하고 나서 하려고 하면 대책이 아니라 '땜질' 이 되는 것이다. '소 잃고 외양간 고치는' 격이 된다. 주차장이 부족해져서야 주차장을 찾고 마련하면 믿음이 약한 성도들은 다른 교회로 가든지 교회를 떠날 수 있다. '그런 것 때문에 교회 안 나오는 사람은 어떻게 해도 안 나옵니다.' 이런 생각은 '우리 교회만 생각하지 않고 모든 교회가 다 주님의 교회다' 라는 열린 마음, 여유 있는 생각이 아니라 무책임이다. 우리 교회만 나와야 한다는 것이 아니다. 성도들이 어떤 교회를 찾을 때는 자신들의 필요와 성향을 생각하고 결정한다. 목회자들의 설교와 스타일이 다양하고, 교회의 색깔이 다양하고 성도들의 성향이 다양한데 그것을 무시할 필요가 없다. 베드로의 설교를 좋아하는 사람이 있고, 사도 바울의 설교를 좋아하는 사람이 있다. 성경에 나오는 교회의 모습을 봐도 유대인 공동체를 중심으로 한 교회가 있고, 이방인을 대상으로 한 공동체가 있다. 성도들의 취향에 교회가 맞춰 주자는 것이 아니다. 찾아온 교인들에게 최선을 다하자는 것이다. 주차장을 마련할 수 없다면, 가까운 곳에 주차할 수 있는 다른 방법을 찾을 수 있다면 찾는 것이 옳다. 그래도 안 된다면, 주차장이 조금 멀리 있더라도 올 수 있도록 교육하고 훈련하는 것이 필요하다.

성도들이 교회를 찾을 때는 여러 가지 이유가 있다. 아직 믿음이 연약한 사람들은 친한 사람들과 함께 교회를 다니고 싶어 하는데 그 이유를 무시할 필요가 없다. 자녀들의 교육 시스템이 좋아서 교회를 선택하는 것을 뭐라고 탓할 필요가 없다. 그렇기 때문에 시스템을 무시해서는 안 된다. 교회의 모습은 누가 와도 좋은 교회가 최종 목표여야 한다고 생각한다.

회의(會議)를 회의(懷疑)스럽지 않게

교회의 회의 문화를 바람직하게 정착시키는 것도 중요한 시스템 중의 하나다. 회의는 공동의 목표를 이루기 위한 의논 절차다. 건강한 교회라면 성도들과 목회자가 동일한 목표를 가지고 있다. 교회의 부흥과 발전이라는 목표에 어느 누구도 이의를 제기하지 않는다. 다만 방법적인 차이일 뿐이요, 때와 절차에 대한 논의가 있을 뿐이다. 목표가 같은데 얼굴 붉히면서 회의할 이유가 없다. 같은 팀끼리 얼굴 붉히면 승리하기 힘들듯이, 같은 팀은 한목소리를 내야 하고, 공동의 목표를 향해서 협력해야 한다. 그러므로 회의는 내 의견을 고찰시키는 것이 목표가 아니라, 최고의 방법을 찾기 위해 머리를 맞대고 발전시키는 것이 목적이다. 회의하면서 얼마든지 자유롭게 의견을 내기도 하고 주고받는 문화와 분위기가 중요하다.

교회에는 수많은 회의가 있는데, 회의에 대한 이해가 잘못되어 있고, 회의에 대해서 훈련이 되어 있지 않으면 회의를 할 때마다 시험에 드는 사람이 있게 되고, 교회의 분위기도 험악해질 것이다. 회의 전체를 매끄럽게 진행하도록 미리 준비하는 것도 중요하고, 연습하는 것도 중요하지만, 회의 중간에 부정적인 의견에 주목하지 않도록 분위기를 부드럽고 온화하게 이끌어 가는 것도 목회 감각이다. 회의가 매끄럽게 진행되려면 앞으로 한 달 동안의 교회 행사와 1년 동안의 굵직한 프로젝트가 이미 머릿속에 새겨져 있어야 한다. 회의 시간이라도 교회의 행사와 관련해서 잘된 일에 대해서는 박수치며 격려하면 좋다. 간혹 순탄하지 않은 프로그램이나 행사에 대해서는 더욱더 격려하며 리더십의 힘을 보태도록 격려하고, 새로운 팀을 더 붙여 주어서 일의 필요성에 대해서 오히려 강조하고 힘을 하나로 모으는 것도 필요하다.

일의 잘잘못에 대한 누구의 책임을 묻는 일에 대해서는 아예 이야기를 꺼낼 필요도 없다. 그런 이야기를 하는 것보다 더 나은 다른 방법이 있는지에 대해서 묻기도 하고 듣기도 하면서, 잘못된 일에 대해서 성토

하는 자리가 아니라, 회의에 참석한 모든 사람들이 교회의 공동 목표를 위해서 달려가고 있음을 계속해서 확인시켜 주는 목회 감각이 필요하다.

회의를 딱딱하게 이끌고 갈 필요는 없지만, 목회자가 교회의 법은 잘 알고 있어야 한다. 법에 저촉되거나 위반되는 줄도 모르고 진행하는 것은 교회를 어렵게 할 수 있다. 표결에 붙인 회의라면 아무리 미묘한 차이로 결정이 났더라도 결정되어진 대로 해야 한다. 목회자나 당회가 결정 사항을 함부로 번복한다면 교회가 시험에 빠질 것이다. 중요한 회의가 있다면 리더십과 여러 차례 상의해서 실수 없이 준비하는 것이 필요하다. '장로님, 집사님이 알아서 하시겠지?' 이런 생각은 목회 감각이 부족한 것이다. 목회자만큼 성도들이 미리 준비하고 생각할 거란 기대를 해서는 안 된다.

교회 행사는 모두의 결정이다

그럼에도 계속 책임을 물으려고 한다면 어떻게 해야 좋을까? 모든 사람의 의견을 일일이 들어 가면서 회의에 참여한 사람의 의견이 어떤지를 파악하는 것이 중요하다. 이것은 두 가지 효과가 있다. 첫째는 회의의 분위기를 침착하게 만드는 것이다. 둘째는 어느 한 사람의, 혹은 소수의 의견이 전체의 의견인 것처럼 오해되지 않도록 하는 것이다. 교회에서 무엇을 하기로 결정을 했으면 그 결정은 교회의 결정이다. 어떤 사람의 의견으로 시작되었다고 해서 그 사람의 결정이 아니다. 리더십이 결정했다고 해서 리더십에게만 책임을 물어서는 안 된다. 교회의 모든 회중이 리더십을 대표로 세운 것이고, 리더십이 결정했으면 순복하기로 약속한 것이다. 때로는 누구든지 실수할 수 있다. 그럴 때조차도 어느 한 사람이나 기관의 책임으로 여기기보다는 우리 모두의 아픔으로 끌어안고 오히려 수고에 대해서 격려하는 것이 필요하다.

목회자는 회의 진행자이지 결정권자가 아니다. 한 사람 한 사람의 의견에 대해서 전부 대답하고 해결하려고 할 필요는 없다. 회의는 전체적인 의견이 제일 중요하다. 물론 회의 진행자이면서 대표자이기에 참석자 전체를 대표해서 답변해야 할 때도 없지는 않다. 이미 리더십에서 충분히 논의하고 검토한 후에 결정된 것이라면 얼마든지 답변을 할 수 있다. 그러나 논의되지 않은 것에 대해서는 안건으로 받으면 된다. 논의되지 않은 것을 마치 결정된 것처럼 말하는 것은 오해와 더 큰 파장을 불러일으킬 것이다. 논의되지 않은 것을 그 자리에서 결정하는 것은 리더십을 무시하는 처사가 된다.

일의 순서만 바꾸어도

보통의 교회라면 당회와 실행위원회가 있다. 대개 당회를 먼저 하고 실행위원회를 하는 경우가 많다. 당회가 의견을 결정하면 실행위원회는 그저 따라갈 뿐이다. 이럴 경우 '당회가 모든 것을 결정하는가?' 하는 불만이 생길 수 있고, 따라오지 않는 경우도 있다. 사람은 자신의 의견이 반영되면 열심히 하지만, 자신의 의견이 반영되지 않은 일에는 열심을 내지 않는다. 그러므로 실행위원회를 먼저 하든지, 아니면 당회원이 맡은 위원회가 먼저 회의를 통해 성도들이나 위원회 회원들의 의견이 반영된 의견이 당회에서 논의되도록 하면 성도들의 참여율도 높을 것이고, 당회가 교회의 의견을 수렴한다는 평가도 함께 받을 것이다.

장점만 말하기

프로그램이나 행사가 끝난 뒤에는 반성하고 더 나은 발전을 위해서 진행부터 결과까지 일일이 검토하면서 장단점을 말하는 시간을 갖자고 한다. 그런데 대개의 경우 장단점을 말하자고 하면 사람의 마음은 단점에 훨씬 주목된다. 100가지 칭찬을 하고도 허물 한 가지를 말하면 그 허물 한 가지를 말한 것 때문에 서운해 하는 것이 사람의 마음이다. 그래서 뉴스가 좋은 소식은 말하지 않고 나쁜 소식만을 전하는 것이다. 사람들은 좋은 소식에는 관심이 없다. 안 좋은 소식에 대해서는 구구절절 말이 많다. 칭찬에는 인색하면서 비판에는 열을 올린다.

목회자는 프로그램을 시작할 때까지는 최선을 다해서 진행하고 격려하면서 열정적으로 추진하지만, 끝나고 나서는 격려로만 마무리하는 것이 좋다. 전체적인 평가는 프로그램을 진행하면서 어려웠던 점들을 담당자가 메모해 두었다가 다음에 똑같은 프로그램을 다시 진행할 때 수정하면서 더 나은 방향을 제시하는 것이 효과적이다. 이것은 회의 진행과 프로그램 진행의 탁월한 목회 감각이다.

교회에 관련된 시스템이 많지만, 제일 중요한 것만 다루면서 방법과 분위기를 이야기했다. 중요한 것은 어떻게 적용을 하느냐 하는 것이다. 어떻게 우리 교회와 실정에 맞게 적용하는가는 목회자의 숙제다. 목회자의 목회 감각을 발휘할 때이다.

에필로그

목회 감각은 끊임없는 열정이다

나는 목회의 대가가 아니다. 목회를 잘하고 싶고, 배우고 싶은 사람이다. 목회자의 인격과 자세, 그리고 창의적인 목회 방법과 좋은 아이디어를 배웠기에 나누고 싶었다. 동의되는 부분도 있을 것이고, 그렇지 못한 부분도 있을 것이고, 너무 엉뚱하다고 생각되는 부분도 있을 것이다. 좋은 것은 독자의 것으로 만들고, 더 좋은 아이디어는 나눠 주라.

목회 감각은 열정이다. 끊임없이 배우고 연구하는 것이야말로 목회 감각에 있어서 가장 중요한 센스다. 그러나 가만히 있어서 주어지는 것은 아니다. 책 한 권 읽었다고 주어지는 것은 아니다. 여기서는 다만 목회 감각에 대한 도전을 주는 것이다. 나에게 맞는 목회 감각, 우리 교회에 적합한 목회 감각을 만들어 가야 한다. 그런 열정과 센스를 가졌다면 이미 훌륭한 목회 감각을 소유한 사람이라고 생각한다.

누가 뭐라고 해도 목회는 말씀과 기도다. 그것이 목회 감각의 전부다. 목회 감각은 열심히 사랑하는 것이다. 사랑하지 않고 성도의 필요를 적중하는 설교와 목회가 있을 수는 없다. 목회 감각은 '득도'가 아니다. 교회를 더욱더 열정으로 섬기겠다는 다짐이며 각오다. 자세다.

이 책에서 목회의 모든 것을 다루지는 않았다. 다만 건강한 교회에

서 터득되고 발견한 목회에 대한 안목을 선물하고 도전을 전달하고자
한다. 교회에 대한, 성도에 대한 목회 감각적인 시각을 가져야 한다는
도전만을 전달한다. 적용은 교회의 상황과 실정에 맞게 이루어져야 할
것이다.

독자들의 목회에 주님의 기름부으심이 함께하시기를 기원한다.

〈참고도서〉

- 이지원, 박미선, 〈스무 살을 위한 교양 세계사 강의〉, 엘피, 2010
- 말콤 글래드웰, 〈블링크〉, 21세기북스, 2005
- 어원 라파엘 맥머너스, 〈멈출 수 없는 하나님의 운동력〉, 국제제자훈련원, 2003
- 곽동수, 이범 외, 〈세상을 바꾸는 시간, 15분〉, 생각을담는집, 2011
- 마크 부캐넌, 〈열렬함〉, 규장, 2004
- 알리스터 맥그라스, 〈기독교, 그 위험한 사상의 역사〉, 국제제자훈련원, 2010
- 김인수, 〈한국기독교회사〉, 한국장로교출판사, 2003
- 이어령, 〈디지로그〉, 생각의나무, 2006
- 존 뉴턴, 〈영적 도움을 위하여〉, 크리스챤다이제스트, 2011
- 마크 애터베리, 〈어리석은 크리스천〉, 가치창조, 2008.
- 비샬 망갈와디, 〈변혁의 중심에 서라〉, 홍성사, 2010
- 어거스틴, 〈하나님의 도성〉, 크리스챤다이제스트, 1998
- A. B. 브루스, 〈열두 제자의 훈련〉, 생명의말씀사, 1998
- 정재윤, 〈나이키의 상대는 닌텐도다〉, 마젤란, 2006
- 하루야마 시게오, 〈뇌내혁명〉, 사람과책, 1996
- 유진 피터슨, 〈다윗, 현실에 뿌리박은 영성〉, IVP, 2009
- 김성홍, 〈이건희 개혁 10년〉, 김영사, 2003
- 닉 페이지, 〈가장 길었던 한 주〉, 포이에마, 2011
- A. W. 토저, 〈GOD〉, 규장, 2007
- 김세윤, 고든 피, 월터 카이저, 더글라스 무, 데니스 홀링거, 데이비드 라센, 〈탐욕의 복음을 버려라〉, 새물결플러스, 2011

- 마이클 호튼, 〈그리스도 없는 기독교〉, 부흥과개혁사, 2009
- 찰스 하지, 〈생명의 길〉, 크리스챤다이제스트, 2000
- 마틴 로이드 존스, 〈부흥〉, 복있는사람, 2006
- 마크 부캐넌, 〈평범한 그러나 찬란한〉, 국제제자훈련원, 2011
- 리차드 백스터, 〈참된 목자〉, 크리스챤다이제스트, 1988
- 오스왈드 챔버스, 〈그리스도인의 정체성〉, 토기장이, 2009
- 켄트 휴즈, 〈성공병으로부터 자유로운 목회〉, 기독교문서선교회, 1993
- 마이클 샌델, 〈정의란 무엇인가〉, 김영사, 2010
- 톨스토이, 〈인생론〉, 홍신문화사, 1987
- 존 라일, 〈거룩〉, 은성, 1991
- 마틴 로이드 존스, 〈생수를 구하라〉, 규장, 2010
- 스티브 파라, 〈영적 리더십을 발휘하는 아빠〉, 한국기독학생회출판부, 2002
- 그레그 옥, 〈세상을 얻는, 잃는 제자도〉, 국제제자훈련원, 2007
- 짐 콜린스, 〈좋은 기업을 넘어 위대한 기업으로〉, 김영사, 2011
- 존 맥스웰, 〈위대한 영향력〉, 비즈니스북스, 2010
- 해돈 로빈슨, 〈성경적인 설교 준비와 전달〉, 두란노아카데미, 2011
- 달라스 윌라드, 〈잊혀진 제자도〉, 복있는사람, 2007
- 칩 히스, 댄 히스, 〈스위치〉, 웅진지식하우스, 2010
- 리차드 십스, 〈꺼져가는 심지와 상한 갈대의 회복〉, 지평서원, 2009